LA COMTESSE DE LA VILLIROUËT

NÉE

DE LAMBILLY

OUVRAGES DU MÊME AUTEUR :

L'Hôpital Saint-Yves de Rennes et les Religieuses Augustines de la Miséricorde de Jésus. — In-8º de 470 p., avec portraits et plan. — Rennes, Plihon, 1895.

Le vicomte de Toustain de Richebourg et la seigneurie de la Grée-de-Callac. — In-8º de 65 p. avec portrait. — Rennes, Plihon, 1895.

Le comte de la Touraille, soldat, philosophe et poëte au XVIIIᵉ siècle. — In-8º de 16 p. — Vannes, Lafolye, 1890.

Maison de Montauban. Origine, seigneuries, généalogie. In-8º de 80 p. — Rennes, Plihon, 1898.

Un agent administratif de la chouannerie dans l'Ille-et-Vilaine (1892 à 1799). Louvart de Pontigny. — In-8º de de 22 p. — Rennes, Plihon, 1899.

Le comte de Thiard. — In-8º de 15 p. — Rennes, Plihon, 1896.

Prieuré et pèlerinage de Saint-Barthélémy du Dougilard, en Soudan. — In-12º de 66 p. — Rennes, Plihon, 1892.

Les Guillery, célèbres brigands bretons (1601 à 1608). — In-8º de 12 p. — Vannes, Lafolye, 1890.

La chapelle du Binio, en Augan, et sa croix processionnelle. — In-8º de 12 p. — Vannes, Lafolye, 1889.

Généalogie de la famille Mouësan de la Villirouët. — In-8º de 50 p. — Nantes, Grimaud, 1901.

Généalogie de la famille de Lambilly. — In-8º de 50 p. — Nantes, Grimaud, 1901.

EN PRÉPARATION :

Le comte Desgrées du Loû, Président de l'ordre de la noblesse aux États de Bretagne de 1768 et de 1772. — Un vol. avec portrait.

Généalogie de la Maison Fournier de Bellevüe. — Un vol.

Ploërmel : ville et sénéchaussée : histoire et seigneuries. — Six vol.

Généalogies des principales familles du ressort de Ploërmel. — Quatre vol.

La forêt de Paimpont : ses légendes, ses abbayes et ses châteaux. — Un vol.

Les Voix du foyer, poésies. — Un vol.

VICTOIRE DE LAMBILLY

Épouse du Comte J.-B.-M. Mouësan de la Villirouët
plaide elle-même et gagne la cause de son mari
devant la Commission militaire, à Paris
le III Germinal, an VII.

—

(D'après un tableau peint en 1799.)

COMTE DE BELLEVÜE

UNE
FEMME AVOCAT

Épisodes de la Révolution à Lamballe et à Paris

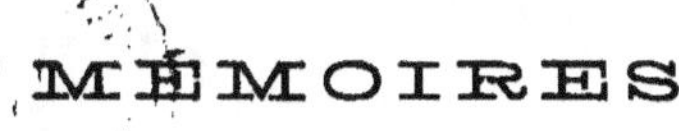

MÉMOIRES

DE LA

COMTESSE DE LA VILLIROUËT

NÉE

DE LAMBILLY

(1767-1813)

PARIS

LIBRAIRIE LAMULLE ET POISSON

JUST POISSON, Éditeur

LIBRAIRE DE LA SOCIÉTÉ BIBLIOGRAPHIQUE

14, Rue de Beaune, 14

—

1902

A LA MÉMOIRE

DE MON GRAND-PÈRE

Le Comte de LA VILLIROUËT

AVANT-PROPOS

A mon neveu le comte Xavier de Bellevüe, membre du
Conseil général de la Loire-Inférieure.

Mon cher Neveu,

*Voilà une quinzaine d'années que tu consacres tes
loisirs à des études historiques, généalogiques et litté-
raires dont j'ai été à même plus d'une fois d'apprécier le
charme et le sérieux intérêt. Cette initiation à tes travaux
m'a donné l'heureuse idée de te confier un riche trésor de
pièces, mémoires et documents manuscrits relatifs à un
procès qui, à la fin du XVIIIe siècle, semblait devoir se
terminer par la condamnation capitale de mon grand-
père J.-B.-M. Mouësan, comte de la Villirouët, traduit à
la barre d'un tribunal presque toujours sans pitié pour
les malheureux émigrés convaincus de ne s'être pas con-
formés aux prescriptions draconniennes de la loi du
19 fructidor an VII, loi qui inaugurait une nouvelle
terreur.*

1

Ce trésor, mieux que personne, tu as su en saisir toutes les richesses : tu l'as fouillé avec ton cœur d'arrière petit-fils respectueux et dévoué, avec ton talent de chercheur expérimenté et tu es arrivé à faire revivre un drame dont, sans toi peut-être, les beautés palpitantes étaient destinées à demeurer à jamais enfouies dans le sanctuaire du foyer domestique.

Plus d'une fois, je le sais et j'en conserve la preuve par devers moi, mon vénérable père avait eu la pensée de produire au grand jour de la publicité une série d'événements dont le souvenir, croyait-il avec raison, appartient aux générations bretonnes : mais, pour des motifs spéciaux, ce désir était toujours resté à l'état platonique. L'heure ne serait-elle pas venue actuellement de le réaliser ? — Le beau travail que tu viens de terminer me le donnerait à croire ; c'est en effet, selon moi, une œuvre complète, vivante, qui, dans sa plus grande partie, est le récit textuel et authentique, sorti, simple et vrai, de la plume ou plutôt du cœur d'une mère incomparable, uniquement soucieuse de mettre sous les yeux de ses enfants une grande leçon de choses et de les tremper ainsi pour les combats de la vie : récit précieux que tu as eu mille fois raison de reproduire dans toute sa noble intégrité, malgré quelques expressions et tournures de phrases plus ou moins surannées, mais qui laissent à tout l'ensemble le cachet de son temps et qui font, selon le mot spirituel d'un fin critique, « que si ce récit était mieux, il ne serait pas si bien ».

C'est encore, je dirais volontiers, une œuvre vraiment sociale, bien propre à relever les âmes et les caractères, un « *Sursum corda* » tout à fait en rapport avec nos besoins et nos souffrances actuels. Donc, mon ami, pour ce double motif, il me semble utile et opportun de livrer à l'impression des pages trop belles et trop instructives pour rester notre propriété privée.

Tout à toi de cœur.

Comte P. de la VILLIROUET.

Nantes, mars 1901.

INTRODUCTION

« Adversa coronant » : *L'adversité est une auréole. Avec des épines on tresse des couronnes : et les couronnes d'épines sont plus durables que celles de jasmin et de roses.*

Il faut l'enclume au fer, le creuset à l'or, le polissage au diamant ; pour qu'une cloche vibre il faut qu'elle soit frappée : les larmes et la persécution sont à l'âme cette trempe et cette flamme. Un homme ne peut être poinçonné grand que lorsqu'il a subi victorieusement la triple épreuve du danger, de la souffrance et du malheur.

Nulle époque ne fut plus troublée, plus sanglante que celle de la Révolution Française : nulle aussi ne vit éclore plus de dévouement et d'héroïsme : nulle ne fut souillée de plus de crimes, nulle ne fut illustrée de plus de vertus.

On se croit la victime d'un rêve affreux, la proie d'un horrible cauchemar quand on revit par la pensée les jours de la période révolutionnaire. Tout alors semble hors nature : la lâcheté, la cruauté, la bassesse des uns, comme le courage, la générosité, la grandeur des autres ; victimes et bourreaux nous apparaissent comme des phénomènes, des êtres d'imagination et de rêve. Et cepen-

dant ce rêve fut une réalité ; ce cauchemar nos aïeux l'ont vécu ; ces héros et ces monstres ont existé. Elle appartient à l'histoire cette page tachée de sang et maculée de boue, qui s'appelle la Révolution.

Et cependant, à cette époque même, la Patrie vivait toujours : elle vivait au cœur des vaincus et des proscrits. — Nous n'entreprendrons point, cette fois, de raconter les glorieux faits d'armes de la Chouannerie, épopée de ces géants qui sont nos pères ; nous dirons simplement ce que fut la vie d'une femme pendant cette période néfaste, et nos cœurs de chrétiens et de bretons battront tous à l'unisson du cœur de cette chrétienne et de cette bretonne.

Les évènements que nous allons relater sont déjà vieux de plus d'un siècle : ils ont jadis passionné tout Paris, et il eût été regrettable de ne pas en enrichir les annales de la tendresse conjugale. N'est-ce pas en effet une figure digne d'entrer dans cette galerie que celle de cette femme disputant et arrachant son mari au bourreau, plaidant sa cause devant un tribunal dont presque tous les arrêts étaient des sentences de mort, et, par son éloquence et son courage, parvenant à faire pleurer des juges qui, eux déjà, avaient fait couler tant de larmes. Malgré sa petite taille, nous la verrons, cette bretonne, dominer partout et toujours : femme du monde, elle est la reine des salons ; prisonnière, elle est le conseil, l'appui, le salut des détenus ; elle apprivoise les commissaires de police, elle impose le respect à des filles publiques, et ses geôliers deviennent ses amis. Au lendemain de la Terreur, avocat de son mari, elle émeut, elle désarme les généraux qui composent le conseil de guerre : elle enthousiasme le peuple de Paris, qui, après dix ans d'une Révolution où la lâcheté des bourreaux ne fut égalée que par l'intrépidité des victimes, s'étonne de son courage et applaudit à son triomphe. . . Mais, si mâles que soient ses vertus, une épouse, une mère est toujours femme par le cœur, et l'amour de cette épouse, et la tendresse de cette mère s'élèvent jusqu'au sublime.

L'auteur de ce récit est l'héroïne elle-même : c'est une mère qui raconte à ses enfants les circonstances du mémorable événement qui leur rendit un père en lui conservant un époux. Elle retrace pour eux le journal de ses dangers, de ses angoisses, de ses souffrances, de son triomphe, feuilles de souvenirs qui sont déjà des miettes d'histoire ; et, elle se sert de son expérience, si jeune et cependant si longue, pour leur donner de sages conseils et d'utiles leçons.

C'est le cœur d'une mère, de la plus dévouée, de la plus tendre des mères, qui parle au cœur de ses enfants. Et cette causerie, intime, familiale, nous révèle une nature d'élite ; une de ces femmes qui sont la gloire de leur nom et l'honneur de l'humanité. Le récit de la vie de cette épouse et de cette mère, écrit avec ses pleurs et avec son sang, est le touchant monument de son affection et de son zèle ; c'est le testament par lequel elle lègue à ce qu'elle a de plus cher au monde le riche héritage de ses souvenirs, de ses conseils et de ses exemples : document précieux, qui ne doit pas rester plus longtemps enfermé dans le sanctuaire de la piété filiale et dans le reliquaire de la famille.

Pure fleur de notre Bretagne, éclose dans nos bruyères, fleurie parmi des ronces, transplantée à Paris au milieu des ruines, rayonnant partout et toujours, étincelant de la rosée même des larmes, il m'a semblé qu'il était bon de te cueillir et qu'il était doux de respirer ton parfum.

CHAPITRE I

La prison de Lamballe

Mademoiselle de Lambilly. — Sa famille. — Son mariage avec le comte de la Villirouët. — Débuts de la Révolution en Bretagne. — Émigration. — Lamballe pendant la Terreur. — La comtesse de la Villirouët, après quinze mois de captivité, obtient sa mise en liberté et celle de ses co-détenus.

La comtesse de la Villirouët, demoiselle Marie-Victoire de Lambilly, était née à Rennes, le 27 avril 1767, dans l'hôtel de la Forest d'Armaillé, près de la place de l'hôtel de ville [1]. Femme du XVIIIe siècle par l'éducation et l'esprit, le charme et la grâce, elle eut la vaillance de cette génération qui supporta sans défaillir la proscription et la misère, et regarda sans pâlir l'échafaud. Le malheur ne fut pour elle que l'occasion de manifester les généreuses qualités de son esprit et de son cœur. Elle opposa l'héroïsme à la persécution ; et elle dut cette force d'âme non au stoïcisme et à la philosophie, mais aux fermes croyances qui consolent la vie et adoucissent la mort, à ce culte de l'honneur qui fut la seconde religion de nos pères. Fiers sentiments, grâce auxquels les représentants de l'ancienne France, surmontant les revers, ou succombant avec grandeur, purent léguer à leurs descendants un héritage plus précieux que l'or, l'exemple de leur courage et la tradition de leurs vertus.

Marie-Victoire de Lambilly était fille de Pierre-Laurent, marquis de Lambilly, baron de Kergroix, et de Jacquette-

1. L'hôtel d'Armaillé était situé dans l'ancienne rue de la Poissonnerie ; il existe encore en partie entre la rue de Rohan et la ruelle du Carthage.

Françoise de la Forest d'Armaillé ; elle était sœur cadette des marquis, comte et chevalier de Lambilly, de Madame le Valois de Séréac, et de la comtesse de la Vigne-Dampierre[1]. Elle épousa, à Rennes, en l'église Toussaint, le 12 juin 1787, Jean-Baptiste-Mathurin Mouësan[2], comte de la Villirouët, ancien officier au régiment de Condé, né au château de la Villirouët, en la paroisse de Plédéliac, ressort de Lamballe, le 13 novembre 1754, fils aîné de feu Jean-Augustin, comte de la Villirouët, et de Françoise de Fontlebon.

Par leur naissance, leurs sentiments et leur fortune, les deux époux étaient dignes l'un de l'autre ; issus de familles d'ancienne chevalerie bretonne, c'est-à-dire profondément chrétiennes et patriotes, ils avaient derrière eux un passé sans reproche et non sans gloire.

Alliés entre autres aux Beaumanoir, aux la Motte, aux Castel, aux Giffart, aux du Houx, aux Rogier, aux Quélen, les Lambilly possédèrent de toute ancienneté la seigneurie de ce nom, haute justice de la paroisse de Taupont, près de Ploërmel ; ils étaient titrés marquis de Baud-Kerveno, comtes du Broutay, barons de Kergrois ; ils avaient pris une part glorieuse à toutes les luttes pour la défense du territoire et la protection des libertés de la Bretagne, et occupé des places importantes à la cour et dans les armées des anciens ducs de cette province. Dans les guerres de Cent-Ans et de la Ligue, dans toutes les campagnes faites par nos rois pour la grandeur de la France, comme dans les luttes soutenues par les Etats et le Parlement bretons pour la liberté et la justice, nous trouvons des Lambilly toujours au premier rang de l'honneur et du devoir.

---

1. Voir en appendice la généalogie de la famille de Lambilly.

2. L'orthographe du nom Mouësan a souvent varié ; on trouve « Moysan », « Moaisan », « Mouësan ». Les papiers du XVIIIe siècle portent « Moaisan de la Villiroyt » ; mais c'est l'ortographe « Mouësan de la Villirouët » qui a prévalu. — Voir en appendice la généaogie de la famille Mouësan.

La famille Mouësan de la Villirouët ne le cédait en rien à
celle de Lambilly par l'ancienneté, l'éclat et le dévouement.
Originaire du pays de Lamballe, où nous la trouvons dès le
XIVᵉ siècle, elle comptait parmi ses alliances les de la
Rivière, les Bréhand, de la Chouë, de Melesse, de Cornillé, de
Visdelou, de Champagné, de la Guérande, de la Motte, de la
Celle, de la Planche, du Chastel, d'Estuër, de la Rouë, du
Bouilly, de Caradeuc, etc. ; elle avait paru noblement aux
Montres et aux Réformations des XVᵉ, XVIᵉ et XVIIᵉ siècles ;
produit un abbé de Pornic en 1378, des capitaines de Jugon
et du Guildo, des pages, des officiers et un chevalier de
l'Ordre de Malte.

Après leur mariage, le comte et la comtesse de la Villirouët habitèrent tantôt leur château de Villirouët, tantôt
l'hôtel de leur tante, la comtesse de Caradeuc de Kéranroy, à
Lamballe[1]. Mais ils ne devaient jouir que d'une tranquillité
bien passagère ; deux ans après leur union éclatait la Révolution[2].

Dès le début, les événements se succèdent avec une effroya-
ble rapidité sous l'impulsion des sociétés secrètes et des
protestants. C'est le régime du désordre et de l'arbitraire, en
attendant celui de la violence et de la persécution. C'est
l'émeute qui devient la révolte ; la révolte, la Révolution ; la
Révolution, la Terreur. C'est la guerre au bien, la guerre au
droit, la guerre à Dieu. Abandonnée par un roi qui s'abandonne lui-même, jetée hors de ses châteaux par l'incendie
et le pillage, la noblesse, mise hors la loi et hors l'humanité,

---

1. Renée-Jeanne de Fontlebon, sœur aînée de la mère du comte de
de la Villirouët, avait épousé, à Dinan, le 14 février 1743, Félix-
Sixte de Caradeuc, comte de Kéranroy, frère du fameux procureur
la Chalotais. Ils se séparèrent peu de temps après leur mariage.
Le comte de Kéranroy mourut le 9 décembre 1786, et sa veuve le
23 juillet 1799. Ils n'avaient pas eu d'enfants.

2. Le comte de la Villirouët signa en mars 1789 la protestation de
l'Ordre de la noblesse des Etats de Bretagne contre le mode des
convocations des Etats-Généraux.

sort de France et commence les guerres de l'Émigration, non pour combattre contre sa patrie, mais pour l'arracher aux bandits qui se sont emparés du pouvoir. Dès le mois de juillet 1789, le prince de Condé, accompagné jusqu'à la frontière par le comte de la Touraille [1], gagna les bords du Rhin, se rivant aux pieds le boulet de l'étranger. Il entraînait avec lui une partie des cadres de son ancien régiment, et il faisait appel à tous les gentilshommes fidèles à leur souverain. La noblesse considéra cet appel comme un ordre, et ses membres, abandonnant leurs biens, leur famille et leur pays, partent en foule, poussés hors de France par ce vertige d'honneur.

Ancien officier au régiment de Condé, le comte de la Villirouët ne pouvait rester sourd à cet appel, ni se dérober à ce devoir ; et, sacrifiant son repos et son bonheur, il se décida à rejoindre l'armée des princes. Il donna à sa femme, le 7 février 1792 une procuration pour gérer ses biens, et, laissant derrière lui une épouse chérie et deux enfants en bas âge, il partit le lendemain de Lamballe pour Worms, où il arriva au moment où les émigrés allaient commencer à combattre. Il fut incorporé comme volontaire gentilhomme dans une des compagnies de l'infanterie du corps de la noblesse de Bretagne. Il fit vaillamment son devoir dans toutes les campagnes de France et des Pays-Bas [2]. Puis, lors de la dis-

1. Jean-Chrysostôme Larcher, comte de la Touraille, aide de camp du prince de Condé. Voir « Le comte de la Touraille, sa vie et ses œuvres », par le comte de Bellevüe. — Vannes, Lafolye, 1890.

2. Ayant sollicité un congé, le comte de la Villirouët reçut, le 28 octobre 1792, le certificat suivant : « Messieurs les commissaires « de la noblesse française certifient que M. de la Villiroyt, volon- « taire dans une des compagnies des gentilhommes bretons, cau- « tionné par M. le vicomte d'Hautefeuille sur le vu de son congé, « est digne de l'asile que LL. AA. RR. ont la bonté d'accorder aux « français fidèles à Dieu et à leur Roi ». — A Bruxelles le 28 octo- « bre 1792. — Signé : « le vicomte d'Hautefeuille » — avec le cachet « aux armes des Hautefeuille : « de gueules au lévrier passant d'ar- « gent surmonté d'un croissant d'argent, au chef de gueules chargé « d'une croix d'argent ».

solution de l'armée des Princes, en avril 1794, il se rendit à
Jersey, où il fut incorporé comme capitaine dans l'armée
Royale, alors en formation dans cette île en vue d'un débar-
quement sur les côtes bretonnes. Il ne semble pas cependant
avoir fait partie de la désastreuse expédition de Quiberon, et
nous le retrouvons encore à Jersey au commencement de 1797[1].
Il passa alors secrètement en Bretagne et y vécut quelque
temps caché dans les environs de Lamballe, où il eut la consolation de retrouver sa femme et ses enfants.

Ceux-ci pendant son absence avaient cruellement souffert.

Comme nous l'avons dit, la comtesse de la Villirouët, après
le départ de son mari pour l'émigration, était restée à Lamballe, chez sa tante, la comtesse de Keranroy, et s'était constituée l'ange gardien du foyer et la sauvegarde de sa jeune
famille. Elle n'était âgée que de vingt-quatre ans ; son fils
aîné Charlemagne, avait deux ans et demi ; sa fille, Victoire,
seize mois, et elle était enceinte de sa dernière fille, Césarine,
qui naquit six semaines plus tard. Voici son signalement
daté du 24 ventose an IV (14 mars 1796) et signé : Hervé,
secrétaire de la mairie de Lamballe « Marie Victoire Lambilly,
« femme Villiroyt : née le 27 avril 1767 ; taille de 4 pieds
« 8 pouces (1^{m}56) ; cheveux et sourcils châtains ; nez court
« et bien fait ; yeux roux ; bouche moyenne ; menton rond ;
« front moyen ; visage court marqué légèrement de taches de
« rousseur ».

Madame de la Villirouët était de petite taille et semblait
de chétive constitution, mais cette frêle enveloppe cachait
une âme de fer ; et cette faible femme, grandie par l'amour

1. Dans *Les Familles françaises à Jersey pendant la Révolution*, par
le marquis de l'Estourbeillon nous trouvons trois fois la signature
du comte de la Villirouët. Il assiste, le 15 septembre 1795, au mariage de Jean Toulan avec Marie-Louise Bodonec. Tous deux
domiciliés à Lamballe avant leur émigration. Il signe, le 20 novembre
1796, au baptême de Gustave de Bouays de la Bégassière ; et, le
8 février 1797, à celui d'Albine-Alexandrine le Normant de la Villehéleuc.

conjugal et par la tendresse maternelle, allait, en face du danger, s'élever à la hauteur de l'héroïsme.

Son premier soin fut de cacher l'émigration de son mari et de sauvegarder la fortune de ses enfants.

Dans ce but, prétextant un voyage de Monsieur de la Villirouët et suivant procuration à la date du 7 février 1792, madame de la Villirouët se fit attribuer la tutelle de ses enfants et constitua leur conseil de famille, qui se composa de MM. Frédéric-César-Joseph, comte de la Vigue-Dampierre, leur oncle du côté maternel ; Gabriel de la Forest d'Armaillé et Alexandre de Legge, leurs oncles à la mode de Bretagne du côté maternel ; Louis-Marie-François-Bernardin de Trémereuc de Meurtel, leur oncle du côté paternel ; Armand-Jean de Robien ; François-Marie Gargiau de Kerverouault ; Camille-Philippe de Lantivy ; Louis du Plessis de Grénedan ; Armand le Gonidec et Jacques Trublet.

Après la mort de sa belle-mère, la comtesse douairière de la Villirouët, née Françoise de Fontlebon, décédée veuve au château de la Villirouët le 29 février 1793, ses biens, estimés 5.740 liv. de rentes furent partagés entre ses deux enfants le 2 frimaire an III (22 novembre 1793). Son fils aîné, le comte de la Villirouët, ayant été dénoncé comme émigré, la part qui devait lui revenir fut confisquée par la Nation ; mais sa femme la racheta le 10 juin 1795, moyennant une somme de 35.000 livres, somme qui plus tard servit de base à l'indemnité qui fut allouée au comte de la Villirouët, le 15 juin 1826, sur le milliard aux émigrés.

Cependant les effets de la Révolution s'étaient fait cruellement sentir même à Lamballe.

« Il y avait dans cette ville et dans les environs un grand « nombre de familles nobles qui possédaient la plupart des « terres du pays. Leurs biens et leurs richesses, beaucoup plus « que l'amour de la liberté excitèrent le zèle révolutionnaire « et les convoitises de quelques Lamballais sans fortune qui « brûlaient du désir de s'enrichir, à quelque prix que ce fût.

« En outre de cette haine sauvage qui les animait contre les
« riches, ils avaient au cœur une haine plus féroce encore,
« contre la religion. Tous étaient affiliés à la Franc-Maçonnerie
« et appartenaient à la loge de Saint-Brieuc ; et il n'y eut
« peut-être pas en Bretagne d'hommes plus exaltés ni de plus
« dociles instrûments de la secte impie qui tyrannisa si cruel-
« lement notre patrie. C'est ce qui explique les excès de tous
« genres qui se commirent dans la ville et dans le voisinage
« pendant cette période de la Révolution où la Terreur pre-
« nait la place des lois [1] ».

Nous croyons devoir citer parmi les plus fanatiques de ces
sectaires : Pierre-Marie Loncle, maire de Lamballe du 10 novembre 1790 au 20 septembre 1791 ; Pierre Levasseur, maire
en octobre 1791 ; Le Dissez de Pénanrun, son successeur à la
fin de 1791 et en 1793 ; Sébastien Paulmier, procureur ;
Méheust, Lebot, Verne, Grolleau, membres de la municipalité.

Bientôt, à Lamballe comme ailleurs, les communautés religieuses furent expulsées, les églises fermées, les prêtres proscrits et emprisonnés. Chaque jour vit naître un nouveau
décret, multipliant les poursuites, accaparant les fortunes,
menaçant la liberté et la vie de tous les plus honnêtes citoyens.
Après avoir volé les biens des émigrés, la Nation va frapper
avec rigueur leurs parents et leurs amis. Le 21 mars 1793 est
décrété le « Code des suspects », par lequel sont créés des
« Comités de surveillance » qui doivent exercer une action
tyrannique sur toute personne soupçonnée de relations avec
les émigrés ou les ennemis de la République. Enfin, la loi du
2 juin 1793 déclare « suspects » les femmes, pères, mères,
enfants, frères ou sœurs des émigrés et ordonne leur incarcération.

Dès le 16 avril, Madame de la Villirouët a eu le courage
d'adresser à la municipalité de Lamballe la pétition suivante
pour réclamer la suppression d'une marque distinctive et de

---

1. « Le diocèse de Saint-Brieuc pendant la période révolutionnaire », par M. l'abbé Cauret, t. III. p. 7.

l'appel journalier à la maison commune, que, sur la demande
du chef d'un bataillon de passage à Lamballe, on avait imposés
aux suspects de cette ville :

**« Pétition présentée à la municipalité lors de la motion
faite par un officier d'un bataillon de volontaires nationaux de l'Orne à leur passage à Lamballe, tendant à
faire porter aux** *appelés* **et gens suspects une marque
distinctive : au mois d'avril 1793.**

CITOYENS,

D'après ce qui se passa hier à l'appel et la scène
qui le suivit, les citoyennes Fontlebon de Keranroy,
Mouësan-Villebasse, Lambilly-Villiroyt ne peuvent
s'empêcher de voir le danger qui les menace ; et,
l'esprit animé de la plus vive confiance, elles
s'adressent à vous pour vous prier d'avoir égard à
ce que le respect dû aux femmes soit maintenu.
Leurs oreilles ne sont pas plus faites pour entendre
des propos hasardés que leurs personnes pour être
exposées aux regards d'un bataillon, et tout en elles se
soulève à la seule idée d'en être les objets. Veuillez
donc, Citoyens, aviser aux moyens à employer pour
que, si vous ne pouvez abroger la loi à laquelle les
ci-dessus nommées sont assujetties, elles puissent au
moins la subir sans que la décence en souffre. Pour
ce qui regarde la motion qui a été faite, elle ne saurait
nous alarmer, vu que ce ne fut jamais à des étrangers
de faire la loi dans notre ville, et que s'en arroger le
droit, c'est manquer à ceux qui en sont les vrais

organes. Nous sommes pénétrées, Citoyens, de la plus grande confiance dans votre honnêteté et votre justice, sous la sauvegarde desquelles nous estimons être.

Signé : Fontlebon de Keranroy, Moaisan de la Villebasse, Victoire Lambilly, femme Villiroyt[1] ».

A la suite de cette requête, l'appel cessa pendant quelques jours, mais il reprit quelque temps après. « Nous y allions, écrit Madame de la Villirouët, quelquefois à six heures du matin et d'autres fois à neuf heures du soir ; si on y eût manqué, on était menacé de la prison[2]. »

Aussitôt que la loi du 2 juin 1793 qui ordonnait l'incarcération des suspects fut promulguée à Lamballe, Madame de la Villirouët écrivit aux membres de la Convention pour en demander l'abrogation :

« Adresse à la Convention lors de l'arrêté pris par la municipalité de Lamballe de renfermer les ci-devant, en vertu d'un décret du 2 juin autorisant l'arrestation des gens suspects d'aristocratie ou de preuves d'incivisme.

Citoyens Représentants,

Une femme, une mère, âgée de vingt-cinq ans, à la veille de subir la loi qui la prive de sa liberté, par le nouveau décret que vous venez de rendre, invoque

---

1. Madame de la Villirouët ajoute en note : « La révolution du 3 mai empêcha qu'on fît droit à ma requête ».

2. Parmi les personnes assujetties à l'appel, nous remarquons les deux sœurs de Madame de la Villirouët: Madame de la Vigne-Dampierre et Euphrosine de Lambilly.

votre humanité, réclame votre justice, et cherche dans
la main qui la frappe un appui qui la soutienne. C'est
à vous surtout, pères de famille, à vous qui connaissez le plus fort comme le plus doux de tous les
sentiments, celui de l'amour paternel, que je m'adresse
plus particulièrement encore. Ah ! daignez révoquer
un décret qui contrarie également et la loi de la
Nature et la base sacrée sur laquelle vous avez
vous-même établi la Constitution. Enfin, soyez d'accord avec vous-mêmes. Mais, pardon, citoyens Représentants, je m'égare, et c'est moins votre amour-
propre que je veux intéressser que vos cœurs que je
prétends attendrir par la vue du spectacle de femmes,
d'enfants, de vieillards et d'infirmes dont le seul crime
est la naissance, par jeu du hasard, et l'opinion, dont
vous-mêmes avez décrété la liberté pourvu qu'elle ne
pût nuire à la cause commune. Ah ! croyez que jamais
nous n'avons cessé de faire des vœux pour le bonheur
de notre malheureuse patrie et pour la paix qui lui
est nécessaire pour en jouir, et que notre premier sentiment comme notre dernier vœu sera pour elle.

> Victoire Lambilly, femme Villiroyt.

Lamballe, 9 juin 1793 ».

Cette réclamation fut inutile ; et dès le 11 juin, vingt-cinq
personnes étaient incarcérées dans la prison de Lamballe. Le
soir même de leur emprisonnement, madame de la Villirouët,
bien qu'elle ne fut pas personnellement en cause, fit adres-

ser par les détenus, une pétition aux administrateurs du
département des Côtes-du-Nord :

« CITOYENS,

L'âme pénétrée du sort que nous éprouvons, nous
élevons la voix vers vous pour invoquer votre humanité
et réclamer votre justice. Quels sont donc nos crimes
pour être ainsi traités? Où sont nos dénonciateurs?
qu'ils paraissent ; mais qu'on nous entende et qu'on
ne nous traite pas en coupables quand nous pouvons
offrir la preuve de notre innocence ! Ah ! veuillez,
citoyens, nous prêter votre appui, nous tendre une
main secourable et justifier la confiance que nous
avons témoignée en restant au milieu de vous. Vos
âmes honnêtes et sensibles n'ont-elles pas déjà rejeté
avec effroi l'erreur dont nous sommes les victimes[1].
Sauvez-nous la liberté, sauvez-nous la vie, menacée
presque inévitablement dans cette époque orageuse ;
et croyez que nous n'avons jamais cessé de faire des
vœux pour le bonheur de notre malheureuse patrie..
Signé : Bouilli de Turcan, veuve le Lague ; Fontlebon de Kanranroy ; Géry, fille ; Boixière, mère et fille ;
Françoise Maucoq ; Charlotte l'Hôpital ; Thérèse Villebouquais ; Bichemin ; Pelletier ; Vaunoise ; Bessiguelle ;
Marie-Anne Forsanz ; Marie-Anne-Angélique Forsanz ;
les dames Kermeneu ; Aimée Bonin, femme Quengo ;
Villéon-Villepierre ; Agathe la Guyomarais ; Micault
de Mainville, ex-ursuline ; etc. »

1. Madame de la Villirouët met en note : Le département loin
d'adopter cette mesure était absolument contre ».

Madame de la Villirouët ne se contente pas de cette pétition. Elle a connu autrefois, étant jeune fille, un des membres
actuels de la Convention, l'abbé Fauchet [1], qui avait été reçu
à Lambilly en 1782; elle s'empresse de lui écrire pour essayer
de l'intéresser au sort des malheureux détenus :

« A l'abbé Fauchet, évêque du Calvados, membre de
la Convention.

Lamballe, le 17 juin 1793.

CITOYEN REPRÉSENTANT,

Veuille votre mémoire se reporter un instant vers
l'année 1782, se rappeler le plaisir que vous fîtes à
une famille, qu'alors vous estimiez, en venant au milieu
d'elle, et à laquelle vous ne craignîtes pas de témoigner, en vers comme en prose, l'intérêt qu'elle vous
inspirait. Serait-il possible que les temps fussent tellement changés que ces souvenirs n'eussent plus
pour vous de charmes et que l'indifférence la plus
grande eût succédé à cette sensibilité d'âme : « De
cette âme aimante que le ciel dans sa bonté ou dans

1. Fauchet Claude, né à Dornes (Nièvre) en 1744, ordonné prêtre
en 1769; il fut prédicateur du roi, puis grand-vicaire de l'archevêque
de Bourges. Dès le début de la Révolution, il fut l'un des plus
ardents instigateurs de la prise de la Bastille, et il prononça à ce
sujet un discours où il proclama N.-S. Jésus-Christ le premier des
sans-culotte. Ayant prêté serment à la Constitution, il devint en 1791
évêque intrus du Calvados, qui l'envoya comme député à l'Assemblée législative et à la Convention. Compromis lors de la disgrâce
des Girondins à cause des relations qu'il avait eues avec Charlotte
Corday, il fut arrêté et guillotiné à Paris le 31 octobre (1793).

sa colère vous donna » (ce sont vos expressions) ; qu'enfin le malheur de ceux que vous appeliez vos amis vous fût maintenant étranger ? Je ne puis le croire, citoyen ; et, dans cette confiance, je réclame aujourd'hui ce que vous me témoigniez alors, en vous priant de vouloir bien appuyer la pétition que j'ai eu l'honneur d'adresser à la Convention, pour le rapport du décret qui ordonne l'incarcération de tous les gens suspects. Voilà huit jours que cette arrestation a eu lieu ici à l'égard de femmes, de vieillards et de jeunes personnes de quinze à vingt ans, sans dénonciation aucune et uniquement parce qu'ils portent le titre de « ci-devant ». Je n'y suis pas comprise à cause de ma qualité de mère de famille ; mais ce n'est pas assez pour moi d'être libre et mon cœur ne peut être satisfait. Que je serais heureuse si je pouvais intéresser le vôtre à la cause de mes amis ! Je l'espère, et je m'en flatte, car la sensibilité d'âme a un caractère ineffaçable, et celui qui en fut doué, même alors qu'il voudrait y renoncer, ne le pourrait pas. Veuillez donc, citoyen représentant, employer ce beau don que la nature vous a donné en partage en faveur de malheureux opprimés, et opprimés d'autant plus injustement que ce n'est que pour leur naissance et pour leurs opinions, alors qu'on ne commande pas plus à celles-ci que l'on ne préside à celle-là.

J'ai l'honneur d'être, citoyen représentant, votre très-humble,

Victoire Lambilly de la Villiroyt ».

Tout est inutile : les portes des prisons ne s'ouvrent alors que pour recevoir, non pour relâcher des victimes ; et, ne pouvant obtenir l'élargissement de tous les captifs, madame de la Villirouët essaye au moins de délivrer sa tante, madame de Kéranroy. Cette dame est âgée, infirme, presque en enfance ; peut-être les administrateurs de la municipalité de Lamballe consentiront à lui rendre la liberté.

« Frappez, citoyens, leur écrit madame de la Villirouët le 27 juin, frappez ; mais, s'il vous faut une victime, prenez-moi, et rendez à ma tante une liberté dont la perte lui a été si funeste. Son incarcération a achevé l'œuvre commencée par l'âge et continuée par toutes les émotions que lui a causées la Révolution : la pauvre femme est folle ! Je suis prête à me sacrifier pour elle ; acceptez cet échange ; et, malgré toute la douleur que j'aurai à vivre séparée de mes pauvres petits enfants, je serai heureuse de me dévouer pour celle qui me tient lieu de seconde mère. Ah ! veuillez, citoyens, m'accorder la grâce que je vous demande ! Si vous saviez la peine que je ressens, vous ne pourriez y rester insensibles !

J'ai l'honneur d'être, citoyens, votre très-humble servante, la plus malheureuse des femmes si vous me donnez un refus, la plus reconnaissante si au contraire vous m'accordez la faveur que je sollicite.

Victoire Lambilly, femme Villiroyt ».

Cette fois cette touchante supplication fut écoutée ; le jour même, madame de Kéranroy fut rendue à la liberté et à la tendresse de sa nièce, qui alors ne fut pas inquiétée. Mais elle ne tarda pas elle-même à être arrêtée. Elle fut emprisonnée le 12 octobre 1793 ; et elle continua dans sa captivité son rôle de dévouement et de protection.

La prison de Lamballe avait été établie dans la rue Basse,

près de l'église Saint-Martin. dans les bâtiments de l'ancien couvent de Saint-Joseph des Ursulines, fondé en 1637 et devenu propriété communale, lors de l'expulsion des religieuses, le 28 septembre 1792[1]. D'après la description que M. Habasque fait de cette maison d'arrêt dans ses « Notions historiques sur le département des Côtes-du-Nord », elle pouvait contenir au plus cinquante à soixante personnes, alors que plus du double s'y trouvaient entassées en 1793 et 1794. Elle se composait : d'un rez-de-chaussée, comprenant le logement du gardien, trois cachots, une chambre basse et un cabinet, qui servit plus tard de chapelle, d'un premier étage, occupé par deux vastes chambres, d'un grand grenier. Ce fut dans ce grenier que, Madame de la Villirouët séjourna pendant quinze mois, du 12 octobre 1793 au 9 janvier1795, au milieu de toutes les privations et de toutes les souffrances physiques et morales.

Sa plus grande douleur était d'être séparée de ses enfants, qu'elle avait confiées à sa tante, Madame de Keranroy, et à sa sœur, Madame de la Vigne-Dampierre[2] ; et, le 13 germinal an II (2 avril 1794), elle écrivit aux administrateurs du district pour leur demander l'autorisation de voir ses pauvres petits abandonnés :

« Citoyens,

Pardon si je vous importune encore, mais mes enfants, ne les verrrai-je plus ! Ah ! du moins puisque vous ne pouvez me permettre de les voir tous les

1. Les Ursulines revinrent à Lamballe en 1825, et reprirent possession de leur ancien couvent, qu'elles habitent encore aujourd'hui.
2. Marie-Emmanuelle-Euphrosyne de Lambilly, sœur cadette de Madame de la Villirouët, née en 1772 ; elle avait épousé, en 1791, Frédéric-César, comte de la Vigne-Dampierre, qui mourut ne laissant qu'une fille, Thérèze, qui épousa en 1827, M. du Vergier de Kerhorlay.

jours, accordez-moi de les avoir une décade entière
avec moi. J'en ai trois et sûrement à leur âge on n'est
pas suspect (l'aîné a quatre ans et demi, la seconde
trois ans et la dernière deux ans); d'ailleurs ils ne
sortiraient pas. Veuillez, citoyens, m'accorder cette
demande que je vous fais de tout mon cœur. J'ai fait
le sacrifice de mes biens et de ma liberté, mais lais-
sez moi mes enfants, mon unique bien, ma seule consolation ; ne m'en privez pas, et croyez à l'éternelle
reconnaissance de votre concitoyenne,

Victoire Lambilly, femme Villiroyt ».

Les administrateurs se laissèrent attendrir par cette requête, et Madame de la Villirouët eut la joie de recevoir ses
enfants dans sa prison. « qui, écrit-elle plus tard, devenait
pour elle un séjour délicieux quand elle avait le bonheur de
les y posséder [1] ».

Cependant, elle suivait anxieusement la marche des événements extérieurs. La captivité se prolongeait sans lasser son
espérance et sans ébranler son courage ; et nous allons voir
cette femme, bien que prisonnière et sans appui. parvenir, à
force d'énergie et de persévérance, à briser ses chaînes et à
rendre en même temps à la liberté ses cent-trente compagnons
d'infortune. presque tous du pays de Lamballe, et dont elle
nous a gardé les noms :

1. Il existe en outre aux archives de Saint-Brieuc six lettres écrites
par Mme de la Villirouët aux membres du comité de surveillance de
Lamballe pendant sa captivité. Dans les trois premières, du 13 octobre, 23 novembre et 23 décembre 1793, elle réclame la mise en
liberté de sa tante, Mme Moaisan de la Villebasse, indispensable pour
soigner en ville son autre tante, Mme de Kéranroy, âgée, infirme, en
enfance et abandonnée. Par celles des 23 et 29 octobre 1794, elle
demande à voir ses enfants. Enfin, par celle du 13 juin 1794, elle
proteste contre l'interdiction qui a été faite aux détenus d'acheter
des fruits et des légumes.

Liste des détenus dans la prison de Lamballe
du 11 Juin 1793 au 9 Janvier 1795 *

1 D'Aubert.
2. *Banger, Françoise*, ex-religieuse, sortie le 18 ventôse an III, par ordre de Guezno et de Guermeur du 4 ventôse an III.
3. Barbedienne, Jeanne, ex-religieuse.
4. *Baudray, Vincente*, ex-religieuse, sortie le 18 ventôse an III.
5. *Bédée Lescouët, François Marie Jean*, âgé de 79 ans, père d'émigré, incarcéré le 12 vendémiaire (3 octobre 1793), relâché le 20 nivôse an III (9 janvier 1795).
6. *Bédée Villèsgallon*, Laurent, garçon, sorti le 20 nivôse.
7. *Bédée*, Angélique, veuve la Motte-Vauvert, âgée de 76 ans, son fils, officier de marine; incarcérée le 21 vendémiaire, relâchée le 20 nivôse.
8 *Le Bel*, Adélaïde.
9. *Le Bellay*, Charlotte, veuve Quintin-Kercadiou.
10. *La Bericol*.
11. *Berthelot*, Jacquemine, âgée de 34 ans, célibataire, nièce des Rogon, incarcérée le 24 vendémiaire, relâchée le 20 nivôse.
12. *Berthelot*, Jeanne, domestique.
13. Bertho, Françoise [1].

---

*. Les noms inscrits en italiques viennent des archives de Saint-Brieuc, et les autres sont ceux cités dans les Mémoires de Madame de la Villirouët.

1. Françoise Bertho, comtesse douairière de Trauroux de Kermarec.

14. *Bertho*, femme, née Pélagie du Gourlay, âgée de 30 ans, divorcée, incarcérée le 14 vendémiaire pour incivisme, relâchée le 20 nivôse.

15. *Bérugay*.

16. Bessiguelle, incarcérée en juin 1793, relâchée le 20 nivôse.

17. Bichemin, Louis, incarcéré dès le mois de juin 1793, relâché le 20 nivôse.

18. Bichemin, veuve, née Sorgnard, nièce du précédent, relâchée avant 1795.

19. Le Bigot.

20. *Bizien, Marie-Jeanne, veuve Daën-Kerménénan,* âgée de 48 ans, mère de 5 filles et de trois garçons dont deux émigrés, incarcérée dès le mois de juin 1793 avec quatre de ses filles, relâchée le 20 nivôse[1].

21. Boiscoutard (Mme de).

23. Boisfrouger et sa fille aînée (Mme du)[2].

24. Boishardy, Marie-Anne[3].

25. Boissière, veuve, née Mathurine-Marie Mettrie, 57 ans, entrée dès le mois de juin 1793 pour incivisme, relâchée le 20 nivôse.

26. Boissière, veuve Villetanet, fille de la précédente, incarcérée et relâchée avec elle.

27. Bonin-Villebouquais, Thérèse, célibataire, âgée de 57 ans, tante d'émigrés et accusée elle-même d'aristocratie ; incarcérée le 10 germinal (elle était en prison en juin 93), sortie le 20 nivôse[4].

---

1. Marie-Jeanne de Bizien avait épousé vers 1770 Jacques-André Daën de Kerménénan, chevalier de Saint-Louis, mort en 1786, laissant neuf enfants.

2. Mme du Boisfrouger, épouse de Yves Le Forestier, seigneur du Boisfrouger ; et sa fille aînée, Céleste Le Forestier.

3. Marie-Anne Bras-de-Forges de Boishardy, sœur du fameux chef de chouans et de Madame du Bouilly.

4. Thérèse Bonin de la Villebouquais, fille de René-Jean, comte de la Villebouquais, et de Françoise-Gillette de Saint-Pern-Ligouyer.

28   Bonin, Aimée-Gillette, femme Jocet-Quengo, âgée
     de 40 ans, sœur d'émigrés, entrée avec sa fille, Bonne
     Jocet, en juin 1793, relâchée 20 nivôse[1].

29. *Boulé*, Jeanne, domestique.

30. *Le Boistou*, Victoire, veuve Vitu-Roncière.

31. Du Boscq.

..   5 Bosquily, (voir Halna).

32. La Bouchard, veuve.

33. Bouilly-Turcan, veuve le Laguc, incarcérée dès le
     11 juin 1793,

34. Du Bouilly, veuve, née Bras de Forges, élargie le
     19 nivôse, avec sa sœur Marie-Anne Boishardy et sa
     cousine Marie Emery.

35. *Du Bouilly* (Radegonde du Bouilly-Vaunoise), céliba-
     taire, âgée de 68 ans, tante d'émigré, aristocrate de
     première classe, incarcérée le 11 juin 1793, relâchée
     le 20 nivôse.

36. *Du Bouilly*, Pierre-Paul[2].

38. Boullé, Jacquemine et Jeanne.

39. Boxiquel.

..   Bras de Forges, voir Boishardy et du Bouilly.

41. *Le Brébant*, Louise, femme de Jean Goudu, et sa fille,
     Jeanne Goudu, sorties avant 1796.

42. *Briant*, Jacques et sa fille.

43. Briant, Jeanne.

44. *Brunet du Guilliers*, Gillette-Julie, femme le Mintier
     de la Motte-Basse, entrée le 28 vendémiaire, sortie le
     20 nivôse.

46. Mathurin et Marie-Françoise Cadorel.

---

1. Aimée-Gillette Bonin de la Villebouquais, sœur de la précédente, qui avait épousé en 1774 Joseph-Charles Jocet, chevalier,
seigneur du Quengo.

2. Pierre-Paul du Bouilly de la Prevostais, seigneur de la Salle-
Blanche en Maroué.

48. Carasmel, Pierre et sa femme.

49 *La Carrier*.

50. *Veuve Chanteloup*, née Bonne-Françoise le Gras, âgée de 39 ans, incarcérée le 16 thermidor, relâchée le 20 nivôse.

51. Le Charpentier, Marie-Anne, veuve Chappedelaine, originaire de Merdrignac [1].

53. *Châteaubriant*, Jean-Jules, et sa nièce, Sophie de Châteaubriant.

54. Jacques Châtelier.

55. *Veuve Châtelier*.

56 Eugène Chatton des Morandais, âgé de 72 ans, incarcéré le 18 vendémiaire avec sa femme Jeanne Le Normand, âgée de 65 ans, et ses quatre filles, trois fils émigrés, relâché le 20 nivôse [2].

57. Eugénie Chatton, fille du précédent, âgée de 42 ans, célibataire.

58. Anne Chatton, fille du précédent, âgée de 40 ans;

59. Céleste Chatton, fille du précédent, âgée de 25 ans;

60. Jeanne Chatton, femme Gouyon, âgée de 33 ans, mari émigré, relâchée par le Comité de Lamballe, le 21 nivôse et par ordre écrit de Bollet le 24 nivôse an III.

61. Agathe Chatton, veuve Chauchy-Pinel, âgée de 29 ans.

62. *Chatton-Bruan*.

---

1. Marie-Anne le Charpentier, dame du Margat, épouse René de Chappedelaine, chevalier, dont elle était veuve en 1788.

2. Eugène Chatton des Morandais, né en Evran en 1724, épousa en 1750 Jeanne-Thérèse Le Normand de Noyal, dont il eut: 1° Eugène-Auguste, né en 1755, page de Louis XVI, capitaine au régiment de la Reine-Cavalerie, émigré en 1791 ; 2° Charles, né en 1768, lieutenant au Royal-Auvergne, émigré en 1791, dont postérité; 3° Céleste-Jeanne, née en 1761, demoiselle à Saint-Cyr de 1776 à 1784 ; 4° Eugène, émigré en 1791, dont postérité.

63. Chenu, Jeanne-Marie, célibataire.

64. Des Cognets-l'Hôpital, François.

65 Des Cognets-l'Hôpital, Charlotte, célibataire, âgée de 60 ans, incarcérée le 17 vendémiaire, relâchée le 20 nivôse.

66. Des Cognets-Villetréheux, Toussaint, célibataire, âgée de 66 ans, incarcéré du 30 germinal au 20 nivôse.

67. *La Cormaux*.

68 *Le Corgne de Launay*, Louis, âgé de 41 ans, frère d'émigré, entré le 12 vendémiaire, relâché le 20 nivôse.

69. *Le Corgne la Plesse*, Louise-Charlotte, nièce du précédent, célibataire, âgée de 25 ans, entrée le 5 pluviôse, relâchée le 20 nivôse.

.. *Veuve Daën-Kerménénan*, née Jeanne-Marie Bizien (voir à Bizien).

70. *Daën*, Rosalie, femme Plancher, fille de la précédente, âgée de 27 ans, épouse de Félix Plancher, émigré, incarcérée le 12 vendémiaire, relâchée le 20 nivôse.

71 *Daën*. Honorée, sœur de la précédente, âgée de 21 ans

72 *Daën*, Aimée, sœur de la précédente, âgée de 19 ans.

73. *Daën*, Marie-Sainte, sœur de la précédente, âgée de 30 ans, ex-ursuline à Rennes.

74 *Dargaray, Emmanuelle, veuve la Motte-Rouge*, ayant cinq enfants dont deux émigrés, incarcérée le 4 germinal, relâchée le 20 nivôse.

75. Despréaux.

86. Droguet, Rose.

87. *Droguet. Françoise-Marie, femme Guérande*, âgée de 51 ans, mère de deux garçons et de trois filles; son mari, ses deux fils et une fille émigrés; incarcérée le 28 prairial, élargie le 20 nivôse.

78. *Duchemin, Antoine*, de Noyal.

79. *Durand, Louise*, ex-religieuse.

80   Emery-Goascaradec, Marie-Jeanne, élargie le 8 janvier 1793.

81. *De l'Etang-Troaëc*, de Moarué.

82. *Fauvel-Rivière*.

83. Fontlebon-Kéranroy, veuve[1].

.. Le Forestier, Céleste, et sa mère (voir Boisfrouger).

84. Forsanz, Marie-Anne, célibataire, âgée de 52 ans, calotine de première classe, enfermée le 11 juin 1793, relâchée le 20 nivôse.

86. La domestique des précédentes.

87. Despréaux.

88. Le Frost, Mathurine, et sa fille.

89. *Le Fruglay, Jean-Charles*[2].

90. *Gargiau-Kerversault, François*.

91. Mme Gargiau-Kerversault.

92. Gauthier, Pétronille.

93. Gesril, Marie-Jeanne, sortie malade, incarcérée le 11 juin 1792.

94. *Godmont, Rose*.

95. *Goublaye, Marie*, femme Riou, âgée de 30 ans, mari émigré, enfermée le 25 prairial, relâchée le 20 nivôse.

96. *Goublaye, Beaurais-Louise*, fille, âgée de 43 ans, sœur d'émigré, incarcérée du 10 thermidor au 20 nivôse.

.. Gouëssard, Marie-Anne, femme Thomas le Vicomte, âgée de 53 ans, incarcérée du 4 fructidor au 20 nivôse.

1. Renée-Jeanne de Fontlebon, dame de Chef du Bois, de Trébressan, de la Ville-Chevalier, née en 1728, épouse à Dinan, en 1743 Félix-Sixte-Marie de Caradeuc, comte de Keranroy, frère du fameux La Chalotais ; il mourut en 1786, sans enfants. Emprisonnée dès le mois de juin 1793, sa nièce, la comtesse de la Villirouët, obtint sa mise en liberté, le 27 juin suivant. Elle mourut à son hôtel à Lamballe en juillet 1799.

2. Jean-Charles, comte le Fruglaye, époux de Agathe-Renée de Nogent.

99. **Du Gourlay, Pélagie**, sa fille.

100 *Goudu, Jeanne*, et sa mère, née Louise Le Breton.

. . **Gouyon, femme**, née Jeanne-Charlotte Chatton des Morandais, âgée de 33 ans, mari émigré, incarcérée avec ses parents et ses trois sœurs le 18 vendémiaire, relâchée le 21 nivôse par le Comité, et par lettre de Bollet du 24 nivôse.

101. *Femme Gouyon-Maupetit.*

102. *Femme Gouyon du Farge.*

103. *Gouyon, Pierre*, célibataire.

104. *Gouyon, Félix*, âgé de 47 ans.

. . . *Le Gras de chanteloup*, bonne-Françoise (voir Chanteloup).

. . *Veuve Guérande*, née Françoise-Marie Draguet.

106. **Guillemer, Joseph** et frère.

107. *Guillemer, Thérèze*, célibataire, âgée de 36 ans, incarcérée pour incivisme le 16 vendémiaire, relâchée le 20 nivôse.

. . . 2 **Guyomarais**, (voir la Motte).

108 *Veuve Halna-Bosquily*, née Sévère-Sainte Poulain, âgée de 44 ans, incarcérée le 21 vendémiaire avec ses trois filles.

109. *Halna, Rose-Sévère Joséphine*, âgée de 22 ans.

110. *Halna, Florianne-Renée*, âgée de 21 ans.

111. *Halna, Joséphine-Françoise*, âgée de 20 ans.

112. *Hingant, François*, Motte-Rieux, sorti malade.

113 *Le Hodec, Marie.*

. . *3 de l'Hôpital*, (voir des Cognets).

114. **Houdu-Villecadio.**

. . **Femme Jocet-Quengo** née Anne-Gillette Bonin, (voir à Bonin).

115 **Jocet-Quengo, Bonne-Prudence**, âgée de 18 ans, fille cadette de la précédente, incarcérée du 12 vendémiaire au 20 nivôse.

116. Kercadiou (Pierre Quintin de), demeurant en Bréhand.

... *Veuve Kercadiou-Quintin*, née Charlotte Bellay, (voir Bellay).

117. *La Kermarec*, ex-ursuline.

... Kerménénan, (voir Daën).

118. Veuve Kermoisan, née Françoise Poulain, âgée de 60 ans, incarcérée du 12 vendémiaire au 20 nivôse.

119. *Laisné, Julien et François.*

120. Lambilly, Marie-Victoire, femme Villirouët, âgée de 26 ans, femme et sœur d'émigrés, ex-noble.

121. Launay.

.. Lescouët, (voir à Bédée).

127. *Leroy, femme, et ses cinq filles.*

. . Léry, (voir à Poulain).

... Lourmel, (voir à le Normand).

128. *La Mainguy-Saint-Martin.*

129 Le Maître, Jeanne-Rose.

130. *Manier, Alexandre.*

131. Le Marchand.

133. Martin, Françoise et Marie.

134 Maucoq, Françoise.

135. Veuve Le Métaër, née Hélène Rébillon, âgée de 70 ans, mère d'émigré, incarcérée du 15 thermidor au 20 nivôse.

136. Le Métaër, Marie-Charlotte, sa fille, âgée de 39 ans,

138. *Le Métaër-Ravillé, Jacques*, et sa femme, née *Renée-Claude Rogon*, deux fils émigrés, incarcérée du 24 vendémiaire au 20 nivôse.

139. *Métaër*, fils, sorti malade.

... *Mettrie, Mathurin-Marie*, veuve Boissière, (voir Boissière.

140. Charlotte Micault-Mainville, femme Lamy.

141. La Micault-Mainville, ex-ursuline, incarcérée 11 juin 1793 au 20 nivôse.

142. Le Mintier, Toussaint, âgé de 53 ans.

... Femme Le Mintier-Motte-Basse, née Julie Brunet, (voir Brunet).

143. Le Mintier, Anne-Louise, âgée de 59 ans, incarcérée du 28 vendémiaire au 20 nivôse.

144. Moaisan-Villebasse, Marie-Louise[1], célibataire, âgée de 58 ans.

... Des Morandais, (voir Chatton).

... Femme la Motte-Rouge, née Emmanuelle d'Argaray[2], a cinq enfants, dont deux émigrés, incarcérée du 4 germinal au 20 nivôse.

146 La Motte-Rouge et femme.

147. La Motte-Villescomte, Victoire, célibataire, âgée de 45 ans, sœur du fameux conspirateur Guyomarais, incarcérée du 23 vendémiaire au 20 nivôse.

148. La Motte, Pélasgie, sœur de la précédente, célibataire âgée de 35 ans.

149. La Motte-Guyomarais, Agathe[3], incarcérée du 11 juin 1793.

150 *La Motte, Marie-Hyacinthe.*

151. *La Motte-Vauvert (veuve).*

---

1. Marie-Louise Moaisan de la Villebasse, née au Guécot, en Saint-Glen, en 1775, fille de Jacques, écuyer, seigneur de la Villirouët, et de Renée-Charlotte du Chastel, dame du Guécot, de la Villebasse ; elle fut grand-tante de la comtesse de la Villirouët ; elle mourut célibataire le 26 décembre 1814.

2. Emmanuelle d'Argaray, de Navarre, née en 1726, épousa en 1750 Joseph-Toussaint de la Motte-Rouge, mort en 1776 ; elle mourut le 28 avril 1802, laissant postérité.

3. Julie-Agathe de la Motte-Guyomarais, née 1771, fille de Joseph-Gabriel, et de Jeanne-Marie Micault de Mainville, épousa, le 29 novembre 1802, Toussaint-François de la Motte-Rouge, et mourut le 15 octobre 1833 à Pléhérel.

... Le Normand, Jeune, femme d'Eugène Chatton
      des Morandais, (voir Chatton).

152. Le Normand de Lourmel, François-Aimé, âgé de
      67 ans, père d'émigrés, incarcéré du 11 vendémiaire
      au 20 nivôse.

153. Le Normand de Lourmel, Hélène, nièce du précé-
      dent.

154   Le Normand de Lourmel, Louis-Charles.

155. Le Normand de Lourmel, Marie-Rose.

156. *Le Normand la Rüe.*

157. *La Noühe, Joseph.*

158. *Paigné, Reine, fille Lescouët.*

159. *Paumier, Rosalie.*

161. Pelletier, père et fils, incarcérés du 11 juin 1793.

162. *Petit, Anne.*

163. La Pétra, Mathurine.

165. Picard, Jeanne et Marie.

166. *Pinel-Villerobert, Joseph*, veuf, âgé de 62 ans, père
      de six enfants, dont deux émigrés, incarcéré du
      30 germinal au 20 nivôse.

167. *Pinel, Anne*, fille du précédent.

168. Plancher, Joseph, âgé de 39 ans, ex-chevalier de
      Saint-Louis, aristocrate dangereux, incarcéré du
      14 vendémiaire au 20 nivôse.

... Femme Félix Plancher, née Rosalie Daën, (voir
      Daën).

169. *Veuve Plancher*, née Honorée Taffin.

170. Poulain-Lesry, Sévère, célibataire, âgée de 50 ans,
      arrêtée pour incivisme le 2 germinal, relâchée le
      20 nivôse.

... Poulain, Sévère Sainte, veuve Halna, (voir Halna).

171. Poulain, Françoise, veuve Kerménénan, âgée de
      60 ans, incarcérée du 12 vendémiaire au 20 nivôse.

172. Poulain-Mauny, Françoise, ex-religieuse, incarcérée du 11 juin 1793, sortie malade avant 1795.

174. *Poulain-Reposoir, Pierre*, et sa femme *Claude Quélen.*

175. *Primat, Yves*, domestique.

... *Quélen, Claude*, femme Pierre Poulain, (voir Poulain).

... Quengo, (voir à Jocet).

176 *Le Quennec, Julienne.*

... Quintin-Kercadiou, Pierre, et Veuve Quintin[1],
(voir Kercadiou).

177. *Rattier, Mathurine.*

178. *Du Rau.*

... Rebillon, Hélène, veuve Métaër, (voir Métaër).

179. *Recourté, Julienne.*

180 *Riou, Jacques-Pierre.*

... *Femme Riou*, née Marie Goublaye, (voir Goublaye).

... *Fauvel-Rivière*, (voir Fauvel).

181. *Rabillard*, Françoise.

182. Du Rocher, M^r et Mme, faisant à eux deux 135 ans.

... *Rogon, Renée-Claude*, épouse de Jacques Le Métaër,
(voir Le Métaër).

184. Le Roux, Georges, et Mainguite.

185. Rouxel, Marie.

186. La Samson.

187. *Sécrétain, Pierre.*

188. *Sévoy, Servan*, âgé de 77 ans, père de deux enfants,
incarcéré pour incivisme du 4 fructidor au 20 nivôse.

190. La Sorgnard, veuve Bichemin, et ses deux sœurs.

191. De Trémereuc-Meurtel, Louis-François-Bernar-
din, âgé de 25 ans, incarcéré du 16 thermidor au
20 nivôse.

---

1. Pierre-Quintin de Kercadiou, officier des milices garde-côtes, chevalier de Saint-Louis, épousa en 1582 Catherine Doudart des Hayes, dont postérité.

192. De Trémereuc-Léhen.

193. *Trottin, Louise*, sortie avant 1795.

...   *J. Trouec de l'Etang*, de Maroué.

...   *Tuffin, Honorée*, veuve Plancher.

194. La Turquais.

195. La Unirgué.

197. 2 du Val.

...   de Vaunoise, (voir du Bouilly).

198   Le Vicomte de Morieux, Thomas, âgé de 66 ans, et sa femme, Anne Gouësnard, âgée de 53 ans, a six filles et cinq fils, dont quatre fils émigrés, incarcéré 11 fructidor avec sa femme et ses six filles.

199. Le Vicomte de Morieux, Julie, fille du précédent, âgée de 30 ans.

200. Le Vicomte de Morieux, Anne-Marie-Rose, fille du précédent, âgée de 14 ans.

204. Le Vicomte de Morieux, Françoise-Rose, Anne, Toussainte et Reine, ex-religieuse, filles du précédent, sorties le **18** ventôse an III, par arrêt du **4** ventôse de Guermeau et Guezno.

205. La Villéon, Casimir.

206   Villéon-Villepierre, Jeanne-Marie-Hippolyte, sœur du précédent, âgée de 30 ans incarcérée du 11 juin 1793, au 20 nivôse.

207. *La Villehulin*, ex-religieuse, sortie pour maladie avant 1795.

...   La Villirouët, (voir Lambilly).

...   *Veuve Vitu-Roncière*, née Victoire Le Boistou; (voir Le Boistou).

208. Yvon.

Ces détenus durent à la comtesse de la Villirouët la liberté et peut-être la vie. Laissons l'héroïne elle-même raconter ce

glorieux épisode dans les « Mémoires » qu'elle a écrits
pour ses enfants.

SORTIE DES DÉTENUS DE LA MAISON D'ARRÊT
de la commune de Lamballe
Par BOLLET, Représentant du Peuple français
les 20 et 21 nivôse de l'an III de la République Française une et indivisible [1]

« Aide-toi, le ciel t'aidera. »
« Celui qui met un frein à la fureur des flots
Sait aussi des méchants arrêter les complots »

Depuis quinze mois nous gémissions dans la Maison d'Arrêt, où nous avions souffert, avec tous les
désagréments qu'entraînent nécessairement avec lui
un rassemblement nombreux et les rigueurs de la
saison, des douleurs plus cruelles encore de la part
d'hommes pour qui la cruauté semblait être tout à la
fois un devoir et un besoin. Nos domestiques nous
avaient été ôtés. Le « pot commun » nous avait été
établi et, comme l'on sait, jamais pot commun n'a
bien bouilli [2]. La fouille nous avait été faite et, pour
cette opération, la maison avait été cernée en-dehors
et en-dedans par la force armée et toutes les issues
bouchées ; et vraiment, si Robespierre eût encore

1. Dans cette relation, comme dans tout ce qu'a écrit la comtesse
de la Villirouët, j'ai crû devoir respecter scrupuleusement son style
et transcrire intégralement ses « Mémoires ».

2. Ce « pot commun », nourriture commune à tous les détenus,
était alimenté par une somme que chacun des prisonniers devait
verser et qui était fixée par l'administration. Cette somme s'élevait
le 10 thermidor (29 juillet 1794) à 12.654 liv., dont les parents des
émigrés payaient la plus forte part : Madame de la Villirouët à elle
seule payait 1.200 francs.

existé, je me serais cru à mon dernier moment. Mais
heureusement pour nous que ce monstre avait disparu
de dessus la surface de la terre qu'il avait souillée de
ses crimes et abreuvée de sang [1].

Les mots de justice et d'humanité commençaient à
être proférés par ceux-là qui jusqu'alors ne nous trai-
taient que comme des victimes vouées à la mort. Un
décret paraît qui annonce qu'il est temps enfin de
rendre justice aux innocents, et des représentants du
peuple, membres de la Convention, sont nommés pour
se rendre dans les départements pour y exercer cet
acte d'humanité.

Boursault arrive à Lamballe. Quelle joie cette bonne
nouvelle ne répandit-elle pas dans nos âmes ; et combien
nous nous réjouîmes encore davantage quand nous
sûmes que, dans le discours qu'il avait fait au Temple de
la Raison, il démasquait les vrais ennemis de la Patrie
et les peignait en traits affreux, mais ressemblants !
Il y invoqua la justice et l'humanité et dit qu'on ne
devait pas s'étonner si, dès le lendemain, quarante,
cinquante, ou même soixante d'entre nous étaient
rendus à leurs familles et à la liberté [2]. Il nomma à
cet effet une commission chargée d'étudier les motifs
de notre captivité ; et la croyant sans doute remplie

1. Robespierre et ses complices furent guillotinés le 29 juillet 1794.
2. Les sentiments humanitaires dont Boursault fit montre à Lamballe n'étaient sans doute pas bien sincères : cet homme fût toujours un comédien. Jean-François Boursault, dit « Boursault-
Malherbe », était fils d'un drapier, et né à Paris en 1752. Jeune encore
il suivit une troupe de comédiens ambulants, dont faisait partie
Collot d'Herbois, de sinistre mémoire. Il devint ensuite directeur
du théâtre de Marseille ; puis, en 1790, il fonda à Paris le théâtre
Molière, où il fit jouer sans succès des pièces de sa composition.
Nommé membre de la Convention en février 1793, il trempa dans
des affaires louches, qui lui rapportèrent beaucoup d'argent, mais

des mêmes sentiments que ceux qui l'animaient lui-
même, il lui donna le nom de « Société Philanthropique ». Mais quel nom pour de tels hommes ; quels
hommes pour un tel nom ! Nous avions cependant
tout espoir : Boursault était là, Boursault, rempli des
sentiments les plus humains et animé de la morale
la plus pure, avait en mains nos dénonciations et nos
réponses à ces dénonciations qui les détruisaient de
la manière la plus parfaite ; comment eussions-nous
pu croire que le terme de nos maux ne fût pas venu ?

Comme nous nous bercions de cette espérance,
nous apprenons que Boursault est parti, et cette nouvelle fut pour nous comme un coup de foudre. Nous
connaissions trop en effet le caractère des membres
qui composaient la Société Philanthropique pour
garder quelque illusion. Malgré les ordres qu'ils

le firent accuser de concussion en novembre 1793. Il était alors en
mission dans l'Ouest. Il revint à Paris, et réussit à détourner le
coup qui le menaçait, grâce à l'influence de son ancien camarade,
Collot d'Herbois. Après le 9 thermidor, il fut renvoyé en Bretagne
avec mission de pacifier cette province, et nous l'y trouvons de
septembre 1794 à juin 1795. Son voyage à Lamballe eut lieu à la fin
de septembre 1794 ; mais il ne passa que trois jours dans cette
ville et regagna Rennes. Il proclama, le 17 octobre suivant, l'amnis-
tie pour les chouans des Côtes-du-Nord ; puis il prit une part
active à la pacification, signée à la Prévalaye le 19 avril 1795 et si
vite rompue par les républicains. Toujours suspect de malversa-
tions, il ne fut pas admis à siéger au Conseil des Cinq Cents en
octobre 1795 ; et il quitta alors la scène politique pour reprendre
la direction de celle de son théâtre, qu'il appela en 1807 « Théâtre
des Variétés Etrangères ». L'entreprise et l'exploitation de la voirie
de Paris dont il fut adjudicataire, augmentèrent encore sa fortune,
qui s'élevait à près de trois millions quand il mourut à Paris en
1842, âgé de 90 ans.

Il y aurait une étude curieuse à faire sur le rôle important joué
par des comédiens dans le drame de la Révolution française : citons
seulement, à côté de Boursault et de Collot d'Herbois, Rioufle,
Dubois, Grammont, Parisau, Fleury, Larive, la Bussière.

avaient reçus d'étudier sans relard nos dossiers afin
de nous faire obtenir une prompte justice et de les
envoyer de suite à Boursault pour qu'il statuât sur
notre sort, les commissaires, sans avoir égard à la
saison rigoureuse dans laquelle nous entrions, ni au
nombre des personnes malades dans la prison, ne
faisaient leur travail qu'avec une lenteur désespérante
pour des êtres, qui, comme nous, après quinze mois
de souffrance et de captivité, s'étaient crus à la veille
de recouvrer la liberté. Dans cette situation désespérée,
j'écrivis à Boursault, le 11 octobre, lui mettant sous
les yeux la dénonciation dont j'avais été l'objet le
15 août 1794 et les réponses que j'y avais faites :

**« Marie-Victoire Lambilly, femme Villiroyt, au citoyen
Boursault, représentant du peuple, à Rennes.**

CITOYEN,

Je m'adresse à toi pour te prier, conformément à
ta justice et à ta bonté, de me rendre à la liberté et
à mes enfants. Privée de l'une, séparée des autres,
depuis le 21 vendémiaire an II par ordre du Comité,
sans autres motifs que ceux que tu verras ci-dessous
dans mon acte de dénonciation, j'aime à penser que
tu trouveras ces motifs suffisamment détruits par les
observations que j'y oppose. Tel est mon espoir ;
puisses-tu le réaliser et te mériter ainsi à jamais des
droits à la reconnaissance de ta concitoyenne,

Marie-Victoire Lambilly, femme Villiroyt.

*A la maison d'arrêt de Lamballe, le 20 vendémiaire
an III de la République* (11 octobre 1794) ».

DÉNONCIATION

« Marie-Victoire Lambilly, femme Villiroyt, âgée de 26 ans ; son mari émigré ; ayant trois enfants, tous chez elle, et le plus âgé ayant cinq ans.

« En arrestation à Lamballe depuis le 21 vendémiaire an II (12 octobre 1793), par ordre du Comité, comme ex-noble, femme et sœur d'émigrés ;

OBSERVATIONS

On ne saurait m'imputer à crime ma qualité d'« ex noble » : on ne préside pas à sa naissance. On me dit « femme d'émigré » : cela peut-être, mais toutes les présomptions sont contre, attendu que, depuis le mois de juillet 1792. je n'ai pas reçu de nouvelles de mon mari, qui demeurait alors à Paris ; j'ai donc tout lieu de craindre qu'il n'existe plus.

Mais, supposez qu'il fût émigré, serait-ce une raison pour me rendre responsable de sa conduite et de ses démarches ? Toujours et partout le mari fut le chef de droit et de fait, on ne peut donc accuser une femme de la conduite de son époux. On me reproche aussi d'être « sœur d'émigré » ; comme une sœur n'a

DÉNONCIATION

« Vivant de ses revenus ; en relation avec tous les autres nobles ; entretenant plusieurs correspondances, notamment avec sa famille qui demeure dans le district de Ploërmel ;

« D'un caractère souple, fine et rusée ; jouant le rôle d'une femme lettrée, et s'efforçant de ridiculiser tout ce qui touche à la Révolution.

OBSERVATIONS

également aucune autorité sur son frère, on ne peut m'imputer les actes de mon frère aîné [1].

A l'égard de mes correspondances, c'était pour moi un devoir de piété filiale de correspondre avec mes parents et notamment avec ma mère, qui habite actuellement près de Ploërmel [2].

Je ne suis point souple, car je ne sais pas flatter ; je ne suis point fine, car je me suis laissée prendre ; je ne suis point rusée, car je n'ai jamais dissimulé la vérité. N'étant occupée que de mes enfants, je ne joue point de rôle, et

1. Ce frère aîné était Pierre-Gabriel-François, marquis de Lambilly, né en 1758, ex-lieutenant aux Gardes Françaises, qui avait épousé à Versailles en 1782, en présence du roi et de la cour, mademoiselle Henriette de Rosily ; il avait émigré en 1790, et il mourut à Lyon en 1817, laissant postérité.

2. La marquise douairière de Lambilly, née Jacquette de la Forest d'Armaillé, veuve en 1785, demeurait alors au château de Lambilly, près de Ploërmel. Elle mourut à Rennes le 26 juillet 1815, âgée de 85 ans.

Nous citerons plus loin une des lettres de M™ de la Villirouët à sa mère.

DÉNONCIATION

« Le présent a été délivré à la dite Lambily-Villiroyt, en exécution de la loi du 18 de ce mois, par nous, membres du Comité de surveillance de Lamballe, le 28 thermidor an II de la République une et indivisible (15 août 1794).

« Ont signé : Heurtaud, Audouard, Charles Hervé, Le Maître, Tavet, Maugendre, Padelle, Onfroy, L. Veillet, Revel ».

OBSERVATIONS

celui de femme lettrée me conviendrait encore plus mal qu'aucun autre. Quant au reproche que l'on me fait de vouloir ridiculiser la Révolution, il n'est pas plus fondé : pour ridiculiser il faut tenir des propos, et je ne me rappelle pas en avoir jamais tenu aucun ; au surplus que l'on me cite ce que l'on me prête : il est plus difficile de prouver que d'émettre une calomnie.

Il résulte des accusations qui sont portées contre moi que j'ai été mal jugée et je demande que la liberté, qu'on m'a ravie injustement pour des motifs erronés, me soit rendue.

Victoire Lambilly, femme Moaisan Villiroyt. — A la Maison d'arrêt de Lamballe, le 29 thermidor an II de la République une et indivisible (16 août 1794).

P. S. — J'ajouterai aux observations précédentes un fait connu de toute la ville. La citoyenne Kéranroy, ma tante, chez laquelle je demeurais, moi et mes enfants, a perdu la tête depuis et par la Révolution ; elle n'a que moi pour la veiller et la soigner, et voilà plus d'un an qu'elle est abandonnée aux mains de domestiques. L'humanité même doit parler en sa faveur et engager à lui rendre en ma personne une fille chérie, qui lui est malheureusement devenue si nécessaire.

Ainsi donc encore une fois, citoyen représentant, j'espère en ta sensibilité, en ta justice, et aussi dans le plaisir si doux aux bons cœurs de faire des heureux. — Marie-Victoire Lambilly, femme Villiroyt, le 20 vendémiaire an III (11 octobre 1794). »

Boursault ne répondit pas à cette adresse, et tout semblait désespéré pour nous lorsque Bollet[1] passa à Lamballe, trois mois après, le 19 nivose an III

---

1. Bollet, Philippe-Albert, député du Pas-de-Calais à la Convention, avait été adjoint à Boursault comme commissaire chargé de préparer la pacification de la Bretagne. « Mais ces deux hommes, écrit le général républicain Danican dans *Les brigands démasqués* (p. 176), se haïssent mortellement et se le témoignaient d'une façon indécente en se traitant publiquement de « grosse bête » et d' « histrion ». Il y avait à Rennes deux partis, le parti Boursault et le parti Bollet. Le premier voulait agir par ruse et par trahison ; le second désirait sincèrement une pacification complète et loyale ». Cette appréciation du général Danican est bien conforme au rôle que ces deux personnages jouèrent à Lamballe, suivant le récit de la comtesse de la Villirouët. Après la signature du traité de la Prévalage, le 19 avril 1795, Bollet résida encore quelque temps à Rennes ; et ce fut chez lui, à sa table et par ordre de Hoche que furent arrêtés traîtreusement et malgré la paix, le 25 mai 1795, le baron de Cormatin et six autres chefs de la chouannerie. Bollet devint membre du Conseil des Cinq Cents au mois d'octobre suivant, puis du Corps législatif jusqu'en 1806.

(8 janvier 1795). Ah ! que son nom soit à jamais béni, comme aussi à jamais il vivra dans nos cœurs !

A huit heures du soir, Cloteau, notre concierge, et Padelle, membre du comité de surveillance, apportent l'acte d'élargissement de la citoyenne Bras de Forges, veuve du Bouilly, et de la citoyenne M.-J. Emery, sa compagne et sa cousine[2]. La citoyenne Quengo et les autres personnes présentes en tirèrent un bon augure pour le sort de tous les détenus, et exprimèrent devant Cloteau et Padelle leur espoir de partager le sort de leurs amies. Mais ceux-ci leur arrachèrent cette douce illusion en leur disant que Bollet n'avait aucun droit pour rendre la liberté aux autres détenus, et qu'il partait le lendemain de grand matin. Je logeais alors au-dessous de la citoyenne Quengo et je ne savais rien de ce qui s'était passé, lorsqu'à neuf heures un quart je monte chez elle, où j'apprends la nouvelle si intéressante pour nous tous de la sortie de ces deux dames. On me dit aussi la réponse des citoyens ; mais, de même qu'elle ne me surprit pas, elle ne put me déconcerter. L'idée me vint d'écrire de suite à Bollet ; et, ce projet ayant été approuvé des cinq à six personnes présentes, je pris la plume et rédigeai sur le champ cette pétition :

« Les détenus de la Maison d'arrêt de la commune de Lamballe au citoyen Bollet, représentant du peuple français :

2. Cette mise en liberté était due à l'influence du fameux chef de la Chouannerie dans les Côtes-du-Nord, Bras de Forges du Boishardy, chez lequel eurent lieu, en mars 1795, des conférences préliminaires entre les officiers royalistes et les représentants de la Convention en vue de la pacification des provinces de l'ouest.

Citoyen, les mandats de liberté délivrés aux citoyennes Bras de Forges, veuve du Bouilly et Marie-Jeanne Emery, nous apprennent ton arrivée dans cette ville. Pourrions-nous espérer que notre sort suive le leur ? Nous croyons y être fondés, vu que nous ne sommes pas plus coupables qu'elles, comme tu peux le vérifier puisque nos feuilles d'écrou ont dû t'être présentées. Depuis quinze mois nous sommes dans les fers : et en vain pour nous jusqu'à ce jour le règne de l'humanité a remplacé celui de la tyrannie. Veuille être sensible à nos malheurs et les faire cesser. Nous aimons à nous flatter que c'est à toi qu'était réservé le bonheur inestimable pour un bon cœur de rendre à leurs familles et à la liberté des citoyens paisibles et qui jamais n'eussent dû en être séparés et privés. — Salut et fraternité. — Victoire Lambilly, femme Villiroyt.

P. S. — Nous sommes ici, au nombre de soixante-seize [1], dans l'état le plus misérable, mourant de froid, n'ayant ni feu, ni bois, ni cheminée. De grâce ne quitte pas Lamballe sans nous avoir donné lieu de te devoir la reconnaissance la plus vive, que déjà nous sentons d'avance au fond de nos cœurs.

A la Maison d'arrêt de la commune de Lamballe, le 19 nivôse an III de la République Française une et indivisible ».

---

1. Des cent-trente détenus à la prison de Lamballe en octobre 1793, il n'en serait donc resté que soixante-dix-huit au commencement de janvier 1795 : à moins que madame de la Villirouët, en citant ce chiffre de soixante-seize au 9 janvier, n'ait indiqué que le nombre de ceux des prisonniers qui étaient enfermés dans des pièces sans cheminée.

Ma lettre, approuvée, signée des citoyennes Quengo, Kermeneu, le Vicomte et moi, pliée, et l'adresse
mise, je la porte au garde qui logeait près de la grande
porte. Je trouve tout fermé ; je frappe, j'appelle, je fais
un vacarme épouvantable, car j'étais décidée à appeller
tous les citoyens de la rue au cas où le garde n'eût pas
voulu se prêter à nous être utile. Enfin, la porte s'ouvre,
et le citoyen Gouz, enfant de seize à dix-sept ans,
et honnête comme on doit l'être naturellement à cet
âge, nous demande ce qu'il y a pour notre service. Je
lui remets ma lettre et je lui donne l'ordre de la porter sur-le-champ à Bollet, de la lui remettre en main
propre, et, s'il ne le trouve pas dans un lieu, de
l'aller chercher dans l'autre. Je lui recommandai
aussi la plus grande célérité. Il était dix heures du
soir et nous ne voulions pas nous coucher sans connaître le résultat de notre démarche.

Le petit jeune homme ne perdit pas de temps, et cependant il ne revint que comme onze heures sonnaient
nous communiquer la réponse de Bollet. Il est parve-
nu à aborder le Représentant : « Citoyen, lui a-t-il
dit, voici une lettre que je suis chargé de vous remettre en main propre » — « De la part de qui est-elle ? »
— « Des détenus » — « Qui est-ce qui vous l'a remise ? » — « La citoyenne Villiroyt » — Voulez-vous
une réponse ? » — A votre plaisir, citoyen, mais les
détenus aimeraient mieux vous voir. Ils sont là bien
misérables, et ils m'ont chargé de vous le dire » —
« Eh bien ! dites-leur que j'irai les voir demain matin ».

Tout ce dialogue entre le Représentant et Gouz
nous avait charmés, mais, quand nous entendîmes la
dernière phrase, ce furent des cris de joie, des sauts,

des gambades qu'on n'eût pas entendu Dieu tonner.
« Voilà, m'écriai-je, notre affaire en bon train ; mais
ce n'est que le commencement et c'est la fin qui nous
intéresse. Ainsi donc, mon petit ami, dis-je à Gouz, il
te faut encore demain matin à sept heures aller trouver Bollet, et voici ce que tu lui diras : « Citoyen,
c'est moi qui vous ai apporté hier la lettre des détenus, et je suis venu pour vous montrer le chemin de
la maison d'arrêt, où je suis de garde ».

Gouz accomplit fidèlement la mission dont je l'avais
chargé, et le Représentant lui dit fort honnêtement :
« Mon petit ami, je ne puis pas y aller pour l'instant,
mais, dis aux détenus que très certainement j'irai les
voir ce matin ».

Cette promesse nous causa encore une grande joie,
et jusqu'à onze heures nous vécûmes dans l'espoir de
le voir arriver d'un instant à l'autre. Mais comme il ne
venait pas, je pris le parti de lui récrire encore, et voici ce que je lui envoyai par Gouz le père, le fils étant
de faction :

« Citoyen Représentant, c'est aujourd'hui jour de la
Décade, et c'est sans doute ce qui t'empêche de venir
nous voir. Ordonne donc que deux gardes me condui-
sent vers toi sur-le-champ, afin que je puisse te parler
au nom des détenus et au mien. — Victoire Lambilly, femme Villiroyt. — P. S. — On nous assure que
tu pars demain, et nous sommes dans des frayeurs
horribles que tu ne nous brûles ».

Il lut ma lettre, sourit en la lisant, et dit à quelques
personnes qui se trouvaient là, notamment ma sœur,
Madame de la Vigne, qui était à le solliciter pour moi·

« Elle veut absolument me voir ! ». Puis se tournant vers Gouz : « Dis-lui qu'elle soit tranquille, et que je vais voir à cela ».

Effectivement, vers trois heures de l'après-midi, les citoyens Margeot et Padelle, membres du Comité de surveillance vinrent nous apporter un mandat de liberté pour la majeure partie d'entre nous. Les citoyennes ci-dessus nommées étaient, ainsi que moi, du nombre des délivrés. Mais il restait encore à la prison seize ou dix-sept personnes, au moins, qui n'étaient pas comprises dans cet ordre. Notre joie en fut empoisonnée, et l'espoir seul de pouvoir obtenir la mise en liberté de nos compagnons d'infortune affaiblit en nous le sentiment douloureux que ce triage y avait fait naître.

Il n'y avait pas de temps à perdre. Bollet partait sans faute le lendemain matin. Notre résolution fut vite prise en raison du peu de temqs que nous avions. Nous inscrivîmes les noms de ceux qui n'avaient pas été mis en liberté, et les citoyennes Quengo mère et filles, du Boisfrouyer, sa fille aînée et moi, nous allâmes trouver Bollet.

Il était quatre heures. Nous arrivons à la Grand-Maison, auberge à laquelle il était descendu[1], et nous demandons à lui parler. On nous répond qu'il est occupé en ce moment et que nous ne pourrons le voir qu'à cinq heures. Nous nous en retournons et revenons à l'heure indiquée. La même réponse nous est encore faite : le citoyen Bollet ne sera visible qu'à sept heures et demie. Prévoyant qu'il serait très possible que nous fussions toujours renvoyées ainsi, nous prîmes

1. L'Hôtel de la Grand-Maison existe toujours à Lamballe, au centre de la ville ; il appartenait en 1795 au citoyen Revel.

le parti d'attendre à la porte de l'auberge. Bien nous
en prit, car au bout d'un quart d'heure, son cour-
rier, parfaitement honnête, nous dit que nous pouvions monter. Nous ne nous fîmes pas prier, et
nous nous trouvâmes en présence du Représentant.
Les citoyennes Quengo m'avaient priée de porter la
parole ; et voici ce que je lui dis : « Citoyen, j'ai
l'honneur de vous saluer. » — « Votre serviteur, citoyenne » — « Citoyen, nous sommes venues vous
remercier de la liberté que vous nous avez accordée,
et c'est le premier acte que nous avons voulu en faire ».
— « Citoyenne, je suis enchanté de vous avoir rendu
votre liberté, et j'espère que vous ne me donnerez
jamais lieu de m'en repentir » — « Oh ! non, certainement, citoyen ! », mais dans le mandat de liberté qui
nous a été lu dans la maison d'arrêt nous avons cru
comprendre que cette liberté n'était que provisoire,
et nous sommes venues vous la demander pleine et
entière » — Que le mot « provisoire », citoyenne, ne
vous effarouche pas ; il est d'usage qu'on le mette
toujours. Vous êtes parfaitement libres et il ne sera
porté atteinte à votre liberté que si vous contrevenez à
la loi ». — « En ce cas-là, nous sommes tranquilles,
car, quand on a été si cruellement puni pour n'avoir
rien fait, on ne s'expose pas à l'être pour quelque
chose ! » Bollet sourit et dit : « Je ne vous cache pas
que c'est à la citoyenne qui m'a écrit que vous devez
votre liberté. Je ne me souviens plus de son nom...
Vil... Villi... ? » — « Citoyen, c'est moi : je suis Victoire
Lambilly, femme Villiroyt, et vous me faites grand
plaisir en me disant cela. Il est si doux de contribuer
au bonheur de ses semblables ! » — « Ma foi, citoyenne,

c'est à vous que vous devez votre liberté et que les
autres détenus la doivent ; car je devais partir ce matin,
mais votre sort m'a touché. Comment me suis-je dit,
moi qui suis devant un grand feu, et qui cependant
ai encore froid, combien donc doivent souffrir ces
pauvres misérables qui ne peuvent se chauffer ! » —
« Citoyen, c'est une preuve de votre bonté et de votre
humanité. Mais veuillez bien lire la lettre que j'ai
l'honneur de vous présenter. Vous n'ignorez pas qu'il
reste encore des détenus dans la maison d'arrêt, et
nous sommes venues vous solliciter en leur faveur ».
— Bollet prit la lettre que j'avais écrite, elle était conçue en ces termes :

« Liberté, égalité, justice, humanité.

Les citoyens détenus et rendus à la liberté au
citoyen Bollet, représentant du peuple :

Citoyen, les malheureux auxquels tu as rendu la
liberté ne sauraient être complètement heureux dès
lors que tous leurs compagnons d'infortune ne par-
tagent pas leur sort. En venant donc te remercier de
ce que tu viens de faire pour nous, nous te demandons
la liberté de ceux dont nous te présentons la liste ci-
jointe. Et, dans la crainte d'être nous-mêmes inquiétés,
vu que l'on nous a dit que la nôtre ne nous était accordée
qu'à titre provisoire, nous te la demandons pleine et
entière, avec un acte particulier à chacun de nous qui
le constate. Tu pourrais aussi te faire représenter les
tableaux de ceux qui restent derrière nous, et tu ver-
rais que ta justice et ton humanité sont également

intéressés à ce qu'ils sortent, n'étant pas plus coupables que nous. Aie donc égard, nous t'en conjurons, à la justice de notre réclamation, et complète notre bonheur en rendant parfaite notre reconnaissance. Salut et fraternité ! — Victoire Lambilly, femme Villyroyt ; Bonne-Prudence Jocet ; Bonin, femme Jocet-Quengo; Céleste le Forestier ; Aimée-Françoise Jocet-Quengo. — A la prison d'arrêt, le 20 nivôse. »

Après avoir lu la lettre et la liste des détenus non libérés, Bollet me dit qu'il n'y avait pas moyen de les faire mettre en liberté. — « Et pourquoi, citoyen ? Ils ne sont pas plus coupables que nous, et la loi doit être une pour tous ! il faut absolument que vous m'accordiez leur liberté. » — « Vous êtes bien zélée pour la cause des malheureux ? » — « C'est que, citoyen, quand on a souffert si longtemps ensemble, on s'aime bien. » — « Non, véritablement, ma bonne amie, je ne puis pas ! avant de statuer sur le sort des détenus, il me faut avoir le travail que le Comité de surveillance a dû faire à leur égard. » — « Mais, citoyen, la Société Philanthropique... » — « La Société Philanthropique, je ne la connais pas ; c'est une société qui n'est point avouée par la Loi. Il a plu à Boursault de la nommer, c'est fort bien, mais moi je ne reconnais que le Comité de Surveillance ; et il me faut le travail d'une autorité régulièrement constituée et avouée par la Loi pour mettre ma responsabilité à couvert quand je présenterai à l'Administration supérieure la liste des personnes que j'aurai fait mettre en liberté. Je le répète, citoyenne, je ne reconnais pas la Société

Philanthropique[1] » — « Ma foi, citoyen, si vous
voulez que je vous le dise, elle est mal nommée
philanthropique, et misanthropique lui conviendrait
bien davantage. (Ici Bollet et son secrétaire sourirent).
Mais enfin, comment faire? il sera bien cruel pour ces
malheureux, bien qu'ils ne nous portent pas envie, de
ne pas partager notre bonheur ; et une fois que vous
serez parti, citoyen, il n'y aura plus d'espoir pour eux.
Vous ne connaissez pas l'administration de Lamballe...
Pour moi, j'aurais mieux aimé rester trois mois de
plus en prison que d'en sortir par son autorité; je ne
voulais le faire que par la bonne porte : vous ou la
Convention, pas d'autres ! Dans ces derniers temps
on pouvait obtenir de quitter la maison d'arrêt avec
un certificat de médecin ; mais, quand on se porte bien,
on préfère subir une prolongation de souffrance plutôt
que de devoir la liberté à un faux. » — « Citoyenne,
la seule chose que vous puissiez faire est de vous
rendre auprès du Comité de surveillance et d'obtenir
de lui, le travail qui m'est absolument nécessaire ».

J'oubliais de dire que, quand j'avais dit à Bollet que
la Société Philanthropique eût été mieux nommée
misanthropique, son secrétaire témoigna galamment
son approbation en me disant « qu'on devenait phi-
lanthrope en me voyant », sur quoi je lui répondis :
« Que tout le monde, ainsi que lui, n'avait pas la phi-
lanthropie dans le cœur ».

Nous nous rendîmes en hâte aux bureaux du Comité
de surveillance, où nous trouvâmes les citoyens

---

1. Cette phrase de Bollet confirme bien ce que le général Danican,
dans les « Brigands démasqués », dit de l'animosité qui existait
entre Bollet et Boursault.

Margeot et Saint-Révilly. — « Citoyens, voulez-vous avoir la complaisance de me délivrer le tableau de la citoyenne Marie-Louise Moaisan-Villebasse[1] ? » — « Citoyenne, nous avons beaucoup d'ouvrage, cela n'est pas possible » — « Bien des pardons, citoyens ; si vous le voulez, la chose est possible et sera faite à l'instant même ». Margeot et Saint-Révilly eurent l'air de se consulter des yeux pour savoir ce qu'ils devaient faire ; ce que voyant, je leur dis qu'ils feraient bien mieux de m'accorder ma demande. Et, à force de les presser, j'obtins qu'ils recherchâssent le dossier de la citoyenne Villebasse. — « Allons ! dis-je, citoyens, quelles sont vos observations sur le compte de ma tante ? Bollet veut les connaître. » — Citoyenne, répondit Saint-Révilly, mes observations sont que, vu son grand âge, nous penchons vers la clémence. » (ma tante avait cinquante-neuf ans) — « Clémence, citoyen, dites donc plutôt justice, car c'est le seul mot qui convienne ! Au surplus, mettez ce que vous voudrez, je ferai mon rapport au Représentant!!!... »

Me voilà donc enfin munie du tableau de mademoiselle de Villebasse, et des observations du Comité à son égard ! de leur côté, les citoyennes Quengo avaient réussi à obtenir la même chose pour le citoyen et la citoyenne du Rocher[2], ménage qui faisait à lui seul 135 ans ; et nous allâmes retrouver Bollet, qui n'hésita pas à nous accorder leur acte de mise en liberté. Il

1. Marie-Louise Moaisan de la Villebasse, née au Guécot, en Saint-Glen, en 1735, était sœur cadette du père du comte de la Villirouët ; elle mourut à Lamballe le 26 décembre 1814, âgée de 80 ans.
2. Gabriel-Bon-Alexis du Rocher, seigneur du Quengo, en Brusvilly, né vers 1725, époux depuis 1756 de Marie-Anne de la Marche.

m'octroya également ceux des citoyens du Bosq et de l'Hôpital dont j'avais les pétitions.

Pendant le temps que nous passâmes avec Bollet, la conversation ne roula pas seulement sur le sujet qui nous avait conduites près de lui ; il me demanda, entre autres choses, ce que nous faisions dans la maison d'arrêt pour nous y réchauffer — « Ma foi, citoyen, lui dis-je, nous dansions ! Les administrateurs avaient l'air de le trouver mauvais, mais cela nous était égal ; et, comme nous savions que danser ou ne pas danser ne pouvait empirer ou améliorer notre situation, nous passions le temps comme nous pouvions. Vous n'ignorez pas, d'ailleurs, qu'il est souvent bon de s'étourdir sur ses malheurs pour conserver le courage nécessaire pour les supporter. » — « Et la mort de Robespierre, citoyenne, comment fut-elle reçue dans votre maison d'arrêt ? » — « Comment elle fut reçue ? Citoyen, nous en fûmes enchantées. Nous ne savions pas cependant précisément que ce fût lui qui nous dévouait ainsi à la mort ; mais c'était un grand coquin de moins, et nous nous en réjouissions. » — « Vous avez bien raison, citoyenne. » — Et nos dénonciations, citoyen, comment les trouvez-vous ? Ont-elles le moindre sens commun ? « Ex-nobles », le beau motif pour nous faire périr ! » — « Non, sans doute, citoyenne, la naissance est l'effet du hasard et l'on n'y préside pas » — « Et l'opinion religieuse ? citoyen, ne doit-elle pas être libre ? Est-on maître de penser d'une manière plutôt que d'une autre ? » — « Non, sans doute, et chacun ayant une âme et une conscience à soi, chacun doit pouvoir penser ce qu'il veut, et je dois être le maître

d'adorer cette chandelle (il montrait celle qui était
près de lui), si c'est ma fantaisie ; car enfin, cette
chandelle me fait du bien, elle m'éclaire. » — « C'est
juste, citoyen, mais vous conviendrez qu'on ne rai-
sonnait pas ainsi il y a six mois... Et notre « pot
commun ! » quelle horreur ! Non-seulement la ration
qu'on nous donnait n'était pas suffffsante, mais encore
elle était empoisonnée par la malpropreté [1] avec
laquelle elle était apprêtée. Ajoutez à cela que nous
n'avions pas la liberté de faire venir des aliments de
dehors... Et l'humanité qu'on exerçait à mon égard ! On
ne me permettait même pas de voir mes petits enfants
quand ils venaient à la grande porte pour m'embrasser !
Pauvres petits, que de larmes ils m'ont fait répandre !
si encore ils eussent été d'un âge à pouvoir être
regardés comme suspects, mais à trois, quatre et
cinq ans, alors qu'on sait à peine balbutier, on ne
peut former des plans contre-révolutionnaires ! » —
« Cependant, dit alors le secrétaire, homme qui
paraissait avoir infiniment d'esprit, on prétend que
votre concierge était indulgent » — « Indulgent,
citoyen, je ne serai jamais la délatrice de personne,
mais il faisait son devoir, et vous savez quel il était
du temps de Robespierre ! » — J'avais signé de mes
deux noms de fille et de femme les lettres que j'avais
adressées à Bollet ; il me dit, à ce sujet, en me mon-
trant mon nom de femme : « Tiens, ma bonne amie,

1. « La nourriture des prisonniers de Lamballe, écrit l'abbé Cauret, était détestable : elle se composait de pois pourris, de pain
moisi et de soupe sur laquelle surnageaient des milliers d'insectes. »
— « Le Diocèse de Saint-Brieuc pendant la période révolutionnaire »,
t. III, p. 91.

quand tu signeras, ne mets pas cela[1]. Tu sens mes raisons ; c'est un conseil d'ami que je te donne, profites-en. » — « Je crois les sentir, citoyen, mais j'ai toujours eu l'habitude de signer la vérité. Cependant, puisque tu me dis que les principes républicains permettent qu'on s'en écarte, je tâcherai de me conformer à tes conseils!.. ». Il ajouta qu'il allait à Rennes, et que, si je me trouvais à avoir besoin de lui, je pourrais lui écrire.

Il était neuf heures du soir, Bollet allait souper ; il était donc discret de nous retirer. Nous avions fait d'ailleurs bien de la besogne, et la prudence comme la délicatesse nous engageaient à ne pas être importunes. Mais, comme il restait quatre détenus dans la maison d'arrêt, je priai Bollet de m'accorder encore la journée du lendemain, l'assurant que, s'il craignait l'oisiveté, je saurais bien lui fournir de l'occupation. Il me dit qu'il ne pouvait rester, car les affaires de la République exigeaient sa présence ailleurs. — « Eh bien! lui dis-je, accordez-moi jusqu'à midi ? » — « Je ne le puis » — « Alors, fixez-moi au moins une heure avant votre départ » — M'ayant donné celle de huit heures, nous le quittâmes en le priant de ne pas nous oublier, et en l'assurant que de notre côté nous ne nous l'oublierions pas.

Nous nous séparâmes ainsi, enchantés, je crois, les uns des autres, et nous surtout bien reconnaissantes de la bonté et de l'honnêteté avec lesquelles Bollet nous avait reçues.

---

[1]. Bollet faisait allusion au nom de « Villiroyt », confondant probablement, comme plus tard les membres du Conseil de Guerre, « Villiroyt et Villeroi » (de Neufville, duc de Villeroi).

De retour à la maison d'arrêt, nous répandîmes la joie dans les âmes de ceux dont nous avions obtenu la liberté. Mais les citoyennes Gouyon et Chappedelaine et les citoyens Kercadiou et Guillemert n'étant pas du nombre de ces heureux, nous vîmes leur affliction, et pour les consoler, je leur dis de me donner leurs pétitions et que le lendemain à huit heures je les remettrais à Bollet. La citoyenne Chappelaine et le citoyen Kercadiou me donnèrent les leurs ; la citoyenne Gouyon me dit que la sienne était au Comité et le citoyen Guillemert confia la sienne à sa femme qui devait m'accompagner.

Toute la nuit suivante, je ne rêvais que pétitions, et le lendemain matin, ayant pris la lune pour le jour, et m'étant levée dès quatre heures, j'eus le temps de me préparer à la nouvelle mission que j'allais avoir à remplir.

A sept heures, les citoyennes le Vicomte[1], Guillemert et moi, nous nous mîmes en campagne. La première voulait tâcher d'obtenir une pension alimentaire pour ses filles, religieuses, condamnées par décret à rester dans la maison d'arrêt.

D'après ce que Bollet m'avait dit la veille, je savais qu'il ne pouvait statuer sur le sort des prisonniers avant que le Comité de surveillance n'eût lui-même donné à leur sujet un avis favorable. Il me fallait donc aller d'abord trouver le Comité ; et, comme je pré-

1. Gabrielle-Marie-Anne de la Rivière, qui avait épousé à St-Brieuc, en 1772, J.-B. Renaud le Vicomte, comte de la Houssaye, seigneur de la Villemorin, veuf de Marie-Anne-Céleste de Saint-Pern du Lattay ; elle était mère et belle-mère de Rose, Sainte, Reine et Annette le Vicomte, ex-religieuses ursulines à Lamballe, expulsées en 1792.

voyais qu'il ne serait pas encore assemblé, je fus, avec la citoyenne Guillemert, chez un de ses membres, le citoyen Margeot. Rendues chez lui, sa servante nous dit qu'il n'était pas encore levé et qu'il ne le faisait pas ordinairement avant neuf heures. Je la priai alors honnêtement de monter à sa chambre et de lui dire que je serais bien aise de lui parler. Elle y alla et nous communiqua la réponse de Margeot : il était couché, et par conséquent il ne pouvait me recevoir. « Eh bien ! dis-je, je m'en vais aller le trouver ! » — « Citoyenne, sa porte est fermée à clef » — Alors, je lui parlerai à travers la porte »... Me voilà donc au trou de la serrure du citoyen Margeot : « Citoyen, voulez-vous bien avoir la complaisance de vous lever? » — Citoyenne, il est de bien bonne heure, et il était onze heures hier soir quand je me suis couché » — « Moi aussi, citoyen, je ne me suis pas couchée plus tôt, et je suis levée depuis quatre heures. D'ailleurs, vous conviendrez que la liberté de quatre malheureux vaut bien quelques heures de paresse. Bollet va partir, et Bollet, vous le savez, ne peut rien faire sans vous. Allons! citoyen, levez-vous promptement. Je suis fâchée de vous réveiller si tôt, mais je me flatte cependant que vous ne vous en plaindrez pas : vous n'avez peut être pas tous les jours un réveille-matin aussi agréable! » — Oh ! très certainement, citoyenne ! » — Eh bien ! citoyen, allez-vous vous lever ? — Oui... tout à l'heure, citoyenne » — « Vous me le promettez ? — « Oui, citoyenne » — « Foi de citoyen Margeot ! » — « Oui, citoyenne » — En ce cas, citoyen, j'ai l'honneur de vous saluer, et, de ce pas, je vais aller sans doute réveiller vos collègues »... Effectivement, le citoyen la Vergne, autre membre du Comité, n'avait pas été plus diligent que Margeot. Me voici donc à la porte de celui-là, et notre dialogue fut à peu près le même ; mais la Vergne, plus honnête, se leva de suite et se mit à sa toilette, que je lui recommandai de faire moins longue que celle d'une jolie femme.

J'étais donc assurée de la présence au bureau de deux des membres du Comité ; c'était déjà quelque chose, mais ce n'était pas encore suffisant. Comme huit heures approchaient, et que je ne voulais pas manquer mon rendez-vous avec le Représentant, j'allai prier la citoyenne Chaplain, gouvernante du Comité de surveillance, de vouloir bien en convoquer les membres d'urgence, Bollet ayant affaire de suite de leur travail. La citoyenne Chaplain me le promit, et je me rendis chez Bollet.

Il était huit heures. Je le trouve faisant les cent pas dans sa chambre en bonnet de nuit. (Les citoyennes le Vicomte et Guillemert étaient avec moi). « Me voici encore, citoyen ; pardon de vous importuner ainsi ; mais il n'y en a plus que quatre... » — « Citoyennes, donnez-vous la peine de vous approcher du feu et de vous asseoir ».

Pendant que j'attirais mes pétitions, la citoyenne le Vicomte parla pour ses filles religieuses, mais elle ne put rien obtenir, et, comme elle insistait, il lui répéta que c'était à moi seule que les détenus devaient leur liberté ; puis se tournant vers moi : « Il n'y avait pas, citoyenne, de phrases dans votre lettre ; je déteste les flagorneries, j'aime la franchise, et votre lettre avait ce caractère ; vous peigniez votre position comme vous la sentiez, et cela m'a décidé ».

Je le remerciai, et je lui remis la pétition du citoyen Kercadiou[1]... Mais, me dit-il, tu m'apportes toujours des pétitions, et jamais les actes de dénonciation? » — « Citoyen, la raison en est simple, j'ai les unes et n'ai pu encore obtenir les autres » — « Quelle est donc à peu près la dénonciation du citoyen Kercadiou? » — « Citoyen, je ne sais pas au juste, mais je crois cependant pouvoir vous dire quelle elle est. Il a son domicile dans la paroisse de Bréhand, où, comme vous le savez, il y a eu des troubles, occasionnés, dit-on, par les Chouans. On a dû supposer que le citoyen en question avait donné chez lui un refuge à des proscrits, prêtres ou suspects, et là-dessus, sans aucune preuve, on l'a incarcéré » — « Tu m'affirmes qu'il n'y a que cela?... car tu comprends que pour rendre service, je ne veux pas compromettre ma responsabilité. Tu l'entends bien, ma petite amie? » — « Soyez tranquille, citoyen, pour rien au monde je ne voudrais risquer de compromettre qui que soit, à plus forte raison vous. D'ailleurs, je me porte volontiers caution, et, si vous découvrez que je vous ai trompé, vous pourrez me faire emprisonner de nouveau » — Bollet remit alors la pétition à son secrétaire et lui dit d'expédier le mandat de mise en liberté.

Ayant obtenu ce que je voulais pour le citoyen Kercadiou, je présentai la pétition de la citoyenne Chappedelaine[2], et j'obtins le même succès pour elle que pour la précédente.

1. Pierre-Quintin de Kercadiou, seigneur de Kercadiou en Louargat, officier des milices garde-côtes, chevalier de Saint-Louis, époux depuis 1782 de Catherine Doudart des Hayes, dame du Tertre, en Bréhand-Moncontour, dont postérité.

2. Anne-Guyonne de la Chesnaye des Timbrieux, épouse depuis

Bollet m'ayant demandé ensuite si j'en avais d'autres à lui soumettre, je lui dis qu'il y en avait deux encore au Comité ; il me répondit d'aller vite les chercher et qu'il mettrait les noms ensemble sur le même acte de liberté. Ayant obtenu sa promesse de ne pas partir avant mon retour, je me rendis au bureau du Comité avec la citoyenne Guillemert.

Là, nous priàmes les membres de nous délivrer leurs observations sur la citoyenne Gouyon et sur le citoyen Guillemert. Ils nous dirent que pour celles relatives à la citoyenne Gouyon, ils les avaient adressées la veille à Bollet, et ils se mirent à chercher celles du citoyen Guillemert, mais cela avec une telle lenteur que Bollet s'impatienta sans doute, et qu'au moment où on me remettait les pièces, j'entendis passer sa voiture... Je me précipitai dans l'escalier et dans la rue en criant : « Citoyen Représentant, arrêtez, je vous en conjure... Rien qu'un instant !... » Il eut la complaisance de demander d'arrêter, mais les chevaux n'en allèrent que mieux...

J'étais dans la rue, désespérée, regardant la voiture disparaître... Quelqu'un me dit alors que le général Rey[1], qui était venu avec Bollet à la Grand-Maison,

1773 de Julien-François de Chappedelaine des Breils, seigneur de la Vallée, en Illifaut.

1. Rey, Antoine-Gabriel-Venance, né dans l'Aveyron en 1768, s'engagea dans le régiment de Royal-Cavalerie, et obtint, grâce à la Révolution, un avancement rapide. Nommé général de brigade à la fin de 1792, il fut envoyé en Vendée en septembre 1793 et créé général de division. Il fut nommé, à la fin de 1794, commandant provisoire de l'armée des côtes de Brest. Il prépara la pacification de la Prévalaye. En 1796, il fut envoyé à l'armée d'Italie. Il remplit ensuite pendant quelques années la place de consul de France aux Etats-Unis, puis il prit une part active à la Guerre d'Espagne, de 1808 à 1813. Le roi Louis XVIII le décora en 1814 de la croix de Saint-Louis,

était encore à l'auberge et qu'il pourrait peut-être quelque chose pour nous.

Nous retournâmes donc à la Grande-Maison ; mais le général Rey nous assura, chose qui était des plus vraisemblables, qu'étant préposé pour les armées, il ne l'était pas du tout pour les détenus.

Bollet avait emporté avec lui les mandats de liberté du citoyen Kercadiou et de la citoyenne Chappedelaine; et je ne pouvais me consoler de mon excès de confiance dans l'activité du Comité de surveillance. Mais le mal était fait, il fallait le réparer.

Nous tînmes conseil entre les personnes présentes, qui étaient les citoyennes Hélène Lourmel, Marianne Forsanz, Guillemert et moi, le général Rey et le baron de Cormatin[1], député chouan auprès des généraux de

ce qui ne l'empêcha pas de servir Napoléon pendant les Cent-Jours. La Restauration lui conserva cependant son grade et le nomma commandant de la 19ᵉ puis de la 21ᵉ division militaire. Il mourut en 1836.

1. Cormatin (Pierre-Marie-Félicité Dezoteux, baron de), né à Paris en 1753, fils de Claude-Armand Dezoteux, commissaire aux guerres, et de Jeanne de la Félonnière, il se distingua comme lieutenant aide-de camp du baron de Viomesnil, dans la Guerre de l'Indépendance des Etats-Unis. Revenu en France avec Lameth, il épousa à Paris, en 1784, Geneviève-Sophie Verne, baronne de Cormatin, et se fit alors appeler « baron de Cormatin ». Lieutenant-colonel de la Garde constitutionnelle de Louis XVI, en 1791, il dut se réfugier en Angleterre après la journée du 10 août. Il se rendit ensuite à Coblentz ; puis, le 15 octobre 1794, Puisaye le nomma major général de l'armée royale de Bretagne, où il fut connu sous les surnoms de « Théobald » et d' « Obéissant ». Il fut l'un des principaux promoteurs du traité de paix signé à la Prévalage, le 19 avril 1795. Arrêté, malgré la pacification, le 26 mai suivant, chez le Représentant Bollet, à Rennes, dans le faubourg Lévêque ; il fut d'abord enfermé au fort de l'île Pelée, près de Cherbourg, puis transféré à Paris, où il parut devant un Conseil de guerre, qui le condamna, le 19 décembre 1795, à la déportation. Emprisonné à nouveau au fort de l'île Pelée, il fut interné le 12 avril 1800 à celui de Ham. Mis en liberté le 28 octobre 1802, il mourut à Lyon, le 12 juillet 1812.

la Nation ; et nous résolûmes de tâcher d'obtenir du
Comité de surveillance la mise en liberté provisoire
des quatre derniers détenus. Puis, le baron de Cormatin, homme parfaitement aimable, m'ayant con-
seillé d'écrire à Bollet par le général Rey, qui devait
partir le jour même pour le rejoindre, j'écrivis de
suite la lettre suivante :

« CITOYEN REPRÉSENTANT,

Je ne vous ai manqué que d'un quart d'heure, et ce
n'était pas de ma faute ; malheureusement, l'activité
du Comité de surveillance n'égale pas la mienne.
J'espère que vous voudrez bien m'envoyer de suite les
mandats de liberté des citoyens Kercadiou et Guillemert et des citoyennes Gouyon et Chappedelaine ; je
vous envoie celle du citoyen Guillemert. Vous savez
que vous m'avez promis leur liberté ; je ne fais donc
que vous prier de tenir votre parole, ne doutant pas
que la parole d'un Représentant est au monde ce qu'il
y a de plus sacré ».

Le général Rey eut ensuite l'honnêteté de m'accompagner au Comité. Là, nous exposâmes nos demandes
de mise en liberté provisoire des quatre détenus. On
nous fit beaucoup de difficultés… On craignait de se
compromettre… Sais-je ce qu'on ne redoutait pas !
Et tout cela parce qu'on ne voulait pas accorder la
liberté des quatre malheureux en faveur desquels
j'avais pourtant la parole de Bollet. Le général Rey
leur ayant dit qu'ils n'avaient aucun risque à courir,
ils lui proposèrent de mettre sa signature avec les
leurs, disant qu'alors ils consentiraient. « Je le crois

bien! répondit le général, mais il serait trop extraordinaire de voir mon nom à moi, qui ne suis que pour les armées, avec celles des membres du Comité de surveillance! » — C'était fort juste ! — Enfin, à force de débats et de discussions, nous obtînmes ce que nous désirions. Le général prit alors ma lettre ; nous le remerciâmes comme nous devions et il partit quelques instants après.

Au bout de quatre jours, le Comité recevait les actes de mise en liberté des quatre détenus que Bollet lui envoyait de Rennes.

Bollet fut donc bien notre sauveur ; nouveau Moïse, il nous délivra d'une captivité aussi affreuse que pouvait être celle des Israélites en Egypte! Nous, du moins, nous n'avons jamais murmuré contre notre libérateur ; et nous lui conserverons fidèlement, nous et nos familles, un reconnaissant souvenir.

Tel est le récit fidèle de l'histoire de notre délivrance, des circonstances qui l'ont précédée et de celles qui l'ont accompagnée et suivie. Je l'ai trouvée intéressante, et je me suis donné le plaisir de la retracer. Il est doux en effet de rendre hommage à la bienfaisance, et c'est aussi un plaisir de se rappeler les dangers qu'on a courus, alors qu'on leur a échappé.

Tout se suit, tout s'enchaîne, tout est détaillé jour par jour, heure par heure, dans le récit fait par Madame de la Villirouët de la mise en liberté des détenus de la prison de Lamballe. Il semble qu'aucun doute ne peut naître dans l'esprit du lecteur sur la véracité absolue de cette narration. Aussi, avons-nous été surpris de lire dans les « Mémoires du général

d'Andigné », édités en 1300, une page concernant l'élargissement des prisonniers de Lamballe, qui raconte ce fait d'une
façon différente.

« Au mois de mars 1795, lisons-nous dans ces « Mémoires »
« (t. 1, page 142), les principaux chefs de l'armée royale de
« Bretagne se réunirent au château du Boishardy, en Bréhand-
« Moncontour, chez M. Bras-de-forges du Boishardy, com-
« mandant des Chouans des Côtes-du-Nord. Ils y furent
« rejoints par des commissaires de la Convention et le général
« Humbert, avec lesquels ils discutèrent les préliminaires du
« traité de paix qui devait être signé à la Prévalaye le
« 15 avril suivant. De Bréhant, ils se rendirent ensemble à
« Rennes en passant par Lamballe, où ils s'arrêtèrent le
« 27 mars. Cette ville était alors pleine de Jacobins, et les
« prisons étaient remplies de détenus arrêtés pendant la
« Terreur comme suspects d'aristocratie. M. d'Andigné
« demanda au général la liberté de quatre d'entre eux ; le
« général l'accorda, mais il dut user de toute son autorité
« auprès du Procureur de la Commune pour obtenir leur
« élargissement. A peine arrivés à Rennes, les commissaires
« royalistes exigèrent, comme condition préalable à toute
« négociation pour la paix, la mise en liberté de tous les
« autres prisonniers de Lamballe, qui fut accordée et sanc-
« tionnée par un décret de la Convention ».

Nous sommes donc en présence de deux relations différentes de la mise en liberté des détenus de Lamballe. D'après
le récit de Madame de la Villirouët, deux d'entre eux, la sœur
et la cousine du chef des Chouans des Côtes-du-Nord, Mesdames du Bouilly et de Goascardec, furent relâchées par
ordre de Bollet le 8 janvier 1795 ; le lendemain, Madame de
la Villirouët obtint l'élargissement de presque tous les autres
détenus ; et enfin, sur ses démarches et grâce à l'appui du
général Rey et du baron de Cormatin, les quatre derniers
prisonniers furent délivrés le 10 janvier. Monsieur d'Andigné,

lui, place ces faits à la date des 27 mars et 1er avril 1795, et les attribue à son influence et à celle du général Humbert.

Il est fort possible que d'Andigné et le général Humbert fûssent à Lamballe en même temps que Cormatin et Rey, lors de la mise en liberté des prisonniers, et que ces Messieurs aient contribué de près ou de loin à cette mesure de clémence, mais cet élargissement, (les archives de Saint-Brieuc en font foi), eut lieu certainement les 8, 9 et 10 janvier 1795, et non à la fin de mars, et l'honneur en revient, d'abord et sans conteste, à la comtesse de la Villirouët.

CHAPITRE II

Une Femme Avocat

Le comte et la comtesse de la Villirouët vont se fixer à Paris à la fin de 1797. — Ils y sont arrêtés le 14 janvier 1799 et emprisonnés à l'Abbaye et au Dépôt. — Relachée après un mois de captivité, la comtesse de la Villirouët plaide elle-même la cause de son mari devant la Commission militaire, le 23 mars 1799, et obtient son acquittement.

Grâce à son infatigable énergie, la comtesse de la Villirouët avait obtenu sa mise en liberté et celle de tous les détenus de la prison de Lamballe, les 8 et 9 janvier 1795. Suivons-la maintenant sur un autre terrain, où elle va manifester d'une façon plus éclatante encore les grandes qualités de son intelligence et de son cœur.

Sortie de captivité, elle alla demeurer à l'hôtel Keranroy avec sa tante et ses enfants. Son mari, exilé, était alors en résidence à Jersey, et la plupart de ses biens ayant été mis sous séquestre, elle s'efforça d'en obtenir la levée afin de sauvegarder la fortune de sa jeune famille. Dans ce but, après de nombreuses démarches auprès des administrateurs du département des Côtes-du Nord, elle dut se rendre à Paris, où elle arriva le 27 mars 1796, et où elle loua un appartetement au n° 453 de la rue Marceau, anciennement rue de Rohan. Puis, quand, ayant vu ses efforts couronnés de succès, elle revint au bout de cinq mois à Lamballe, elle conserva ce logement, dans la prévision qu'elle pourrait en avoir besoin encore.

En effet, quelque temps après, le traité de paix du 22 juin 1796 ayant mis fin à la première période des guerres de la chouannerie et rétabli en Bretagne un calme relatif, la comtesse de la Villirouët, espérant que son mari allait enfin pouvoir rentrer en France et pensant qu'il serait plus en sûreté à Paris, retourna habiter rue Marceau, où son fils, accompagné d'une domestique nommée Marguerite Giraux, la rejoignit au mois d'août 1797.

Vers la même époque, le comte de la Villirouët, risquant, dans son impatience de retrouver sa famille, sa liberté et sa vie, débarqua sur la côte bretonne, et, changeant son nom en celui de Guenier, il arriva à Paris. Il se fixa d'abord à une dizaine de lieues de cette ville, dans le village de Nantouillet, près de Juilly ; puis il prit un appartement dans le faubourg Saint-Germain, rue Poupée, nº 6, où son fils Charlemagne, alors âgé de huit ans, vint habiter avec lui au mois de septembre 1798.

Monsieur de la Villirouët, le citoyen Guenier, prenait ses repas et passait une partie de la journée dans le logement de sa femme, mais, par mesure de précaution, il n'y couchait jamais. Grâce à leur extrême prudence, ils vécurent ainsi à Paris sans être inquiétés pendant près de quinze mois.

Durant cette période, Madame de la Villirouët dut faire plusieurs voyages dans l'intérêt de la fortune de ses enfants. Après un court séjour à Lamballe en novembre 1797, elle se rendit, en janvier et en février 1798, à Saint-Malo et à Saint-Brieuc pour recueillir la succession de son grand-oncle, Monsieur Magon de la Blinaye[1] ; en juin 1798, à Orléans,

1. Luc Magon, seigneur de la Blinaye, en Saint-Servan, né en 1715, fils de Luc, seigneur de la Balue, et d'Hélène Porée de la Touche, et frère de Laurence-Therèze de la Balue, qui avait épousé en 1734 Pierre-Laurent, marquis de Lambilly, grand-père de la comtesse de de la Villirouët. Lors de la Révolution, il était célibataire et lieutenant des maréchaux de France. Impliqué dans la « Conspiration Magon », il fut arrêté à Saint-Malo, emmené à Paris avec quarante-deux de ses parents ou de ses amis et guillotiné le 19 juillet 1794.

près de son beau-frère, le comte de la Vigne-Dampierre ; enfin, le mois suivant, à Lamballe et à Saint-Brieuc.

Six mois après, le 14 janvier 1799, Monsieur et Madame de la Villirouët étaient arrêtés à Paris et emprisonnés au Dépôt.

Monsieur de la Villirouët était accusé d'émigration, délit passible de la peine de mort.

Mais en face de ce nouveau et terrible danger, forte de son énergie et de son amour, sa femme va se dresser entre lui et le bourreau et l'arracher à l'échafaud.

Voici la relation fidèle de ce drame, telle que la comtesse de la Villirouët l'a écrite pour ses enfants peu de temps après l'événement :

RELATION SUCCINTE

de l'arrestation et du jugement de Monsieur MOAISAN de la VILLIROYT

ADRESSÉE A SES ENFANTS PAR LEUR MÈRE

Madame MOAISAN de la VILLIROYT, née Marie-Victoire DE LAMBILLY

« Aide-toi, le ciel t'aidera ».

> « Le Seigneur fut mon seul recours :
> « J'implorai sa Toute-Puissance,
> « Et sa main vint à mon secours... »
>
> J.-B. ROUSSEAU.

MES CHERS ENFANTS,

Le Ciel en vous accordant à mes vœux m'imposa le devoir sacré de vous montrer la route du bonheur, en développant en vous les germes précieux de la vertu. Telle est la tâche que j'ai à remplir, et tel est aussi le but de toutes les actions de ma vie.

Vous avez retrouvé votre père, mes enfants, et c'est de l'heureux événement qui l'a rendu à vos cœurs que je veux vous entretenir. Il me sera doux de retracer à votre intention toutes les circonstances de cette lutte douloureuse, qui, en mettant mon âme aux prises avec l'adversité, m'apprit à la combattre, me donna le sentiment de mes forces et me convainquit qu'avec une grande confiance en Dieu et le courage qu'elle ne peut manquer d'inspirer, on arrive à dompter la fortune et à faire tourner à son avantage les événements en apparence les plus cruels. Puissiez-vous, mes chers enfants, n'être jamais exposés à de si douloureuses épreuves ! C'est un vœu que ma tendresse forme constamment pour vous ! Mais, l'homme ici-bas ne pouvant prétendre au bonheur, il faut travailler dès le jeune âge à acquérir cette fermeté d'âme dont vous-même, peut-être, aurez plus d'une fois besoin, et sans laquelle on est le jouet des passions des hommes et doublement leur victime.

Le récit que je vais vous faire, en même temps, je n'en doute pas, qu'il intéressera vos esprits, touchera vivement vos cœurs. Il vous offrira des leçons de plus d'un genre sous les rapports de la religion, de la morale et de l'amitié. Puissiez-vous profiter des uns et des autres !

Je voulais d'abord mettre en tête de cette relation un précis de la Révolution ; mais, effrayée de cette entreprise, j'ai rejeté cette idée, quelque liaison qu'elle eût avec mon sujet. Vous me le pardonnerez, sans doute, et il vous suffira d'apprendre par quelle voie et

par quel concours de circonstances le Ciel a daigné
bénir mes efforts en rendant votre père à la vie et à
la liberté.

Si jeunes que vous fûssiez alors, vous n'avez pas
oublié l'affreuse époque de ma captivité à la prison de
Lamballe ; vous vous souviendrez toujours des ruses
qu'il nous fallait employer pour nous réunir dans ce
malheureux grenier, où j'ai passé quinze mois de ma
vie et qui devenait pour moi un séjour délicieux
quand j'avais le bonheur de vous y posséder à l'insu
de mes infâmes cerbères.

Le Ciel ayant enfin délivré la France du plus cruel
des tyrans, mon élargissement me rendit l'espoir
d'être utile à Monsieur de la Villiroyt.

Dès 1792, la prudence l'avait engagé à s'éloigner
de moi dans la crainte qu'on attentât à ses jours par
suite des calomnies trop ordinaires alors. Nous étions
séparés depuis deux ans quand, son absence l'ayant
fait considérer comme émigré, les agents du Gouvernement confisquèrent ses biens, et depuis ce moment
je ne touchai plus rien de ses revenus. A peine rendue
à la liberté, je parvins à en recouvrer une partie, en
faisant des arrangements avec ceux qui les tenaient à
ferme des mains de la Nation.

Le régime s'étant adouci depuis la mort de Robespierre, je me flattai de pouvoir obtenir la radiation de
Monsieur de la Villiroyt de la liste des émigrés,
mesure d'autant plus importante que les personnes
inscrites sur cette liste fatale ne pouvaient reparaître
en France sans courir risque de la vie. Au mois d'avril
1796, je me rendis dans ce but à Paris, et, après cinq
mois de démarches, j'obtins la faculté de rentrer dans

les biens de votre père en les soumissionnant en promesse de mandats ; c'est ainsi que j'ai réussi à sauver sa fortune[1].

De retour en Bretagne, je n'y restai que six semaines et je retournai à Paris, afin de permettre à Monsieur de la Villiroyt de rentrer dans sa patrie. J'ai fait dans cette ville et dans ce but cinq ou six voyages dans l'espace de quatre ans. Je ne vous dirai pas, mes chers enfants, toutes les démarches que j'ai faites, toutes les peines que je me suis données : cela est incalculable ; ni combien j'ai répandu de larmes : cela vous affligerait trop ; et je me hâte d'arriver à l'événement dont il importe tant à vos cœurs de connaître les détails.

Vous saurez d'abord que le Gouvernement devenant de jour en jour plus modéré, ses chefs firent, au commencement de l'année 1797, une loi, en vertu de laquelle, tout prévenu d'émigration pouvait rentrer en France et même résider à dix lieues de Paris, à condition qu'il eût réclamé à une certaine époque contre son inscription sur la liste des émigrés. Beaucoup de personnes dans ce cas profitèrent de cette permission, et votre père quitta le lieu de retraite dans lequel il s'était constamment tenu jusqu'à l'émission de cette loi favorable.

Arrive le 18 fructidor an V (4 septembre 1797)[2] ! Je laisse à l'Histoire le soin de vous apprendre les suites de cette fatale journée, et je me bornerai à vous dire

1. Voir, pour les détails de cette opération, plus loin, au chapitre IV.

2. Coup d'État du 18 fructidor an V, à la suite de la découverte de la conspiration de Pichegru, de Carnot et de Barthélemy, soi-disant en faveur du retour de la royauté.

que, le pouvoir étant encore retombé dans des mains tyranniques, il fut décrété que tout inscrit sur la liste des émigrés devait, sous peine de mort, sortir de Paris sous trois jours et sous quinze du territoire de la République.

Imaginez, mes chers enfants, combien nous fûmes accablés, votre père et moi, de cette épouvantable catastrophe, et vous vous ferez une idée de la désolation, de la stupeur générale, qu'elle occasionna.

Monsieur de la Villiroyt prit un passe-port, afin de se conformer à cette loi, mais il avait la mort dans le cœur et il ne pouvait se décider ni à partir, ni à rester. L'état de sa santé, joint à sa tendresse pour vous et pour moi, le détermina pour ce dernier parti, et, quittant le lieu où il était connu[1], il vint se fixer à Paris, dans l'espoir qu'au milieu de la foule de cette immense capitale il pourrait échapper plus facilement à la vigilante scélératesse des agents du Gouvernement.

Là, nous fîmes tout notre possible pour que l'extrême prudence de notre conduite empêchât de soupçonner la nature de nos relations. Nous ne logeâmes pas dans le même quartier, votre père changea de nom et se procura, sous celui de Guenier, un extrait baptistaire et une carte de sûreté. Il occupait une chambre dans la maison d'une de nos amies, Madame Artaud, rue Poupée, n° 6, au faubourg Saint-Germain, tandis que moi je demeurais rue de Rohan, maison d'Orient, près de la place du Carrousel.

Nous vécûmes ainsi pendant environ dix-huit mois, et, si nous n'étions pas libres de toute inquiétude,

---

1. Nantouillet, près de Juilly, à dix lieues de Paris.

nous menions du moins une vie assez douce pour notre situation, tant il est naturel à l'homme de s'abuser ! Quand on est dans le calme on ne présage guère la tempête, et l'on jouit du présent sans trop se préoccuper de l'avenir. Ne voyons en cela qu'un bienfait de la Providence, puisque la perspective d'un malheur futur, non-seulement nous empêcherait de jouir du bonheur présent, mais userait encore nos forces morales.

Cependant quelques indices nous faisaient craindre que nous fussions surveillés. A peu près trois mois avant notre arrestation, le commissaire de police du quartier était venu prendre des renseignements à notre sujet et s'informer de mon genre de vie. Mon hôtesse m'en avait prévenue ; mais nous ne nous en étions pas trop inquiétés et n'avions rien changé de notre genre de vie[1]. Tous les jours, comme à l'ordinaire, Monsieur de la Villiroyt venait dîner chez moi et y restait jusqu'à neuf heures du soir. Peut-être que si notre hôtesse, Madame Corpet, n'eût pas délogé nous n'eussions pas été arrêtés, parce que cette femme, étant liée avec le commissaire de police de la section, et ayant intérêt à me conserver, aurait essayé de détourner ce malheur soit en rendant de moi un

1. Ce fut de Lamballe que nous fûmes dénoncés. Mon séjour prolongé à Paris donna des soupçons et fit présumer que je n'y étais pas seule. Lorsque nous fûmes arrêtés, il y avait six mois que nous étions suivis par des espions, et la police connaissait parfaitement notre genre de vie. Quand M. Sallior interrogea M. de la Villiroyt, il entra dans des détails très exacts sur la manière dont il passait son temps et lui dit, entre autres choses, que c'était lui qui apprenait à écrire à son fils. Cette connaissance de notre intérieur nous servit beaucoup, car le Gouvernement, quelqu'ombrageux qu'il fût, ne put voir en nous que des citoyens paisibles, entièrement étrangers aux intrigues politiques. (Note de Mme de la Villirouët).

témoignage favorable, soit en me prévenant des intentions malveillantes de la police. Ayant quitté la maison d'Orient pour aller demeurer rue de Lille, elle me proposa de la suivre dans son nouveau logis, mais ce quartier était trop éloigné de celui de mes affaires; et, ne voulant pas quitter le mien, je pris un appartement dans la rue de Malthe, chez le sieur Goison, restaurateur.

Le 14 janvier 1799 (21 nivôse an VII), comme nous nous mettions à table, cinq hommes, dont quatre étaient armés, entrèrent dans ma chambre. Leur chef nous fit voir son écharpe de commissaire de police, et je compris à cette vue toute l'étendue de notre malheur. J'étais si émue que mes jambes tremblaient. La contenance de votre père était plus assurée. Ce fut moi que l'on interrogea la première. Je dis pour quels motifs et en vertu de quelle autorisation je me trouvais à Paris. On demanda ensuite à Monsieur de la Villiroyt sa carte de sûreté qu'il présenta. Le commissaire de police la contrôla avec un papier qu'il tira de sa poche et dit à mon mari que son signalement était exactement le même que celui du citoyen Moaisan-Villiroyt qu'il a ordre d'arrêter. Mon mari déclara qu'il était malheureux pour lui d'avoir les traits d'une personne suspecte, et soutint qu'il n'avait jamais porté d'autre nom que celui de Guenier. On me demande depuis quand je le connais, quelles sont mes relations avec lui et ses moyens d'existence à Paris? Je réponds à tout avec la discrétion qu'exige la circonstance; mais je ne puis parvenir à convaincre le commissaire, auquel j'assurai inutilement que mon mari s'était conformé à la loi du

19 fructidor. On me fait ensuite différentes questions sur mon fils : je réponds qu'il est depuis six semaines au collège de Juilly[1]. Enfin, le commissaire nous exhibe le mandat d'arrêt porté contre nous et dresse procès-verbal. Comme il était en train de l'écrire, le portier de la maison m'apporta une lettre, l'agent s'en saisit et me la donna à décacheter en m'enjoignant de la lui remettre quand je l'aurais lue et en ajoutant : « Je voudrais bien qu'elle fût de votre mari ! » — A quoi je répliquai : « Cela est impossible, car cette lettre est de Dinan, et mon mari est en pays étranger, conformément à la loi du 19 fructidor ». Le commissaire secoua la tête d'un air de doute, et commença à visiter très légèrement mes armoires et mes papiers. J'en avais sur la cheminée, dont la saisie pouvait me compromettre ; je fis signe à ma bonne, Marguerite Giraux[2], de les soustraire : mais elle le fit maladroitement et fut aperçue du commissaire qui les reprit. Dans ces papiers se trouvaient deux certificats de résidence signés de neuf témoins et appartenant à

---

1. Charlemagne, alors âgé de neuf ans, était en effet entré au collège de Juilly en novembre 1798 ; avant de l'y conduire, nous l'avions gardé deux mois à Paris ; et j'avais eu soin, en l'amenant de Bretagne, où j'étais allée le chercher, de lui recommander la plus grande prudence à l'égard de Monsieur de la Villiroyt. Cet enfant, malgré son jeune âge, appréciant toute l'importance du secret qui lui était confié, ne l'appelait jamais son père, mais toujours M. Guenier ; et, quand il arrivait à celui-ci de répondre à l'appellation de son vrai nom, Charlemagne le lui faisait remarquer lorsque nous étions seuls et lui disait : « Vraiment, M. Guenier, vous êtes bien imprudent ! Si les personnes qui vous ont entendu allaient dire que vous êtes à Paris, vous seriez pourtant fusillé ! »

Nous aurons l'occasion de parler avec détails, plus loin, du collège de Juilly.

2. Je l'appelais ordinairement Gothon, et je ne lui donnerai pas d'autre nom dans la suite de ce récit.

deux de nos amis; un passeport en blanc avec la signature du secrétaire du département de la Seine; une copie de la réclamation que j'avais adressée au Comité de législation contre l'inscription de mon mari sur la liste des émigrés; et deux lettres insignifiantes à mon adresse. On me demanda à qui étaient ces papiers? Bien que M. de la Villiroyt me les eût apportés le matin, je déclarai qu'ils m'appartenaient; le commissaire m'obligea à les parapher, et les mentionna à son procès-verbal. Puis il nous ordonna de le suivre. Je ne songeai à prendre ni linge ni vêtements; mais je dis tout bas à Gothon de prévenir un de nos amis, M. Laurent, de prendre garde à lui. Ce M. Laurent était lui aussi un émigré; sa présence à Paris était signalée et la police le recherchait. Ce jour-là même il avait passé la matinée avec nous, mais sa bonne étoile avait permis qu'il n'acceptât pas de rester à dîner avec nous. J'ai su depuis que, comme lui et le citoyen Guenier venaient chez moi tous les jours, la police n'avait pu découvrir lequel des deux était mon mari et avait l'ordre de les arrêter l'un et l'autre[1].

Deux fusiliers seulement nous accompagnaient à pied au Bureau Central. Mon mari me donnait le bras; et, grâce au bruit des voitures, je pus lui dire de nier constamment d'avoir eu connaissance des malheureux

---

1. Cet émigré qui se cachait sous le nom de « M. Laurent », était un des frères de la comtesse de la Villirouët : Laurent-Xavier-Martin de Lambilly, né à Rennes en 1763, officier aux Gardes-Françaises, émigré en 1792; rayé de la liste des émigrés en 1800, il épousa en Angleterre, en 1803, Marie Filfield; ils moururent à Redon, lui en 1836, elle en 1855, ayant eu treize enfants.

papiers saisis : sa situation était assez compromise pour ne pas l'aggraver encore par un tel aveu.

Arrivés au Bureau Central, on nous fit traverser plusieurs pièces, puis on nous introduisit dans le cabinet du citoyen Sallior[1], administrateur, qui, après nous avoir fait à peu près les mêmes questions que le commissaire de police, questions auxquelles nous répondions aussi de la même façon, ordonna de nous conduire, moi au dépôt, et Monsieur de la Villiroyt à son logement pour y assister à l'examen de ses papiers. Nous nous séparâmes donc dans le bureau du citoyen Sallior ; mais la crainte de nous trahir nous empêcha de nous livrer aux sentiments qui affectaient nos âmes.

Je savais que c'était au dépôt que l'on me conduisait ; mais j'ignorais la nature de ce lieu[2]. Avant d'y

1. Sallior, né vers 1756, alors administrateur du Bureau Central de la Police de Paris ; il témoigna une grande bienveillance à Mme de la Villirouët, qu'il accompagna courageusement à la barre de la Commission militaire, le 23 mars 1799 ; et ce fut grâce à son influence que M. de la Villirouët obtint sa radiation de la liste des émigrés, le 10 septembre 1801. Il mourut à Paris en février 1804 ; il laissait des enfants ; et sur la lettre que sa veuve écrivit à Madame de la Villirouët pour faire part de sa mort, nous voyons un cachet armorié, timbré d'une couronne de comte et portant : « d'argent à deux fasces d'azur, accompagnées en pointe d'un coq et en abîme d'une merlette accostée de deux étoiles, au chef d'or chargé d'un croissant surmonté d'un cœur percé d'une flèche ». Le portrait du citoyen Sallior existe au château de Lemo, chez le petit-fils de la comtesse de la Villirouët : c'est une lithographie de 0,30 × 0,20.

2. Cette prison était ainsi appelée parce que c'était là qu'on enfermait les personnes suspectes en attendant qu'il ait été statué sur leur sort. Le plus grand service peut-être que nous ait rendu le citoyen Sallior est de nous y avoir conservés ; car si nous avions été tranférés au Temple notre affaire eût pris un caractère infiniment plus grave et eût trainé bien davantage. (Note de Mme de la Villlirouët).

entrer, je passai dans la chambre d'un des gardiens ou concierges, le citoyen Saint-Denys, qui m'inscrivit sur son registre. Cette formalité remplie, j'entrai dans le lieu de ma détention. Au premier instant, je fus suffoquée par l'odeur fétide que l'on y respirait, et je pensai me trouver mal. Je me trouvais au milieu de quarante filles ou femmes défigurées par le crime. Je fus pour elles un objet de curiosité; toutes m'entourèrent m'appelant : « Ma petite amie »; et elles se disaient entre elles : « Tiens! elle est bien gentille! ». Le gardien Saint-Denys m'avait accompagnée et me recommanda à la Prévôte, la plus ancienne des prisonnières, chargée de la surveillance et de la police de cet asile du vice et de la débauche. Celle-ci m'indiqua mon lit, qui, comme les autres, était pour deux personnes. Je demandai si je pourrais avoir des draps blancs. Elle me répondit que non; mais que je pouvais choisir ma camarade de lit. Toutes les femmes qui m'entouraient n'annonçaient que trop ce qu'elles étaient, tant par l'effronterie de leurs regards, l'impudence de leur maintien que par l'obscénité de leurs propos et de leurs chansons, et leur dégoutante malpropreté. La plupart étaient à peu près nues et portaient, imprimé sur le bras : « J'aime Marie une telle... », « J'aime Agathe une telle... ». Mon choix, comme vous voyez, mes chers enfants, n'était pas facile à faire. J'avisai enfin une femme dont la tenue semblait annoncer un peu moins de malpropreté et d'indécence. Je lui fis ma demande qu'elle accueillit poliment; puis, comme le lit dans lequel je devais coucher était occupé par plusieurs femmes qui jouaient aux cartes, je me jetai sur un autre, moins par lassi-

tude que par besoin d'isolement et de réflexion.
J'avais les yeux fermés, et je songeais à ma situation,
quand, tout-à-coup, je me sentis serrée dans les bras
d'une des plus hideuses de mes compagnes. Je jette
un cri d'effroi, et je la prie de respecter mon malheur
et de ne pas insulter à ma position. Elle me conjure
de coucher avec elle; et, sur mon refus, elle insiste
jusqu'à ce qu'enfin ses camarades, se joignant à moi,
l'obligent à se retirer.

Dans l'abîme de mon infortune, mes enfants, ce fut
la religion seule qui me soutint et qui me consola.
J'offris à Dieu le sacrifice de mes peines, et, me sou-
mettant de bon cœur à sa volonté sainte, je lui demandai ardemment le courage et la résignation du vrai
chrétien. Cette soumission sincère fut aussitôt suivie
d'un grand soulagement intérieur; et, me souvenant
de la promesse divine de ne pas permettre que
l'homme fût tenté au-delà de ses forces, je m'excitai
moi-même à la patience et à la fermeté.

L'heure du coucher me surprit dans ces méditations.
J'hésitai longtemps à me déshabiller: les draps étaient
si noirs! Enfin, je triomphai de ma répugnance. A dix
heures, on ouvre la porte. C'était le gardien, Saint-
Denys, qui, suivant sa coutume, venait faire sa ronde
pour s'assurer qu'il ne lui manquait aucune de ses
prisonnières. Il était suivi d'un domestique et de
deux énormes chiens. Il n'y eut pas de propos ordu-
riers ni obscènes que ces femmes ne lui adressassent.
Après avoir passé son inspection, il se retira; et son
départ fut suivi d'un bruit effrayant, comme je n'en ai
jamais entendu de semblable: on m'apprit que c'était
le couvre-feu que l'on battait en promenant sur les

grilles des fenêtres un morceau de fer en forme de pilon.

Vous vous imaginez bien que je dormis peu : la lampe était en face de moi, et sa lumière me gênait beaucoup.

Le lendemain matin, 15 janvier, je me levai à sept heures, et, après avoir fait ma prière en me promenant de long en large, j'éprouvai de nouveau que Dieu est le vrai consolateur de l'âme souffrante et résignée. Quoique je n'eusse rien mangé depuis la veille au matin, je ne me sentais pas le moindre appétit : ma douleur me nourissait. On apporta le pain du déjeuner ; il ressemblait à celui de munition ; je pris le mien comme les autres, et j'en mangeai une bouchée.

Puis, me souvenant d'avoir vu la veille au Bureau Central, le citoyen Dubosc, je lui écrivis pour le prier de me faire subir promptement un interrogatoire. Il fit droit à ma requête, et je fus appelée à midi à comparaître devant le citoyen Boisseau, commissaire interrogateur. En le voyant, je cherchais d'abord à deviner à quelle espèce d'homme j'avais à faire. Je lui trouvai l'air un peu sévère ; mais le son de sa voix me sembla doux, et les premières paroles qu'il m'adressa me firent présumer qu'il était honnête. Le froid étant extrêmement vif, il m'invita à m'approcher du feu et à m'asseoir près de lui : voici le résumé de son interrogatoire :

Demande. Quel est votre nom de fille ?

Réponse. Marie-Victoire Lambilly.

D. Le nom de votre mari ?

R. Jean-Baptiste-Mathurin Moaisan-Villiroyt.

D. Votre âge?

R. Trente-deux ans.

D. Le lieu de votre naissance?

R. La ville de Rennes, capitale de la ci-devant province de Bretagne.

D. Votre domicile habituel ?

R. La ville de Lamballe, dans le département des Côtes-du-Nord, domicile de mon mari avant la Révolution.

D. Pourquoi et depuis quand êtes-vous à Paris?

R. Depuis quatre ans. J'y sollicite la radiation de mon mari de la liste des émigrés. Toutes les pièces sont parfaitement en règle, et l'Administration des Côtes-du-Nord a rendu, le 26 thermidor an VI (13 août 1798), un arrêt en sa faveur qui équivaut à une radiation provisoire.

D. Quelles sont vos relations avec le citoyen Guenier?

R. Celles de l'amitié.

D. Et avec le citoyen Laurent?

R. Les mêmes qu'avec le citoyen Guenier.

D. Depuis quand le connaissez-vous ?

R. Depuis un an

D. Comment l'avez-vous connu ?

R. Par un de ces hasards de société qui sont communs dans le monde; la mienne a paru lui convenir; il m'a demandé la permission de venir me voir, et je la lui ai donnée.

D. Quel est le lieu de sa demeure?

R. Je l'ignore.

D. Cette ignorance n'est pas naturelle ?

R. Elle est toute simple cependant, car ce sont les

hommes qui vont chez les femmes, et je ne sache pas que les femmes aillent voir les hommes.

D. A qui sont les papiers que l'on a saisis chez vous?

R. A deux de mes amis.

D. Qui vous les a remis?

R. Ils m'ont été apportés le matin même de mon arrestation par une personne qui m'a priée de les garder.

D. Comment s'appelle cette personne?

R. Il m'est impossible de vous le dire : c'est un dépôt que l'on m'a confié, et je ne puis sans la trahir nommer cette personne sans son consentement.

D. Mais vous ne réfléchissez pas que cela peut vous compromettre et vous faire soupçonner d'être complice de la fabrication de faux papiers? (ces papiers, en effet, étaient faux; j'étais loin de m'en douter; mais le citoyen Boisseau l'avait facilement reconnu : et la déportation était la peine portée contre la fabrication de faux papiers).

R. Je le comprends au contraire à merveille; je sais que les apparences sont contre moi : mais, forte de ma conscience, je ne crains rien.

D. A qui appartiennent les deux certificats de résidence?

R. A deux personnes de ma connaissance, qui, comme tant d'autres, sont inscrites à faux sur la liste des émigrés, et qui, en quittant la France pour se conformer à la loi du 19 Fructidor, les ont remis à la personne qui me les a confiés afin qu'on pût faire des démarches pour obtenir leur radiation.

D. Et le passe-port?

R. Je vous avoue que j'ai été fort surprise quand le commissaire de police l'a trouvé chez moi, hier, dans les papiers qu'il a saisis ; et sais très mauvais gré à la personue qui l'avait joint aux certificats sans m'en prévenir : ce n'est pas délicat de sa part. (Effectivement j'ignorais que le passe-port fût avec les certificats de résidence).

D. Plus ce procédé est indélicat et plus vous vous rendez suspecte en vous obstinant à taire le nom de son auteur ?

R. C'est possible, citoyen ; mais, si cette personne s'est mal conduite envers moi, ce n'est pas une raison pour que je lui rende la pareille. L'insistance que vous mettez à chercher à connaître son nom me prouve le danger qu'elle courrait si je le révélais ; et c'est assez de moi à être dans le malheur.

D. Mais, puisque ces papiers ne vous appartenaient pas, pourquoi les avez-vous déclarés à vous ?

R. J'ai cru devoir le faire puisqu'ils avaient été trouvés chez moi.

D. Vous êtes mère de famille et vous devez avoir égard à vos enfants ; ils ont besoin de vous et vous ne devez pas pour un étranger, les priver de vos soins ?

R. Assurément, mes enfants me sont bien chers ; mais mon devoir passera toujours avant eux, et celui que je remplis actuellement est sacré. D'ailleurs, quand on a par devers soi sept ans de Révolution, on a le courage de la souffrance ; on sait souffrir et on sait se taire.

D. Songez à la situation dans laquelle vous êtes ; à la saison rigoureuse que nous avons ; à la société dans laquelle vous vous trouvez au dépôt : tout cela est bien fait pour vous faire réfléchir et pour vous faire sentir, citoyenne, que c'est votre intérêt seul qui m'engage à vous parler comme je vous parle?

R. J'apprécie comme je le dois, citoyen, le sentiment qui vous fait agir, et je vous en remercie. Je comprends tout ce que ma position a d'horrible; mais il faut savoir, au besoin, être la victime de son devoir; et aujourd'hui, l'homme qui a du courage est bien moins étonnant que celui qui n'en a pas. Vous m'avez placée, il est vrai, dans un lieu que je n'aurais jamais dû habiter, mais, puisque tel est mon sort, je saurai, j'espère, le subir sans défaillance et sans murmure.

Le citoyen Boisseau insista encore, et un de ses collègues qui était présent, se joignit à lui pour m'engager à parler. Je rendis justice à leur procédé; je me félicitai d'être interrogée par un homme aussi honnête; mais rien ne put modifier ma manière de voir et d'agir.

Cet interrogatoire avait duré six heures, vu que le citoyen Boisseau écrivait à mesure toutes ses demandes et toutes mes réponses. Après une aussi longue séance, je croyais en être quitte pour ce jour-là; mais le citoyen Boisseau me conduisit au bureau du citoyen Sallior, auquel il rendit un compte exact de tout ce que j'avais dit ou plutôt refusé de dire.

La figure et la manière d'être du citoyen Sallior ne me plurent pas du tout d'abord. Il avait paru me témoigner la veille les égards que l'on doit au malheur; et, cette fois, il me parla d'un ton de juge. Je vis que ce second interrogatoire allait être encore plus pénible que le premier; je me recommandai de nouveau à Dieu, et j'appelai à mon aide ma présence d'esprit et mon courage.

C'est le citoyen Sallior qui va parler: on saura qu'il porte des bésicles, qu'il a les yeux vifs et enfoncés, les cheveux noirs et peignés à la Jacobine, enfin l'air très résolu.

Demande. Pourquoi ne voulez-vous pas convenir, citoyenne, que le citoyen Guenier est votre mari, puisque nous le savons à n'en pouvoir douter?

Réponse. Parce que, citoyen, c'est la vérité que j'ai dite; et que la vérité est une.

D. Où est donc alors votre mari?

R. Conformément à la loi du 19 Fructidor, il a quitté la France peu après cette époque.

D. Et votre fils?

R. Il est au pensionnat de Juilly.

D. Nous avons pensé à le faire venir afin qu'il reconnût son père?

R. Je ne redoute nullement le témoignage de mon fils; comme moi, il n'a jamais connu le citoyen Guenier que sous le nom de Guenier.

D. J'ai rejeté ce moyen, citoyenne, car je n'aurais pas voulu que votre fils, étant grand, pût dire qu'il avait eu affaire à des barbares qui l'avaient amené à être le bourreau de son père...[1].

---

1. L'idée de faire venir mon fils était en effet du citoyen Boisseau, comme je l'ai su depuis du citoyen Sallior lui-même, qui la rejeta avec horreur. — Pendant la Révolution, un enfant dans un cas pareil, fut cause de la mort de son père. Celui-ci avait pris également un nom supposé; on le mit en présence de son fils, qui se jeta dans ses bras en criant: « Ah! bonjour, papa! » sans se douter qu'il prononçait ainsi la sentence de mort de celui qui lui avait donné le jour ». (Note de Mme de la Villirouët).

R. Vous êtes le maître, citoyen; mais je vous répète que mon fils ne connaît le citoyen Guenier que pour ce qu'il est, c'est-à-dire le citoyen Guenier.

D. Et le citoyen Laurent?

R. C'est un de mes amis, fort honnête homme, et que je vois souvent.

D. Laurent n'est pas son vrai nom?

R. Je ne lui en connais pas d'autre.

D. Quels sont ses moyens d'existence à Paris?

R. Je l'ignore.

D. Où demeure-t-il!

R. Je n'en sais rien.

D. Vous vous nuisez infiniment, citoyenne, par votre obstination à vous taire ; et je ne vous cache pas qu'on pourra prendre contre vous des mesures de rigueur. Il est évident que les papiers saisis chez vous sont faux; en refusant de révéler le nom de la personne qui vous les a remis, vous devenez sa complice. On peut vous garder six mois en prison : et vous reconnaissez que le lieu où vous êtes n'est pas agréable. D'ailleurs, ce silence dans lequel vous persistez, est d'autant plus mauvais pour vous que par votre bonne nous savons tout ce que vous cherchez à cacher: elle nous a déjà révélé bien des choses, et, en la menaçant, nous en apprendrons bien d'autres ; elle nous a laissé entrevoir que le citoyen Guenier est votre mari.

R. Je ne redoute pas plus, citoyen, le témoignage de ma bonne que celui de mon fils. Ma conduite ne craint aucune révélation ; elle est pure. Le citoyen Guenier n'est point mon mari. Les papiers en question m'ont été remis à titre de dépôt: et, tout dépôt

étant une chose sacrée, je ne trahirai jamais et pour
rien au monde la confiance qu'on a bien voulu m'accorder. Telle est et telle sera toujours ma déclaration.
Je sais bien que vous avez le pouvoir de me faire
pourrir en prison ; mais ce serait une lâcheté, que,
j'espère, vous ne commettrez pas, car je crois que
votre âme est trop sensible et trop honnête pour
cela. Veuillez vous mettre à ma place : la personne
qui m'a remis ces papiers est inscrite sur la liste des
émigrés et ne s'est pas conformée à la loi du 19 fructidor : vous la nommer c'est causer sa mort : je vous
le demande, dois-je le faire ? Si elle était en un lieu sûr
ou à l'étranger, je pourrais sans doute vous la nommer
sans inconvénient ; mais jusque-là, je ne le dois pas,
je ne le ferai pas, et tout ce que vous pourrez me dire
à ce sujet sera inutile. Au surplus, je ne connais pas
de loi qui oblige à dénoncer quelqu'un ; on en fera
peut-être ; mais, comme il n'y aura jamais que les
monstres à s'y conformer, n'attendez pas que j'achète
jamais ma liberté à ce prix ; car, encore une fois, je
sais souffrir.

D. Le soi-disant Guenier a couché chez vous ?

R. Jamais, citoyen ; cette imputation est de toute
fausseté. Il venait, il est vrai, me voir tous les jours
et il prenait sa pension chez moi, mais il n'y a jamais
couché.

D. Je ne sais pas pourquoi, citoyenne, vous ne voulez pas avouer qu'il est votre mari ; vous devriez comprendre que rien n'est plus facile pour nous que d'en
acquérir la certitude ; et d'ailleurs, les lois qu'il a
contre lui ne sont pas si terribles : il ne risque que la
déportation ?

R. Vous vous trompez, citoyen, ou vous feignez de vous tromper. Je conviens que vous jouez avec moi parfaitement votre rôle pour découvrir la vérité ; mais, comme je vous l'ai dite, je ne saurais varier dans mes réponses. Quant au citoyen Guemier, s'il était vraiment mon mari, celui que vous cherchez et que vous croyez avoir trouvé, il n'y aurait pour lui aucun espoir, et il encourrait infailliblement la peine de mort, d'après la loi du 19 Fructidor qui s'applique à tous ceux qui, étant inscrits sur la liste des émigrés, sont restés en France après le délai fixé par cette même loi pour en sortir.

D. Citoyenne, je vous crois dans l'erreur?

R. Croyez que j'ai trop d'intérêt à bien connaître les lois sur l'émigration, et celle-là surtout, pour les ignorer. — (En prononçant ces mots, je ne pus m'empêcher de pleurer).

Je croyais que c'était un piège que me tendait le citoyen Sallior ; mais il était de bonne foi, et croyait réellement que la déportation était la seule peine portée contre les émigrés dans cette situation. Il alla chercher un recueil des lois pour voir qui de nous deux était dans l'erreur ; et, à son grand étonnement, il constata que c'était lui. Il insista encore ensuite pour obtenir de moi la vérité, alléguant le sort que mon silence obstiné allait faire subir à ma bonne, alors que d'un mot je pouvais rendre la liberté à elle comme à moi ; rien ne put me faire varier. Il me dit que c'était l'intérêt que je lui inspirais qui le rendait aussi pressant ; qu'une femme, et surtout une mère de famille, avait bien des droits à celui d'une âme honnête ; que je devais en cette circonstance, apprécier et reconnaître sa manière d'agir bien différente de celle qu'il employait d'ordinaire, « car, ajouta-t-il, si je passais autant de temps avec chacun des individus qu'on arrête, je ne pourrais y suffire ». — Je le remerciai de sa sollicitude; je le priai d'avoir pitié de moi, car j'étais bien malheureuse. Après quoi, je retournai au dépôt.

J'y trouvai ma domestique, qu'on avait arrêtée la veille dans la soirée. Après notre départ, elle avait été prévenir M. Laurent de se tenir sur ses gardes ; et, comme elle rentrait, un agent de police se présenta ; il lui dit que c'était moi qui la demandais, ce qui l'empêcha d'emporter de l'argent ou des vêtements, ne supposant pas qu'on la conduisait en prison. Comme l'exempt allait l'emmener, un jeune gentilhomme breton de ma société habituelle, ayant appris mon arrestation, entra dans mon appartement afin d'en demander les détails à Gothon; se trouvant en face de cet homme dont il devina facilement la profession, il gagna lestement la porte. L'agent le laissa sortir et dit à ma bonne : « Ce jeune homme est bien heureux que ce ne soit pas mon camarade de ce matin qui soit revenu ce soir. Il ne passerait pas si bien son chemin : c'est un émigré dont nous avons le signalement depuis longtemps ». — Il faut convenir que notre ami avait joué de bonheur.

Gothon m'apprit ensuite qu'elle avait passé la nuit au Bureau Central, et qu'on lui avait fait subir un long interrogatoire, mais sans pouvoir lui faire avouer la vérité.

J'étais fort peinée de voir cette brave fille inquiétée à cause de moi; mais bien heureuse aussi d'avoir auprès de moi quelqu'un dont l'affection et le dévouement m'étaient connus. Nous causâmes assez tard et la nuit nous partageâmes le même lit.

Le lendemain matin, 16 janvier, ayant observé que quelques-unes de mes compagnes écrivaient, et qu'elles attachaient leurs lettres au bout d'une ficelle qu'elles jetaient par la fenêtre, j'appris qu'elles communiquaient ainsi avec les hommes qui occupaient la salle au-dessous ; et, pensant que mon mari pouvait se trouver parmi eux, je priai une de ces femmes de se charger de faire passer un petit billet au citoyen Guenier. Elle y consentit, et j'attendis impatiemment la réponse que l'on recevait de la même manière. Elle arriva ; mais il n'y avait rien pour moi, et l'on reprochait à celle qui avait voulu me rendre service de s'être chargée de ma missive.

A dix heures, je fus conduite de nouveau devant le citoyen Boisseau et le citoyen Sallior, qui m'interrogèrent comme la veille sur les papiers saisis chez moi, et sur les citoyens Guenier et Laurent. J'apportai à leurs instances la même résolution ; et l'on me réintégra vers midi au dépôt.

Depuis le moment qui m'avait privée de ma liberté, je n'avais vu aucun de mes amis, et, ne sachant pas qu'avant la fin des interrogatoires il était interdit de recevoir des visites, je gémissais de ne pouvoir, faute d'argent, leur écrire par un commissionaire, et j'en arrivais à douter du dévouement des amis les plus fidèles. Enfin, ne pouvant rester ainsi sans nouvelles, je demandai aux femmes de la salle si quelqu'une d'entre elles voudrait me prêter un écu. « Donnez-nous donc des gages ? » répondirent-elles. Je leur offris mon chapeau de velours noir et ma perruque. Elles me dirent qu'elles n'avaient pas besoin de chignon ; que j'avais des bagues aux doigts, et que je pouvais les confier jusqu'à ce que j'eusse reçu de l'argent. J'allais consentir à cet expédient ; mais Gothon, pressentant que je ne reverrais jamais mes bagues, chercha dans sa poche et me trouva la petite somme dont j'avais besoin : six sous ; c'était tout son avoir ! On m'avait offert quarante sous d'une bague en or.

Plusieurs fois, les femmes qui m'entouraient cherchèrent à lier conversation avec moi ; et, parmi les propos qu'elles me tinrent, je citerai ceux-ci : « C'est ton amoureux qui a été arrêté avec toi ? » — « Non, ce n'est pas mon amoureux ». — « C'est ton mari ? » — « Pas davantage. C'est un monsieur qui était chez moi ». — « Oh ! toi, tu ne resteras pas longtemps ici ; tu iras au Temple : tu es une criminelle d'état ». Dans une autre circonstance elles me dirent : « Nous avions cru que tu n'étais qu'une demi-bête, mais nous voyons bien que tu es une bête tout entière ». Il me fallait subir ces propos et ces humiliations ; mais, au surplus, j'en souffrais peut-être moins qu'une autre, n'ayant jamais eu de hauteur dans le caractère, fruit d'une bonne éducation. J'oubliais l'existence dont j'avais joui, et celle qui m'était destinée si la Révolution n'avait pas eu lieu ; et, tout occupée de mon mari et de vous, mes enfants, que je recommandais à Celui qui est le père des orphelins au cas où vous le fussiez devenus, mon unique espoir était en Dieu et dans mon courage.

Vers midi, le troisième jour de mon arrestation,

17 janvier, au moment où je m'y attendais le moins, j'aperçus votre père au guichet par lequel on nous passait nos provisions. Je volai à lui; et ma joie égala ma surprise; mais cette joie fit bientôt place à d'autres sentiments quand il m'apprit que, dans sa répugnance du mensonge, il était convenu de son vrai nom avec le citoyen Sallior.... Cet aveu fut pour moi un coup de foudre. Il me sembla que je sentais pour la première fois toute l'étendue de mon malheur; et je ne doutai plus de la perte de votre père.

On me demandera peut-être ce que j'espérais en m'obstinant à vouloir cacher la personnalité de M. de la Villiroyt, alors qu'il n'était que trop facile de prouver que son extrait baptistaire au nom de Guenier était faux? Eh! mon Dieu! le dirais-je? le malheureux n'a souvent d'autre motif d'espérer que son espérance même: il espère par cela seul qu'il espère; l'espérance n'est pas chez lui un calcul, c'est un besoin et une consolation, sentiment vague et irréfléchi, mais qui n'en est pas moins la vie de son âme. Puis, dans cette circonstance, la vérification de l'extrait baptistaire devait entraîner des longueurs; il fallait écrire à Nancy; on gagnait du temps; et tout le monde sait qu'en Révolution, gagner du temps c'est beaucoup. Ce langage, j'en suis sûre, sera compris de tous ceux qui ont passé par l'épreuve du malheur.

Votre père, lui, était loin de partager mes craintes, et conservait la plus grande sécurité. On lui avait fait croire que la déportation était la seule chose qu'il eût à redouter, et c'est en vain que j'essayai de lui faire comprendre que c'était une ruse dont on s'était servi pour le perdre.

Pendant que nous parlions ensemble, le gardien ouvre la porte, me fait sortir, et me conduit avec mon mari dans sa chambre, où nous trouvons Madame et Mademoiselle Artaud, et Monsieur Arnaud. Nous voir, nous tenir embrassés, nous arroser de larmes, ce fut l'affaire d'un même instant. Nous étions suffoqués par les divers sentiments qui nous agitaient. Ce fut le premier moment de bonheur que j'éprouvai depuis mon arrestation. Cette scène touchante produisit son effet sur ceux qui en furent témoins ; et tous, même le gardien et sa femme, en furent émus.

Quand la parole nous fut un peu revenue, nous nous entretînmes des détails qu'il nous importait tant de connaître. Je sus que, tandis que j'étais avec des filles publiques, mon mari se trouvait au milieu des voleurs et des assassins ; qu'ainsi que moi, il avait été interrogé plusieurs fois et ne s'était enfin décidé à se faire connaître que sur la menace qu'on lui fit de me garder six mois en prison et de faire arrêter Madame Artaud dans la maison de laquelle il était logé ; qu'après cet aveu, le citoyen Sallior lui ayant demandé pourquoi il ne s'était pas conformé à la loi du 19 Fructidor, il avait répondu : « Qu'il aimait mieux mourir que de me quitter » ; réponse qui impressionna vivement le citoyen Sallior. Mesdames Artaud [1] nous dirent qu'elles étaient venues tous les jours dans

1. « Voici, écrit Madame de la Villirouët ailleurs, en quelle occasion j'eus le bonheur de faire la connaissance de la famille Artaud. Un de mes parents, M. du P..., avait été, par ordre de Hoche, enfermé au château de Saumur. Sa famille, intimement liée avec Mesdames Artaud, leur avait écrit pour les prier de s'intéresser au sort de ce malheureux jeune homme ; et, comme j'étais alors à Paris, on m'y écrivit également dans le même but, en en informant ces dames.

l'espérance de nous voir ; mais qu'elles n'avaient pu jusqu'à ce moment en obtenir la permission.

Votre père étant désormais connu pour ce qu'il était, je l'engageai à se charger des papiers saisis, et à déclarer que les certificats lui venaient de deux de ses amis, qui avaient espéré, qu'après avoir obtenu la radiation de mon mari, je pourrais aussi obtenir la

Celles-ci, craignant que nos démarches ne se contrariassent, vinrent me voir pour se concerter avec moi. C'est ainsi que je les rencontrai sur le chemin de la bienfaisance. On ne peut se figurer tous les services qu'elles ont rendus pendant la Révolution, et spécialement à des Bretons ; et c'est miracle qu'elles n'aient pas été compromises ; car, pour obliger les autres, elles n'hésitaient pas à s'exposer elles-mêmes aux plus grands dangers ».

Madame Artaud était veuve, elle mourut en 1802. Sa fille, Félicité Artaud, née vers 1777, continua à être en relations très intimes avec Madame de la Villirouët à laquelle elle survécut ; elle mourut vers 1833. Elle avait un frère, dit « le chevalier Artaud », qui était secrétaire d'ambassade à Florence en 1808, ministre de France à Vienne en juillet et août 1817, et qui mourut en 1818, ayant eu avec la reine d'Espagne, Mᵐᵉ Joseph Bonaparte, une liaison qui avait fait bruit à l'époque.

Mademoiselle Félicité Artaud se lia en 1802 avec la femme du fameux Cavaignac, Julie de Corancez, née à Paris, en 1780, fille du rédacteur du « *Journal de Paris* ». Cette dame écrivit de 1836 à 1845 ses « Mémoires », intitulés « Mémoires d'une Inconnue », et édités en 1894. Son mari, J.-B. Cavaignac, qu'elle avait épousé en décembre 1797, était né dans le Lot, en 1762 ; membre de la Convention, il vota la mort du roi ; proconsul à Verdun, il se signala par sa férocité et fit exécuter, entre autres, le 26 avril 1794, les fameuses vierges de Verdun, chantées depuis par Victor-Hugo ; successivement membre du Conseil des Cinq-Cents, receveur aux barrières de Paris, administrateur de la loterie nationale, Commissaire général à Mascate, en Afrique, secrétaire du roi de Naples, Murat, en 1808, qui le créa comte et commandeur de l'Ordre des Deux-Siciles ; préfet d'Amiens pendant les Cent Jours ; expulsé comme régicide en 1816, il se réfugia à Bruxelles où il mourut en 1829, laissant deux fils, dont l'un, Louis-Eugène, fut le célèbre général Cavaignac, mort en 1857.

Voici ce que nous lisons dans les « Mémoires d'une Inconnue », relativement à Mademoiselle Artaud : « Je l'ai passionnément aimée, « écrit Madame Cavaignac ; elle me le rendait bien ; et, pendant

leur. Quant au passe-port et à la carte de sûreté au nom de Guenier, il se les était procurés afin de pouvoir quitter Paris et fuir à l'étranger au cas où il aurait appris que ses ennemis l'avaient dénoncé.

M. de la Villiroyt suivit mes conseils ; je me trouvai ainsi débarassée de ce qui pouvait m'occasionner une affaire grave, et je n'eus plus contre moi que

« trente ans et plus, que dura notre liaison, jamais le plus léger
« nuage ne s'est glissé entre nous, bien que nous fussions aussi
« divisées que possible d'opinion, surtout dans les dernières années
« de sa vie. Elle était chrétienne sincère et zélée. Elle avait prodi-
« gieusement d'esprit, mais c'était le moindre de ses avantages ;
« tous ses amis, et elle en eut beaucoup, savent qu'elle avait encore
« plus de bonté, d'élévation de caractère, de raison éclairée, de sens
« droit et judicieux. Personne n'était de meilleur conseil, car au
« discernement elle joignait la chaleur du cœur. Un des traits dis-
« tinctifs de sa nature était de conserver la rectitude de son juge-
« ment et la fermeté de sa raison à travers l'émotion la plus vive ;
« et, chose rare surtout chez les femmes, le brillant de son esprit ne
« nuisait pas à sa solidité. Une grande habitude du monde, où elle
« plaisait, avait porté en elle le talent de la conversation au degré
« le plus exquis.
« J'ai dit qu'elle conservait toute sa présence d'esprit, si vivement
« émue qu'elle pût être, le fait suivant en fera juger :
« Monsieur de la Villirouët, émigré breton et mari d'une de ses
« amies, était rentré en France sans autorisation. Ce n'était plus
« sous la Terreur, mais sous le Directoire. Il fut arrêté avec quatre
« autres, au moment où le Gouvernement voulait montrer de la
« sévérité. La loi permettait à sa femme de le défendre ; et Madame
« de la Villirouët s'y décida, espérant qu'une femme plaidant pour
« la vie de son mari, intéresserait pour lui. Félicité l'accompagna
« au Tribunal ; et, prévoyant combien sa pauvre amie serait trou-
« blée lors de l'introduction de l'accusé, elle eut l'idée de lui dire à
« l'oreille : le voici ! bien qu'il n'arrivât pas encore. Cette émotion,
« renouvelée une ou deux fois, aguerrit enfin la jeune femme, qui
« put le voir entrer sans perdre tout son empire sur elle-même.
« M. de la Villirouët fut acquitté et les quatre autres condamnés.
« Mademoiselle Artaud, jeune encore quand je fis sa connaissance,
« en 1802, n'espérait de bonheur qu'en épousant un homme qu'elle
« aimait et qui partageait son amour, sinon ses croyances reli-
« gieuses, auxquelles elle parvint à le convertir en 1805. Des consi-
« dérations de position et de fortune s'étaient toujours opposées à

le grief d'avoir été recéleuse d'émigrés. Mais, comme il m'était facile de prouver que mon mari n'avait jamais logé chez moi, j'espérai que je ne tarderais pas à recouvrer ma liberté et que je pourrais m'en servir pour être utile à votre père.

Depuis cette première entrevue, nous eûmes la faculté de nous voir tous les jours, depuis huit heures

« leur mariage. Ce Monsieur, d'une noble famille bretonne, ruinée « par l'émigration, était plus pauvre et un peu plus jeune qu'elle ; « son père et sa mère, tout en ayant l'air de chérir Félicité, refu- « saient de consentir à cette alliance plébéienne. Le jeune homme, « après avoir échoué dans une entreprise industrielle, obtint une « place en Espagne. Tous les deux espéraient toujours voir enfin « arriver la possibilité de leur union : mais le temps passait, et Félicité « vieillissait, atteinte par une crise de foie qui dégénérait en maladie « de langueur. Lors de la première Restauration, la position de son « ami changea complètement, et il reçut une belle préfecture en « France. Je dis alors à Félicité : « Au milieu des chagrins et des « craintes que me cause le retour des Bourbons, une joie se glisse « à la pensée que votre sort va enfin se fixer et votre bonheur s'as- « surer ». Deux ou trois fois je remis l'entretien sur ce sujet, mais « elle évitait de répondre. A la fin, elle s'expliqua : « Regardez-moi « donc, dit-elle, et voyez-moi telle que je suis, malade, flétrie, pres- « que impotente. Je n'ai pas encore quarante ans, et je suis vieille. « Lui est resté jeune et beau, et il a devant lui un avenir brillant. « Vous me connaissez assez pour croire que je ne voudrais pas « désormais gâter sa vie en l'enchaînant à la mienne. Il me presse « chaque jour ; mais je lui ai déclaré qu'aujourd'hui ce mariage était « impossible et qu'il n'y fallait plus songer ». — Non seulement « elle resta inébranlable dans cette décision, mais, au bout de « quelque temps, elle résolut de le marier. Une de ses amies, plus « âgée qu'elle et fort riche, avait une fille charmante de vingt ans, « que Félicité aimait beaucoup ; elle décida la mère à la donner à son ami ; et, après avoir résisté longtemps, celui-ci finit par y con- sentir ».

Ce jeune gentilhomme breton, était, je crois, le comte Constant Huchet de Cintré, qui, né à Tréguil, en Iffendic, en 1775, fils de Georges-Louis, marquis de Cintré, et de Julie-Françoise de Gri- maudet, dame de Gazon, était élève de marine lors de la Révolution ; la Restauration le nomma préfet de la Dordogne, chevalier de Saint-Louis et de la Légion d'Honneur ; il épousa en 1820 Claire de Fumel, et mourut en 1861, sans postérité.

du matin jusqu'à dix heures du soir, chez le gardien,
le citoyen Saint-Denys, qui, par pitié, consentit à me
garder à coucher chez lui, et m'installa dans sa
chambre un lit de sangle, où je couchais au milieu du
mari, de la femme et des enfants. Un poële allumé
nuit et jour, à cause de la rigueur de la saison, entre-
tenait dans cette pièce une chaleur telle que j'étouf-
fais, et qu'au fort de l'hiver, bien que je ne gardâsse
la nuit qu'un simple drap sur moi, j'étais continuel-
lement en nage. Cette chaleur m'a donné un enroue-
ment qui a duré quinze mois.

Mon mari continua à coucher au milieu de sa mauvaise compagnie, et Gothon ne quitta pas non plus la
sienne. On ne peut se faire une idée de tout ce que
cette malheureuse fille eût à souffrir en prison. Une
nuit on lui vola neuf francs dans sa poche. Elle était
sans cesse en butte aux injures et aux moqueries de
ses horribles compagnes, et il n'est pas d'abomina-
tions dont elle n'ait été témoin. Elle en vint à désirer
d'être mise au cachot. Ces souffrances influèrent sur
son caractère, et son humeur devint fàcheuse et
même inquiétante pour nous ; car elle en arriva à nous
menacer de déclarer tout ce qu'elle savait, se flattant
d'obtenir ainsi sa liberté. Je devais chaque jour faire
de nouveaux efforts pour la calmer. Au sortir de là,
elle fit une maladie épouvantable.

Pour moi, mes chers enfants, voici quel était le
genre de vie que je menais, après qu'il m'eût été permis de voir votre père ; je me fais un plaisir de vous en
retracer le tableau, présumant que vous serez heureux
de le connaître, et croyant qu'en excitant votre intérêt il pourra servir à votre instruction. Je couchais,

comme je vous l'ai dit, dans la chambre du gardien,
sur un lit de sangle, sous lequel se tenaient constamment deux gros chiens, qui ne faisaient pas un mouvement sans que je le sentisse. Cette chambre était
très petite, elle n'avait pour mobilier que les ustensiles
indispensables au ménage avec un poêle au milieu. Je
me levais tous les matins à six heures, je m'habillais,
disais mes prières et attendais avec impatience
l'heure à laquelle votre père se réunissait à moi.
Arrivait ensuite celle du déjeuner ; et, bien que,
comme vous le savez, je ne sois pas gourmande,
j'aspirais à ce repas. Jamais je ne prends de café, et,
là, j'en prenais, tous les matins, avec un vrai plaisir,
une grande jatte. Preuve bien certaine que tout ce
qui fait diversion à nos maux a pour nous des
charmes, et que, lorsqu'on est dans un état de souffrance physique ou morale, on se fait des jouissances
tout autres que lorsqu'on est heureux et bien portant.
Pour mon compte, jamais je n'ai mangé d'un meilleur appétit, ni mieux dormi, qu'au bureau du dépôt.
Pour ce qui est du sommeil, il est vrai de dire que
mes affaires me fatiguaient tellement que le repos me
devenait aussi nécessaire que facile. Me couchant à
dix heures du soir, je ne faisais qu'un somme jusqu'à
six heures du matin ; et mon sommeil était si calme
que Saint-Denys disait quelque fois : « Il n'est pas possible que cette femme-là soit coupable, car sûrement
elle ne dormirait pas si bien ». — Si petite que fût
la chambre, je m'y promenais tous les jours de
long en large, pendant environ une heure, l'exercice
m'étant absolument nécessaire. Il y avait avec nous,
dans la journée, plusieurs personnes, également

détenues, avec lesquelles nous ne tardâmes pas à lier connaissance, car rien ne rapproche tant que le malheur commun. C'était la chambre de Saint-Denys qui servait de lieu de réunion à nous, à nos amis et à ceux de nos compagnons d'infortune. Aussi, bien souvent, il n'y avait pas moyen de s'y retourner. Nous nous faisions servir de chez le restaurateur, et, quelquefois, Félicité Artaud et sa mère nous faisaient l'amitié de dîner avec nous. Nous mangions ordinairement sur nos genoux. Le matin, Mme Saint-Denys allait à la halle pour faire ses provisions ; et, en son absence, sur son désir, je vendais de l'eau-de-vie aux femmes qui m'en demandaient. J'étais enchantée que Mme Saint-Denys me trouvât bonne à quelque chose ; et, à son retour, je lui remettais autant de pièces de deux sous que j'avais vendu de petits verres. Les personnes qui venaient nous voir, nous apportaient des livres que nous dévorions : pour ma part, je me souviens que dans un seul jour, j'ai lu trois volumes entiers. Nous soupions à huit heures ; et ce repas consistait ordinairement en pommes, cuites au feu du poêle et que je trouvais excellentes. Avant ou après le souper, nous faisions la partie de dominos de M. Saint Denys ; et, devinez, mes enfants, ce que nous jouions ?... Une bouteille de cidre !... Cet instant était pour moi le plus pénible de la journée : j'ai toujours détesté le jeu ; et, depuis ce temps, je ne puis souffrir celui de dominos. Mais nous ne manquions jamais, mon mari et moi, de faire cette partie, par égard pour le citoyen Saint-Denys. Il est inouï la quantité de bouteilles de cidre que nous lui avons payées !... Quand je pense aujourd'hui que j'ai vendu de l'eau-de-vie et que j'ai joué des bouteilles de cidre, cela me paraît une des choses les plus singulières de ma vie... La partie finie, M. de la Villiroyt faisait mon lit ; et ses attentions pour moi, sa grande douceur, sa rare patience (il ne sortait jamais une plainte de sa bouche), lui gagnèrent les cœurs de nos hôtes, qui tous les deux nous aimaient beaucoup. Rappelez-vous, mes chers enfants, qu'il n'est point de petits amis ; on ne se repent pas d'avoir été honnête et bon envers qui ce soit : la politesse et la bonté sont la clef des cœurs et elles vous gagnent l'estime et l'affection des personnes mêmes qui, par état, sont le plus prévenues contre vous : on finit toujours par estimer ce qui est vraiment estimable.

C'est ainsi que nous avons passé le temps qu'a duré notre détention au Dépôt, d'où votre père, ainsi que vous le verrez plus loin, sortit trois jours avant moi.

Nous avions de fréquentes visites de tous nos amis ; mais Madame et Mademoiselle Artaud semblaient se faire un devoir de venir tous les jours ; et, au risque de devenir suspectes elles-mêmes, elles agissaient au dehors pour me faire rendre la liberté. Femmes dévouées, amies généreuses, vous, dont la mémoire sera toujours chère aux âmes sensibles et le souvenir précieux à mon cœur, vos efforts ne furent pas vains ! Votre active sollicitude triompha de tous les obstacles ; et la cause de « Victoire », plaidée par « Félicité », intéressa vivement tous ceux qui pouvaient la servir.

Monsieur Arnaud [1], un de nos amis, avec lequel j'avais fait connaissance à Orléans, nous témoigna aussi le plus touchant intérêt. La première fois que je le vis dans la prison, j'éprouvai un sentiment de bonheur, dont je lui saurai gré toute ma vie : il est si doux de se sentir aimé et compris quand on est dans l'infortune ! La suite de ce récit fera voir combien, avec Mesdames Artaud, il a de droits à notre reconnaissance et à notre plus tendre attachement.

O mes amis, c'est à vous et à vous seuls que je dois mon bonheur ! sans vous, Félicité, aurais-je recouvré ma liberté avant le moment qui décida du sort de mon mari : et sans vous, homme bienfaisant, aurais-je eu le bonheur de prouver son innocence ! Les faits, je le sais, parlent assez d'eux-mêmes en votre faveur ; mais mon cœur a besoin de rendre hommage à la bonté des vôtres, et c'est le droit du malheur et de la reconnaissance de préconiser et de révéler l'héroïsme de l'amitié !

Effrayés du sort que devait infailliblement subir M. de la Villiroyt si une Providence tutélaire n'eût veillé sur ses jours, ces dignes amis nous proposèrent

---

1. M. Arnaud : François-Thomas-Marie Arnaud de Baculard, né à Paris en 1718, poëte de talent et littérateur distingué, lié avec Voltaire et les Philosophes, auteur de plusieurs ouvrages en vers et en prose, entre autres des « Époux malheureux, ou histoire de M. et Mme de la Bédoyère », 1745. Accusé d'avoir caché chez lui un émigré en 1793, il fut traduit devant le Tribunal révolutionnaire et eut le bonheur d'être acquitté. C'est à Orléans que Mme de la Villirouët fit sa connaissance, lors du voyage qu'elle entreprit dans cette ville au mois de juin 1798. Il mourut le 8 novembre 1805. Un grand nombre de ses lettres existent dans les papiers de la comtesse de la Villirouët ; il se révèle, dans cette correspondance, poëte de mérite, écrivain de valeur et ami dévoué.

de le faire évader. Quelqu'un leur en avait offert les moyens pour une somme de six cents louis (12.000 fr.) qui n'aurait été payée que lorsqu'il aurait été hors de France et en lieu de sûreté. Mais mon mari déclara qu'il aimait mieux risquer d'être fusillé que de s'éloigner de moi, en qui il avait une telle confiance qu'il me disait presque tous les jours : « Si tu peux être libre, je suis sauvé! » Sans partager cette confiance, je vous avouerai, mes chers enfants, que je ne regrettai pas cette détermination : l'espérance vivait au fond de mon cœur, et je me flattais que Dieu aurait pitié de notre malheur.

Mademoiselle Artaud, à force de démarches, et grâce à la protection de M. Le Hodey, chef de bureau des mœurs à la police, obtint que l'on divisât mon affaire de celle de mon mari. Mes papiers furent portés à la police, et le citoyen Sallior nous rendit le service de ne pas nous faire transférer au Temple. On m'engagea à donner une somme pour obtenir ma liberté ; mais je refusai, forte de mon innocence et de ma confiance dans la justice des hommes.

Il y avait vingt-six jours que nous étions détenus, quand, dans la matinée du 21 Pluviôse (9 Février), on vint chercher mon mari. On le conduisit à l'État-Major de la Place, et de là à l'Abbaye, d'où il devait être traduit devant une Commission militaire. M. Arnaud le rencontra sur le quai entre quatre fusiliers ; et, pénétré de douleur, il vint essayer de consoler la mienne. Je priai le citoyen Saint-Denys d'aller recommander M. de la Villiroyt au concierge de sa nouvelle prison, et de s'informer de ses nouvelles. A son retour, il me dit, pour me tranquilliser, qu'il avait vu mon mari, et il me laissa ignorer qu'il était au cachot et au secret.

S'il est cruel pour des êtres qui s'aiment d'être privés de leur liberté, alors qu'ils sont réunis ; combien la séparation n'ajoute-t-elle pas à la rigueur de leur sort !

Trois jours après, le 12 février (24 Pluviôse), vingt-neuvième jour de ma captivité, grâce aux soins infatigables de Mademoiselle Artaud, je fus conduite devant le juge de paix de ma section, qui m'accorda ma liberté provisoire.

J'étais libre ; et je n'allais plus avoir qu'une pensée : le salut de votre père !

Je consacrai mes premiers moments à mes amis, et j'allai jouir près de Mesdames Artaud du bonheur que je leur devais de pouvoir essayer d'être utile à mon mari. Puis je me rendis à l'Abbaye, où je sollicitai vainement du concierge l'autorisation de voir M. de la Villiroyt ; je n'eus que celle de lui écrire ; et ce ne fut que le cinquième jour après ma mise en liberté et le huitième après sa translation (29 Pluviôse, 17 Février), que je pus pénétrer jusqu'à lui. Il m'apprit qu'il n'était plus au secret depuis la veille seulement ; et il me remit une lettre non cachetée du capitaine Vivenot, rapporteur de son affaire, pour le général Gilot, commandant de la Place[1]. Cette lettre était conçue dans les termes les plus honnêtes ; votre père n'y était désigné que comme prévenu d'émigration, et non comme émigré ; et Vivenot demandait au général de m'accorder la permission de voir mon mari, n'y trouvant aucun inconvénient.

1. Gilot Joseph, né en 1734, mort en 1812, général commandant la place de Paris en 1799.

Je n'eus qu'à me louer de l'accueil du général commandant la Place, qui me donna une permission valable pour trois jours, en me faisant observer que j'étais la première personne qui en obtînt une aussi longue. Je lui exprimai ma reconnaissance et me hâtai de profiter de l'autorisation qui m'était accordée.

Le jour même de ma sortie du dépôt, j'avais rencontré un jeune homme de ma société habituelle, qui m'avait félicitée sur l'intérêt que j'avais inspiré au citoyen Sallior et m'avait rapporté ce propos qu'il avait tenu dans une maison : « J'ai interrogé une petite femme, dont la présence d'esprit, la fermeté et le courage m'ont vivement intéressé. ». Je ne pouvais en croire mes oreilles ; mais, comme il faut savoir faire son profit de tout, je résolus de vérifier le fait et de tâcher d'en tirer parti.

Dès le lendemain, j'allai voir cet administrateur, feignant de croire que c'était à lui que je devais ma liberté, le remerciant de sa bienveillance, et le suppliant de la continuer à mon mari. Je lui demandai ensuite s'il ne connaissait pas quelques-uns des membres de la Commission militaire, ou quelque personnage pouvant m'appuyer auprès d'eux. Sa réponse fut d'abord négative, puis, sur mes instances, il m'engagea à aller voir le citoyen La Borde[1]; mais, de

---

1. *Laborde* était adjudant d'infanterie lors de la Révolution ; il fut, sous la Convention, attaché à la police militaire, d'abord en Normandie, puis comme capitaine adjoint à l'État-Major de la Place de Paris. Il parvint dans la même carrière au grade de lieutenant-colonel sous le Consulat. Ayant arrêté, en 1812, le général Mallet, prévenu de conspiration, Napoléon, en récompense, le nomma baron et adjudant-commandant.

peur de se compromettre, il refusa de me donner un mot de recommandation pour lui.

Chez le citoyen La Borde, je ne rencontrai que sa femme, à laquelle je racontai mes malheurs ; elle en fut touchée jusqu'aux larmes et me dit que son mari ne recevait jamais qu'à son bureau, quai des Augustins, à l'Etat-Major de la Place ; mais l'intérêt que je lui inspirais était si grand, me déclara-t-elle, qu'elle me ménagerait l'occasion de le voir chez lui, le lendemain. Le citoyen La Borde, après m'avoir assez mal reçue, car il était d'un caractère extrêmement brusque, me promit de parler au capitaine Vivenot ; et, comme après lui avoir dit que mon mari n'avait jamais émigré, j'ajoutai que son nom était mal orthographié sur la liste, il m'engagea à tirer parti de cette circonstance, m'assurant que je ne pouvais en faire valoir de plus avantageuse.

C'est ainsi que l'espoir pénétra pour la première fois dans mon âme avec quelque fondement.

Je rendis compte au citoyen Sallior du succès de ma démarche ; je le remerciai de m'avoir procuré la connaissance du citoyen La Borde et je lui demandai la permission de le tenir au courant de ce qui me concernait : ce qu'il m'accorda.

Je n'eus, par continuation, qu'à me louer du général Gilot, quoiqu'il ne m'accordât pas toujours une permission aussi longue que la première ; mais il me disait fort honnêtement que c'était pour avoir le plaisir de me voir plus souvent. D'ailleurs, tous ceux avec lesquels j'avais des rapports paraissaient touchés de mon malheur, sans excepter le Président de la Commission militaire, le citoyen Catholle, général

chef de brigade de la 17ᵉ division, dans les yeux
duquel je surpris des larmes la première fois que je
lui fis le récit de mon affreuse position. Je me souviens même qu'il me dit: « S'il me fallait donner
un louis pour sauver la vie de votre mari, je le
donnerais de bon cœur. »

La cause de M. de la Villiroyt devait être instruite
sans tarder, et cependant je n'avais pas encore choisi
l'avocat auquel j'aurais confié sa défense. On m'avait
parlé de MM. Chauveau-Lagarde[1], Le Bon, et
Cotelle[2], comme de gens pleins de talent ; mais je ne
sais quoi m'empêchait de m'adresser à eux : c'était
sans doute la Providence qui en avait décidé autrement.

Un matin, j'étais au lit, l'âme inquiète et l'esprit
agité d'une foule de pensées. J'élevai mon cœur vers
Dieu, et je lui demandai avec ardeur de m'inspirer ce
que je devais faire pour sauver mon mari. Au même
instant, l'idée me vint d'écrire, le jour du jugement,
à la Commission même, pour lui représenter le crime
affreux qu'elle commettrait si elle le condamnait à
mort. Cette idée me plut d'abord, mais à la réflexion,
je la trouvai insuffisante. Peut-être, me dis-je, ne
liront-ils même pas ma lettre; et, s'ils la lisent, ils
la jetteront de côté ; et M. de la Villiroyt n'en périra
pas moins. Je m'adressai de nouveau à Dieu ; et, ma
prière finie, l'idée de défendre moi-même mon mari se

1. *Chauveau-Lagarde*, François, né en 1756, mort en 1841 ; fameux
avocat, qui avait défendu devant le Tribunal Révolutionnaire
Brissot, Charlotte Corday et la reine Marie-Antoinette.
2. *Cotelle*, Louis-Barnabé ; né dans le Loiret en 1752, avocat et
jurisconsulte distingué, professeur de droit à la Faculté de Paris
en 1810 ; mort en 1827.

présenta à mon esprit. Cette idée m'étonna d'abord, et je la trouvai extraordinaire ; mais, peu à peu, j'en arrivai à la considérer comme une inspiration de cette Providence divine que je venais d'invoquer avec confiance. Enfin, persuadée qu'elle me venait du Ciel, je résolus de la suivre, pleine d'espoir dans le succès. Je remerciai Dieu de cette inspiration ; et, me levant aussitôt, je commençai mon plaidoyer.

Le soir même de ce jour, 19 février, je courus à l'Abbaye faire part à M. de la Villiroyt de l'idée qui m'était venue ; et je n'omis aucune des circonstances qui l'avaient accompagnée. Il l'accueillit avec transport, et m'avoua qu'il avait eu lui-même la même pensée, mais qu'il n'avait pas voulu me l'exprimer dans la crainte que, n'ayant pas en moi autant de confiance qu'il en avait lui-même, cela me donnât des regrets ; et il ajouta : « Je te préfère à tous les avocats de Paris ; si tu as le courage de plaider ma cause, je suis sauvé ! ». Cet aveu me toucha profondément : j'étais pénétrée de joie à cause de ce nouveau témoignage de confiance, et pleine de l'espoir de sauver les jours de celui qui rendait les miens si heureux. Je m'affermis donc encore dans ma résolution ; et, hors les heures passées à courir pour disposer les esprits, je travaillai à mon plaidoyer.

Je communiquai mon projet à mes amis ; et M. Arnaud se fit un plaisir de seconder mes efforts et de travailler avec moi à la justification de mon mari.

Contente de notre ouvrage commun, je voulus m'assurer qu'aucun obstacle ne m'empêcherait de remplir la tâche que je m'étais imposée.

Dans ce but, j'allai trouver le capitaine Vivenot,

rapporteur de l'affaire. C'était un jeune homme de trente-deux ans, extrêmement froid ; je l'avais vu deux fois, et il s'était contenté de m'écouter sans faire attention à ma personne. Je l'abordai, comme d'ordinaire avec une espèce de crainte, et je lui dis que j'avais une grâce à lui demander. « Quelle est-elle, Madame, me dit-il ? » — « De servir moi-même de défenseur officieux à mon mari ». La physionomie de Vivenot témoigna à ce moment un profond étonnement. Il me regarda un moment en silence, puis il me dit : « Ce que vous me demandez là, Madame, est contraire à l'usage ». — « Qu'importe, citoyen, pourvu que cela ne soit pas contraire à la loi ! Mademoiselle de Sombreuil a bien été admise à défendre son père devant le Tribunal révolutionnaire ; et je suis loin d'assimiler les hommes d'à présent à ceux d'alors. Ma confiance doit donc être d'autant plus grande en défendant M. de la Villiroyt ; j'ai toujours fait pour lui tout ce que mon cœur et mon devoir m'ont inspiré : aujourd'hui il est accusé, je le défends : cela me paraît simple ». — Ces paroles, et peut-être plus encore le ton avec lequel je les prononçais, produisirent le plus heureux effet : Vivenot m'accorda ma demande.

Ce résultat me donna une nouvelle confiance, car comment croire qu'on permettrait à une femme de défendre son mari pour le sacrifier à ses yeux !

Je vis ensuite, par politesse, les généraux Gilot, Verdière, Présays et Coutard, qui me reçurent avec infiniment d'honnêteté. Le général Verdière[1], à notre

---

1. *Verdière* (Jacques-Christophe Collin, dit), né en 1754, général de division, qui commandait la Place de Paris avant Gilot, de juillet à novembre 1798 ; il mourut en 1806.

première entrevue, me félicita d'avoir pu apprivoiser un « diable en police ». Je lui demandai qui il voulait désigner, et il me nomma le citoyen Sallior, qui, paraît-il, avait cette réputation; mais qui peut croire, après sa conduite envers moi, qu'elle fût méritée? Le général Coutard[1] me demanda un jour quels étaient mes vœux à l'égard de l'époque du jugement de mon mari? Je lui répondis : je ne puis en former aucun, car j'ignore quel sera le résultat, le jugement des hommes étant toujours incertain : je me contente de disposer les esprits en faveur de M. de la Villi-royt persuadée que, si j'ai le bonheur d'y réussir, il ne sera mis en jugement que lorsqu'il devra être acquitté.

Malgré ma confiance, la crainte me vint cependant qu'au moment décisif le courage me manquât. Et cette inquiétude m'inspira l'idée d'essayer mes forces morales en assistant à un jugement semblable à celui que M. de la Villiroyt devait subir. Informée du jour auquel M. Cutoli, un de nos compagnons d'infortune, devait être traduit devant la Commission militaire, je priai M. Arnaud de m'accompagner ce jour-là au Tribunal. Il y consentit avec la grâce que sait mettre à tout la véritable amitié, approuvant d'ailleurs les motifs qui me faisaient agir. Ces motifs étaient nombreux : je voulais non-seulement me familiariser avec le local, l'aspect des juges réunis, l'assistance du public et la présence d'un malheureux prêt à périr, car il y avait peu d'exemples qu'il s'en sauvât, mais

1. *Coutard*, Louis-François, comte, fils d'un horloger de Saumur, né en 1769, général sous le Directoire, il fut nommé lieutenant général par la Restauration.

encore savoir si le volume de ma voix suffirait, et de quelle façon on parlait à des hommes ayant droit de vie et de mort sur d'autres hommes.

A l'heure indiquée, nous nous rendîmes donc au Tribunal ; et j'essaierais en vain, mes chers enfants, de vous peindre l'impression que j'éprouvai en me trouvant dans cette salle où votre père devait prochainement être jugé. Elle fut telle que je considérai comme trop lourde la charge que je m'étais imposée et que je me crus incapable de la remplir. J'étais placée en face des juges, dont quelques-uns me reconnurent. Avant le commencement de l'audience, M. Cutoli m'ayant aperçue, vint à moi et m'ayant demandé une épingle dont il avait besoin, il me dit à mi-voix : « Madame, je considère votre présence ici comme un heureux présage pour moi » ; et je lui répondis que mes vœux étaient conformes aux siens. Cependant mon âme était toujours bien troublée. L'éloquence mâle et vigoureuse de M. Chauveau-Lagarde, qui parla pendant deux heures, me raffermit un peu ; et, en quittant la salle je me dis : « Je résisterai et je sauverai mon mari ! » Aux marques d'intérêt que réflétait ma physionomie, aux regards inquiets que je portais tantôt sur les juges, tantôt sur M. Cutoli, tantôt sur son avocat, il n'y eut personne dans l'Assemblée qui ne me crût la femme ou la sœur de l'accusé. Il fut acquitté et condamné seulement à la réclusion jusqu'à la paix. La séance avait duré de midi à neuf heures du soir, et l'assistance avait salué l'éloquence du défenseur par des battements de mains.

Au sortir du Châtelet, je courus à l'Abbaye dire à M. de la Villiroyt la façon dont j'avais soutenu cette épreuve, et nous nous en félicitâmes ensemble. Hélas! j'étais à la veille d'en subir une autrement terrible!

Le lendemain matin (15 Ventôse, 6 mars), en revenant de faire renouveler par le général Gilot ma permission de visite à l'Abbaye, je rencontrai chez moi deux personnes inconnnues qui me parurent appartenir à la police. Gothon faisait son paquet en fondant en larmes, et M. Arnaud, ainsi que Mesdames Artaud, venues pour me voir, avaient la figure bouleversée. En me voyant entrer, les deux individus jetèrent un cri : « Ah! Madame, pourquoi rentrez-vous si vite! nous n'avions l'ordre de ne vous arrêter que chez vous ; et si vous aviez tardé un seul instant, vous n'eussiez pas encore perdu votre liberté. » — « Quel nouveau crime ai-je donc commis pour la perdre une seconde fois, leur répondis-je? Quel mal ai-je fait? Où devez-vous me conduire? Montrez-moi vos ordres? » — Ils m'exhibèrent alors le mandat d'arrêt porté contre moi et ma domestique[1] et l'ordre de nous conduire aux Madelonnettes. A cette vue, rien ne peut égaler ma surprise et ma douleur ; pour la première fois, mon courage m'abandonne. Dans cette seconde arrestation, mes chers enfants, je vois la perte assurée de votre père ; je soupçonne les juges d'avoir craint l'effet que je pourrais produire le jour du jugement et, avec indignation, je reproche aux huissiers la conduite qu'on tient à mon égard : « C'est un crime, leur dis-je, une monstruosité, que vous commettez là ; mon mari n'a d'espoir qu'en moi,

---

1. Ce mandat d'arrêt portait le n° 12.827 ; Madame de la Villirouët était prévenue d'avoir sciemment récélé un émigré, délit prévu par la loi du 25 Brumaire an III, et passible de quatre ans de fer.

et les droits du malheur sont aussi sacrés que ceux de
la vertu. Je devais être libre jusqu'à son jugement. Une
fois prononcé, peu m'eût importé de pourrir en prison ; mais jusque là, rien n'aurait dû porter atteinte
à ma liberté.... Non, c'est impossible ! on se trompe,
car on ne peut condamner un malheureux sans
entendre son défenseur ; et c'est moi qui le défends ».
Les agents, fort émus, m'exprimèrent leurs regrets
d'être chargés d'une pareille mission ; ils m'assurèrent
que j'assisterais au jugement de mon mari, que
chaque jour, l'un d'eux, par permission du général
Gilot, me conduirait à l'Abbaye, et que, si je n'étais
pas en liberté à l'époque du procès, je serais conduite à l'audience entre deux gardes. « On verra donc
alors, m'écriai-je, une victime défendue par une autre
victime ! »

Les paroles des agents ayant un peu calmé mes
inquiétudes, j'engageai mes amis à modérer leur affliction. Je pris alors l'argent et le linge que je croyais
nécessaires pour une détention de quelques jours ; et je
me rendis en fiacre aux Madelonnettes avec Gothon et
les deux agents, ainsi que Mesdames Artaud qui
m'accompagnèrent jusqu'à la porte. Pendant le trajet,
mes gardiens me promirent d'aller de suite annoncer
à mon mari mon arrestation, et nous convînmes, mes
amies et moi, qu'elles feraient toutes les démarches
possibles pour connaître les motifs de mon arrestation, et pour hâter l'instant de ma délivrance. A
notre arrivée à la prison, ces dames me recomman-
dèrent au concierge, qui, touché du récit qu'elles lui
firent de ma situation et de mes malheurs, me procura
tous les adoucissements qui dépendaient de lui, tandis

que le greffier me permit de continuer à écrire mon plaidoyer dans le bureau du greffe. Ce plaidoyer, en effet, était encore inachevé et je l'avais emporté avec moi. Ce fut aux Madelonnettes que j'écrivis l'apostrophe aux juges, qui devait produire une si favorable impression sur eux et sur l'auditoire. Ainsi le malheur nous fortifie quand il n'a pu nous abattre ; car il n'y a pas de milieu : l'adversité nous dompte ou nous la domptons.

Si mes peines étaient cruelles, mes chers enfants, l'espoir d'aller chaque jour à l'Abbaye et la certitude que mes amis ne négligeraient rien pour obtenir promptement ma liberté, en adoucissaient un peu l'amertume. Mon premier soin fut d'écrire à votre père et d'armer son courage contre la nouvelle épreuve à laquelle la Providence permettait que nous fussions soumis. Le soir même, j'appris par mon amie que je serais interrogée dès le lendemain.

Les mêmes agents qui m'avaient arrêtée nous conduisirent, en effet, le lendemain, Gothon et moi, au Palais-de-Justice, où je trouvai mes trois fidèles amis. Ils me dirent que, d'après la marche ordinaire, je ne devais être interrogée que dans trois ou quatre jours, mais qu'ils avaient obtenu du citoyen Dufour, directeur du jury, que je le fusse de suite ; et bientôt, en effet, on m'introduisit dans le cabinet de ce juge.

Il me donna lecture de mes précédents interrogatoires et me demanda si j'avais quelque chose à y ajouter ou à y retrancher. « Citoyen, lui répondis-je avec fierté, je ne me justifierai point ; et, faussement accusée, je ne dirai rien pour me défendre : les faits parlent assez d'eux-mêmes. Mon mari n'a jamais émi-

gré : donc je n'ai point recélé d'émigré. Mais, quand
même il aurait logé chez moi ayant émigré, comme
je n'aurais fait en le recevant que suivre les lois de la
nature qui sont plus anciennes et plus fortes que toutes
les lois, je ne me défendrais pas... J'ai seulement une
grâce à vous demander: c'est de me faire mettre
promptement en liberté. Mon mari n'a que moi au
monde ; il gémit dans les fers ; et, d'un instant à l'autre,
il peut être traduit devant la Commission militaire, où
je veux me trouver près de lui. » — « Cela est bien
imprudent, répartit le citoyen Dufour. » — Pourquoi
l'appelez-vous imprudent? J'ai confiance que tout se
passera bien : mon mari est innocent, et c'est moi qui
suis son défenseur. » — « Il faut avoir bien du courage. » — C'est possible, mais j'en ai ; chacun agit
comme il veut, et j'espère que mon âme est assez fortement trempée pour résister à une semblable
épreuve. » Touché de mes sentiments, le citoyen
Dufour me promit avec bonté de s'intéresser à mon
sort et me laissa espérer qu'il serait décidé le surlen-
demain. Je l'en suppliai et l'assurai de ma reconnaissance ; puis, ayant embrassé mes amis, je regagnai
les Madelonnettes.

Chemin faisant, je rappelle à mes gardiens la promesse qu'ils m'avaient faite la veille de me conduire à
l'Abbaye, et j'en sollicitai l'accomplissement. Ils
s'excusèrent de ne pouvoir le faire sans gravement se
compromettre : « Pourquoi donc alors, leur dis-je,
m'avoir donné cet espoir? Ignorez-vous que l'on ne
doit jamais tromper les malheureux et leur procurer
une fausse joie ? » — Puis, m'informant de l'effet
qu'avait produit sur mon mari la nouvelle de mon

arrestation, j'appris qu'il avait été terrible : sans doute qu'au sentiment de sa perte inévitable se joignirent la douleur et l'inquiétude de savoir les dangers que courait de nouveau ce qu'il avait de plus cher au monde !

Peu d'instants après mon retour aux Madelonnettes, M. Arnaud demanda à me voir. Le concierge voulut bien nous donner sa chambre ; et, comme je ne pouvais renoncer au désir de voir M. de la Villiroyt, j'écrivis à ce sujet au citoyen Sallior, pensant qu'il pourrait peut-être me faire obtenir cette permission. Mon ami voulut bien se charger de ma missive et je lui dis : « Examinez bien la physionomie du citoyen Sallior pendant qu'il lira ma lettre ; ce n'est que sur sa figure que vous pourrez voir ses vrais sentiments. La place qu'occupent ces Messieurs leur impose le plus absolu silence, un seul mot peut les compromettre ; mais, dans l'expression de leur physionomie, on peut quelquefois, avec du tact, surprendre ce qui se passe dans leur âme ».

M. Arnaud se rendit le lendemain matin à l'Administration et obtint une audience du citoyen Sallior, qui le reçut avec infiniment d'honnêteté. Il lut deux fois ma lettre avec un air de grande attention et de vif intérêt, s'entretint de ma situation avec mon ami, auquel il finit par dire : « Si je n'écoutais que mon cœur, j'accorderais à Madame de la Villiroyt ce qu'elle demande, mais j'ai aussi ma conscience d'administrateur que j'ai le devoir d'écouter. Veuillez donc lui dire tous mes regrets de ne pouvoir faire pour elle ce que je voudrais. Ce qu'elle désire ne dépend malheureusement pas de moi seul ; elle a été arrêtée par ordre du directeur, et il faudrait que j'en conférasse avec lui. D'ailleurs, j'espère que, dès lors qu'elle a été interrogée si promptement, elle n'aura bientôt pas besoin de permission pour revoir son mari. »

Ce refus me chagrina, mes chers enfants; mais je fus aussi fort sensible à la façon gracieuse dont il avait été formulé; et je me résignai à attendre la réalisation des promesses du citoyen Dufour.

Mon attente ne fut pas trompée : dès le troisième jour après mon arrestation, (18 Ventôse, 8 mars), la liberté me fut rendue, le jury ayant prononcé à l'unanimité qu'il n'y avait pas lieu de poursuivre l'accusation, bien que l'opinion de quelques-uns de ses membres eût été de me laisser en prison jusqu'à l'issue du procès de mon mari.

A peine sortie des Madelonnettes, je volai à l'Abbaye, où votre père, en me voyant, oublia tous ses chagrins et me dit, avec un accent que je n'oublierai jamais : « Pauvre petite femme, je te tiens donc encore ! ». Il avait présumé, ainsi que plusieurs de nos amis. que mon assistance au jugement de M. Cutoli avait été la cause de mon arrestation; les juges, étonnés du courage que j'avais montré dans cette circonstance, et redoutant l'effet de ma présence au procès de mon mari, ayant sollicité et obtenu ma détention jusqu'à la décision de son sort. Ces suppositions étaient à coup sûr, vraisemblables, mais la suite prouva fort heureusement, qu'elles n'étaient pas fondées.

Je continuai ensuite, comme avant mon arrestation, à aller voir M. de la Villiroyt chaque jour à sa prison. Je passais régulièrement deux heures avec lui; mais je dois avouer que c'était le moment de la journée

que je redoutais le plus. Là, en effet, tout était propre
a abattre mon courage. Pendant les six semaines que
votre père resta dans cette maison, trois de ses compagnons d'infortune, inculpés comme lui d'émigration,
furent condamnés à mort par la Commission militaire
et fusillés dans la plaine de Grenelle. L'Abbaye était
toujours un séjour affreux, mais quand ces éxécutions
avaient lieu, il était plus sinistre encore, chacun des
malheureux détenus se disant: mon tour viendra
peut-être demain!... Je me souviens qu'un jour les
prisonniers m'apprirent qu'on venait d'éxécuter un
émigré qui, sous le nom de « Mathieu » était rentré
en France et s'était fait épicier à Orléans, et ils me
conseillèrent de suspendre toutes mes démarches et
de profiter simplement du peu de temps que mon mari
avait encore à me voir. Le geôlier de cette prison,
le citoyen L***, était un homme sanguinaire, qui sau-
tait de joie avec sa fille aînée toutes les fois qu'un de
ses prisonniers allait à la mort. Ce misérable eut une
fin tragique; il se brûla la cervelle un an environ
après le jugement de M. de la Villiroyt. Sa femme,
loin de partager ses abominables sentiments, était
bonne et compatissante pour les détenus, dont elle
admettait même un certain nombre dans ses apparte-
ments ; beaucoup lui doivent de la reconnaissance et
particulièrement mon mari, auquel elle cédait sa
chambre, quand j'allais le voir, afin que nous fussions
seuls.

Une fois libre, je recommençai mes démarches

1. *La Tour d'Auvergne* (Henry-Théophile-Malo Corret de Kerbauf-
fret de), était breton ; né à Carhaix, le 23 décembre 1743, il entra aux
Mousquetaires en 1777 et fit, comme aide de camp du généra

auprès des personnes influentes. Ayant appris la pré
sence à Passy de M. de la Tour d'Auvergne, pour qui
on a créé depuis la place de Premier Grenadier de
France¹, je me décidai à aller le voir. J'avais fait sa
connaissance sur la galiote de Paris à Passy, et il
m'avait témoigné beaucoup d'intérêt. Il me reçut à
merveille, et il ne me cacha pas son peu d'influence et
les inquiétudes qu'il avait sur le sort de mon mari.
Mais, quand je lui eus fait part de mon projet de présenter moi-même sa défense, il changea aussitôt de
langage et m'encouragea vivement à persévérer dans
cette résolution.

Je ne reçus pas partout un accueil aussi favorable:
et, mon récit devant être en tout conforme à la
vérité, je ne passerai pas sous silence ce qui m'arriva
à la seconde visite que je fis à Catholle, après ma sortie des Madelonnettes.

Comme il demeurait à l'Ecole Militaire et que tout
ce bâtiment était occupé par des officiers et des soldats, je trouvai plus convenable de ne pas y aller
seule et je priai Madame Artaud de m'accompagner.
Arrivée avec elle dans l'appartement de Catholle, je
priai celui-ci de m'être favorable et je me permis de

Crillon, la Guerre d'Espagne de 1783. Lors de la Révolution, il fit,
à la tête de ses grenadiers, des prodiges de valeur, en Italie et en
Espagne en 1792 et 1793. Il fut fait prisonnier par un navire anglais
en revenant en Bretagne, après la prise de Bâle ; et ne rentra en
France qu'en 1795 ; il alla alors se fixer à Passy, où il se livra à
l'étude des origines gauloises. En 1796, il s'engagea comme simple
grenadier en remplacement du fils d'un Breton, de ses amis, Le Bré-
gant, et il fit les campagnes sur le Rhin de 1796 et 1797. Il revint
ensuite habiter Passy. Après le coup d'Etat de Brumaire (novembre
1799), le Premier Consul lui décerna le titre de « Premier Grenadier
de France ». Il fut tué au combat d'Ober-Hausen, le 27 juin 1800.
C'est l'une des gloires de la Bretagne et de la France.

traiter devant lui la loi du 19 fructidor de « loi de sang, digne du règne de Robespierre ». A peine avais-je dit ces paroles qu'il me répondit avec une froideur effrayante : « Nous ne sommes pas pour la juger, mais pour l'appliquer ». Cette dure réponse me consterna ; et, me rappelant l'accueil bienveillant que m'avait fait Catholle à ma première visite, j'en conclus que la mort de mon mari était déjà décidée ; et je sortis en pleurant. Grâce au Ciel, l'idée me vint bientôt que je devais peut-être à la présence de Mme Artaud le propos brutal qui m'avait été adressé, car les hommes en place avaient alors tant de ménagements à garder qu'ils redoutaient toute indiscrétion. Mon amie applaudit à cette supposition ; et depuis, je me rendis toujours seule, même dans les casernes.

Comme on apprend à connaître les hommes quand on a des affaires ! Comme on cherche à connaître les motifs qui les font agir, à lire sur leur figure les sentiments de leur âme ! Comme on devient expérimenté dans l'art de savoir à quel moment il faut parler et à quel moment il vaut mieux se taire, quelle tournure on doit donner à la conversation en intéressant leur cœur et en amusant leur esprit pour flatter leur amour-propre ! Quelles sont, en un mot, les cordes qu'il faut toucher dans le cœur humain pour l'attendrir et l'émouvoir ! Celui-ci se laisse attendrir rien que par la vue d'une douleur vraie ; celui-là, et c'est le plus grand nombre, veut que l'on séduise son esprit avant d'arriver à son cœur ; on doit feindre pour lui des sentiments de confiance et d'estime afin de lui inspirer le désir de justifier la bonne opinion qu'on se dit avoir de lui. Mais, en général, le mieux

est encore de faire preuve de courage et d'énergie ;
car c'est moins le malheur qui intéresse que la
manière de le supporter. On peut commencer par
attendrir ; mais si la pitié n'est pas soutenue par
l'estime, le cœur se fatigue bientôt. En résumé, mes
chers enfants, soyons toujours modérés dans la pros-
périté et courageux ou résignés dans le malheur ;
courageux, quand à force de lutter contre la fortune,
on peut espérer parvenir à la vaincre ; résignés, quand
nous ne pouvons tenter aucun effort et qu'il ne reste
plus qu'à répandre des larmes.

Je reviens à mon sujet.

Le lendemain de ma seconde mise en liberté, je me
rendis chez le citoyen Sallior ; je le remerciai des
regrets qu'il avait exprimés de ne pouvoir me servir ;
et, charmée de son bon accueil, je lui fis part de
mon projet de défendre moi-même M. de la Villiroyt.
Touché de cette preuve de mon attachement à mon
mari, il me dit : « Puisqu'il en est ainsi, je vous
accompagnerai au Tribunal ». — « Quoi ! m'écriai-
je, toute surprise, vous auriez la bonté de m'accompagner au jugement ! Croyez que j'apprécie comme je
le dois un procédé aussi généreux : je n'ignore pas
que dans l'ordre politique actuel, un administrateur
et un prévenu d'émigration sont les deux extrémités de
la chaîne ; et c'est un trait sublime de votre part d'oser
témoigner, en face d'une Commission militaire, votre
intérêt à un malheureux, qu'à la vérité vous croyez
innocent, mais qui n'en est pas moins sous le coup
d'une accusation grave !... A ces preuves si tou-
chantes de votre bienveillance, permettez-moi de vous
prier d'en ajouter une autre : laissez-moi vous appor-

ter mon plaidoyer, et promettez-moi que quand vous
l'aurez lu, vous me direz franchement ce que vous en
pensez? » — Le citoyen Sallior me le permit et me le
promit. Au jour convenu, je revins donc chez lui avec
mon plaidoyer, et je lui dis : « Vous sentez que ce
ne sont pas des louanges que je viens chercher, mais
la vérité que je vous demande. L'amour-propre ne
saurait être pour rien dans ma conduite actuelle ; et
vous répondriez mal à ma confiance si, au lieu de la
sévérité d'un ami, vous me teniez le langage d'un
flatteur. Je n'ai évidemment jamais fait de plaidoyer ;
et il sera tout simple que vous trouviez beaucoup à
redire à celui-ci »…. J'en fis moi-même la lecture : le
citoyen Sallior en fut ému, et me dit lorsque j'eus fini :
« Petite femme, vous me faites pleurer ! » — « Tant
mieux ! lui répondis-je ; car j'espère que tout l'auditoire
pleurera comme vous. » — Il était satisfait au-delà de
son attente, et il m'assura « que, si mon plaidoyer
était mieux, il ne serait pas aussi bien ; car il était
intéressant qu'on y reconnût le style d'une femme. »

Non contente du suffrage du citoyen Sallior, et
me défiant toujours de moi-même, je fus trouver le
citoyen Le Bon, défenseur officieux, qui réunissait à
un talent distingué l'avantage d'être bien vu du Tribunal. Je craignais en effet que le jour du jugement,
il fût fait à mon mari des objections que je n'aurais
pas prévues ; et je voulais, qu'au cas où une extinction de voix ou tout autre motif m'empêcherait de
prononcer mon discours, la cause de M. de la Villiroyt n'en souffrît pas, et qu'un homme de loi fût là
pour me remplacer. Le Bon accepta la proposition
que je lui fis de m'accompagner au Tribunal et de me

suppléer au besoin, puis il lut mon plaidoyer. Il en
loua la teneur et la rédaction ; mais il me fit observer
que la loi n'y était pas suffisamment discutée ; et il
émit l'avis que je ne lirais que la partie du sentiment,
lui abandonnant à lui, celle de la loi. Surprise et affli-
gée de cette proposition, je lui en demandai la raison.
Il me répondit qu'il n'était pas naturel que moi,
dans ma position et le désespoir dans l'âme, je pûsse
discuter des lois. « Vous vous trompez, citoyen, lui
répondis-je, la Révolution nous a appris à raisonner
avec calme tout en pensant avec force. Je tâcherai de
donner à la loi l'onction du sentiment, et au sentiment le caractère de la loi ». Je lui remis cependant
mon plaidoyer, le priant d'y ajouter ou d'en retrancher
ce qu'il jugerait convenable et de se rendre à l'Abbaye
ou chez le citoyen Vivenot afin de mieux étudier les
faits à charge ou à décharge.

Monsieur de la Villircyt et mes amis, instruits de
mes démarches, applaudirent à ma prudence ; mais,
le citoyen Le Bon ayant mal répondu à ma confiance
en négligeant d'aller examiner les pièces pendant les
huit jours qui suivirent ma visite, je lui retirai mon
plaidoyer, auquel il n'avait pas touché ; et je me décidai à paraître seule au Tribunal en qualité de défenseur officieux.

Je calculai avec moi-même l'effet que je pourrais
produire à ce titre sur des cœurs ouverts encore à des
sentiments d'humanité. Connaissant les droits de la
nature, j'osais me flatter qu'une femme, jeune encore,
ne parlerait pas à des hommes le langage du sentiment sans les émouvoir ; qu'au milieu de l'immoralité
presque générale, alors que l'union entre époux était

si rare, le débordement à son comble, et le divorce à
l'ordre du jour, le dévouement conjugal dont j'offrirais
l'exemple produirait d'autant plus d'effet. Connaissant
le caractère de ma nation et son goût pour le nouveau
et l'imprévu, je me flattais d'intéresser et d'émouvoir.
Je pensai que les cœurs de tous les époux, de tous les
pères et de toutes les mères qui seraient dans l'auditoire battraient à l'unisson du mien. Je me persuadai
enfin qu'une faible femme en opposition avec tout
un Tribunal militaire constituerait une excellente
figure de réthorique, dont les juges et l'assistance
subiraient l'influence, car les moyens les plus efficaces
sont toujours ceux qui sont puisés dans la nature.

Sûre de l'intérêt du citoyen Sallior, je lui fis part
de ces réflexions : et, frappé de leur justesse, il me proposa généreusement de me suppléer dans la défense
de mon mari, au cas où je ne pourrais la prononcer
en entier, tout en me faisant observer que personne
au monde ne pouvait produire autant d'effet que moi-
même.

Je vous dirai encore, mes chers enfants, qu'ayant
la plus entière confiance dans mon beau-frère, je
lui avais écrit pour lui faire part de mon projet,
désirant avoir son avis. Sa réponse, sans être absolument opposée à ma résolution, ne lui fut guère
favorable. Il me représenta, qu'en cas d'insuccès, je
je me reprocherais toujours de n'avoir pas confié la
défense de mon mari à un homme de loi ; que le
public et peut-être mes enfants pourraient plus tard
m'accuser de présomption dans une affaire aussi
grave. Puis il ajouta : « As-tu bien pensé à ce que tu
deviendras toi-même lorsqu'on prononcera le juge-

ment s'il n'est pas tel que tu l'espères? » — Si plau-
sibles que fussent toutes ces raisons, cette lettre ne
put ébranler ma décision. J'avais prévu ces objections
et je les détruisais par ce raisonnement : un avocat
ordinaire ne porte pas, en général, un intérêt bien vif
au malheureux qu'il défend ; mais, quand c'est une
femme qui défend son mari, une mère qui défend le
père de ses enfants, plus son émotion est intense, plus
elle doit remuer vivement aussi l'âme de ceux qui
l'écoutent. De plus, j'avais soumis à des hommes très
compétents mon plaidoyer qui avait obtenu leurs suf-
frages ; j'avais essayé mes forces morales en assistant
à un jugement semblable, et j'avais subi heureusement cette épreuve ; enfin j'avais calculé toutes les
circonstances favorables ou défavorables, et, forte de
ma conscience et de mon amour, j'étais prête à braver
tous les reproches, convaincue que si je ne parvenais
pas à arracher mon mari à la mort, personne autre
n'aurait pu y réussir. Examinez vous-mêmes, mes
chers enfants, le bien fondé de mes raisons.

La permission de défendre votre père m'avait été
accordée ; et tout me donnait confiance : j'avais le bonheur de ne pas croire, même dans ces temps affreux,
à la scélératesse profonde et volontaire ; j'avais vu s'ouvrir pour la seconde fois les portes de ma prison, alors
que rien n'empêchait de m'y retenir ; un homme
public, membre de la première administration de
Paris, s'était, au risque de se compromettre, offert lui-
même pour seconder mes efforts, et avait répondu à
un ami qui lui représentait le danger auquel il allait
s'exposer : « J'en conviens, mais avant d'être homme
public, je suis homme : et j'irai... ». Tout se réunis-

sait pour m'autoriser à hâter de nos vœux le moment
terrible qui devait décider du bonheur ou du malheur de ma vie. En outre, à toutes ces secousses, à
toutes ces émotions, ma santé s'ébranlait et s'affai-
blissait de jour en jour, et la force de mon corps était
loin de répondre à la vigueur de mon âme.

Beaucoup de mes amis contribuèrent à augmenter
mes inquiétudes. Figurez-vous, mes enfants, car vous
devez pouvoir me suivre dans toutes les épreuves que
j'ai eu à subir, que je n'osais même pas parfois visiter les personnes qui me témoignaient le plus d'attachement et que j'allais même jusqu'à les fuir, afin
d'éviter leurs observations qui ne pouvaient qu'altérer
mon courage. Un jour, une de mes amies intimes,
Madame de B***[1], me fit dire de passer chez elle ; j'y
courus ; et elle me mit le poignard dans le cœur en
me répétant tous les propos de ceux qui s'accordaient
à considérer M. de la Villiroyt comme perdu. Ce récit
et ces commentaires me mirent dans un état affreux ;
je sortis comme une folle, et, pour m'étourdir et ne
pas descendre en moi-même, je me mis à marcher
sans but dans les rues et sur les boulevards. Enfin,
rendue de lassitude et me trouvant devant la porte de
ma tante, Madame de Saint-G***[2], j'entrai chez elle et
je lui racontai en pleurant tout ce qui venait de m'arriver. J'étais furieuse contre mon amie, et je me promis de ne pas la revoir de sitôt. Cependant, m'ayant

1. Je crois que cette dame de B*** était Madame de Bouteiller,
que nous retrouverons dans la suite parmi les amies de la comtesse de la Villirouët.

2. Mme de Saint-G*** était, je crois, Madame Magon de Saint-
Gilles.

fait prier quelques jours après de passer chez elle, j'y allai après avoir hésité quelques instants ; mais je lui dis en arrivant : « Ma chère amie, si ce sont des faits que vous avez à m'apprendre, parlez ; mais si ce sont des commentaires, je vous prie de m'en faire grâce, car j'ai assez de mes inquiétudes sans avoir à lutter contre celles de tout le monde. » Madame de B*** comprit et garda le silence. Je lui ai toujours caché le mal qu'elle m'avait fait.

Il arriva enfin, mes chers enfants, ce jour désiré et redouté, ce jour qui devait réaliser mes craintes ou justifier mes espérances ! Je touchais au moment où allait être prononcé l'arrêt de votre père, le condamnant à la mort, ou le rendant à sa famille et au bonheur !

J'avais appris que M. de la Villiroyt serait jugé le lendemain ; et j'avais su en même temps qu'en outre des lois citées dans mon plaidoyer, il en existait d'autres antérieures également favorables. Je me rendis aux archives du Gouvernement, et là je compulsai le Bulletin des Lois, les Messages du Directoire, etc. ; puis je me hâtai de rentrer chez moi munie des notes que je venais de prendre. J'eus le bonheur d'y trouver mon amie Félicité Artaud, qui, sachant que le jugement devait avoir lieu le lendemain, était venue m'aider à passer ces cruels moments. Je la priai de ne pas me quitter, et de rester toute la nuit avec moi ; elle me le promit et se mit à ma disposition. Je la chargeai d'écrire à mes amis et à mes connaissances pour les informer du jour et de l'heure du procès, tandis que moi je m'occupai à encadrer dans mon plaidoyer les articles des lois sur les émigrés, avantageux à mon mari, et que j'avais recueillis le matin. Cela fait, je transcrivis en totalité tout mon travail. Cette copie, commencée à cinq heures du soir ne fut achevée qu'à minuit. Je ne saurais dire à quel point j'étais accablée de fatigue, mais je crois que cette distraction forcée à l'approche d'un moment si affreux me fut plutôt salutaire. Nous prîmes à peine quelques heures de repos, Félicité et moi, et mon amie me dit que pendant mon sommeil je n'avais rêvé que lois et Commission Militaire.

C'était le 3 Germinal, 23 mars 1799, jour du Samedi Saint. J'avais été prévenue la veille que la séance commencerait entre onze heures et midi. Levée à six heures, je me rendis à huit heures auprès de Monsieur de la Villiroyt pour fortifier son courage au risque d'affaiblir le mien ; puis, à dix heures, j'allai rejoindre mes amis chez Mme Artaud. Je fis ma toilette, et ma bonne amie me fit prendre un potage et avaler un œuf afin de me donner des forces et de nettoyer ma gorge, qui était restée enrouée depuis mon emprisonnement au dépôt.

Ainsi préparés, nous nous rendîmes en voiture, Mesdames Artaud, M. Arnaud et moi, au Châtelet où devait avoir lieu la séance. En traversant le Pont-au-Change, nous aperçûmes de loin mon mari au milieu de son escorte, et cette vue nous fit tressaillir d'effroi.

En entrant dans la salle du Tribunal, nous la trouvons occupée déjà par une foule considérable venue là par curiosité ou par intérêt. Je m'assis à la place qui me fut désignée, en face d'une petite table sur laquelle, suivant l'usage, on avait mis des plumes, de l'encre et du papier. Mesdames Artaud se placèrent à ma gauche, le citoyens Sallior à ma droite et M. Arnaud derrière moi.

Rien de plus simple que mon costume : ma coiffure était un bonnet de crêpe blanc garni de ganses de soie et de rubans également blancs. Ma robe, une sorte de chemise de mousseline basinée avec une écharpe flottante d'Ourghandi. Je ressemblais ainsi moins à un orateur qu'à une nouvelle Iphigénie. Ma pâleur et mes yeux rougis[1] attestaient les maux que j'avais soufferts déjà et ceux, plus grands, que je redoutais encore. Un air de jeunesse, répandu sur toute ma personne, ajoutait encore à l'intérêt de ma physionomie ; les uns trouvaient que j'avais l'air d'une première communiante ; les autres, en me comparant à mon mari[2], me croyait plutôt sa fille que sa femme.

Si j'entre dans tous ces détails, qui paraîtront peut-être futiles, c'est que l'extérieur a toujours une grande influence sur les sentiments des spectateurs[3].

---

1. Une femme du peuple disait : « Comme elle a les yeux rouges !... » « Ah ! répondait un autre, c'est qu'elle a tant pleuré !... »

2. M. de la Villiroyt, bien plus âgé que moi de douze ans, a cependant la figure extrêmement jeune ; mais, comme dans mon plaidoyer, je m'étendais beaucoup sur sa mauvaise santé, il était important que son extérieur ne démentît point mes paroles. Il ne s'était donc nullement occupé de sa toilette, et ses cheveux sans poudre, sa barbe longue, une cravate noire, joints à une détention de 67 jours et l'émotion d'un moment aussi terrible, le vieillissaient tellement qu'il n'était pas reconnaissable. (Note de Mᵐᵉ de la Villirouët).

3. Il existe au château de Lemo, qui appartient au comte de la Villirouët, petit-fils de notre héroïne, un portrait en pied qui la représente plaidant la cause de son mari devant la Commission Militaire. Madame de la Villirouët est debout, vêtue de blanc, à côté d'une table couverte de papiers ; elle est posée de face ; sa main droite s'étend vers les juges, tandis qu'elle tient dans sa main gauche son plaidoyer ouvert. Sur un cartouche au bas de ce tableau

La salle continuait à se remplir, et j'apercevais au premier rang les personnes auxquelles Félicité avait écrit la veille. Le citoyen Sallior m'encourageait de tout son pouvoir ; mais qu'ils sont affreux les instants passés dans une si cruelle attente ! A chaque instant, mes chers enfants, je craignais de voir entrer votre père, et je redoutais pour mes forces l'effet de sa présence. Mon amie, qui lit dans mon cœur, s'en aperçut ; et, voulant atténuer l'impression que me produira son arrivée, elle m'avertit qu'elle entend les gardes et qu'il faut m'armer de courage : je changeai de couleur tant mon saisissement fut profond ; et je n'osai regarder la porte. Cependant M. de la Villiroyt n'arriva point ; je crois que mon amie s'est trompée et mon émotion se calme par degrés. Satisfaite de cette première épreuve, Félicité la renouvelle deux fois de suite avec le même succès, et prépare ainsi mon âme au coup qu'elle ne pouvait éviter.

Mon mari arrive enfin ; Félicité se tait, et voit avec plaisir à ma contenance ferme et presque assurée l'heureux effet de son ingénieux stratagème, qui fait juger la bonté de son cœur.

Votre père, mes chers enfants, était accompagné de vingt gardes armés, dont deux lui tenaient les bras. Il entre dans le Tribunal et on le fait asseoir dans une chaise en face du Tribunal. Il était à peu de distance de moi, et je le voyais de profil. En entrant, il me chercha des yeux ; mais ne m'ayant pas aperçue,

on lit : « Le III Germinal an VII — Victoire de Lambilly sauva — par son éloquence les jours — de son mari J.-B. Mouësan — comte de la Villirouët — ex-officier au Régiment de Condé — chevalier de Saint-Louis. »

car, comme vous le savez, il a la vue très basse, il se
troubla. Félicité le remarqua, et, se levant promptement, attira son attention de notre côté ; il me reconnut alors, et me sourit.

Les juges, au nombre de sept[1], tous en grande
tenue, ayant des moustaches et de grands sabres qui
traînaient à terre, entrent dans la salle, suivis du
secrétaire de la Commission. Ils s'assoient et ordonnent le silence le plus absolu.

1. Les Commissions militaires, qu'il ne faut pas confondre avec
les Conseils de Guerre, étaient une juridiction transitoire créée par
la loi du 19 Fructidor an V. L'article 17 de cette loi portait que ces
Commissions devaient être composées de sept membres, nommés
par le général commandant la division militaire dans l'étendue de
laquelle l'inculpé avait été arrêté. Leurs jugements étaient sans appel
ni pourvoi et devaient être exécutés dans les vingt-quatre heures.

Ces Commissions, en deux ans, d'octobre 1797 à octobre 1799, prononcèrent 163 condamnations à mort.

La Commission Militaire chargée de juger M. de la Villirouët se
composait de :

MM. le général Cathol, chef de la 20ᵉ demi-brigade d'infanterie
    de ligne, de la 17ᵉ division militaire*, président ;
— le commandant Verbois, chef de bataillon à la même demi-
    brigade, juge ;
— le capitaine Gilet, capitaine de grenadiers, juge ;
— le capitaine Colomb, capitaine à la 9ᵉ demi-brigade d'infan-
    terie légère, juge ;
— le capitaine Harriet, capitaine-adjudant à l'État-Major de la
    17ᵐᵉ division militaire, juge ;
— le lieutenant Boulais, sous-lieutenant au 16ᵉ régiment de cavale-
    rie, juge ;
— le capitaine Vivenot, capitaine à la 28ᵉ demi-brigade d'infanterie de ligne, rapporteur** ;
— Royer, secrétaire-greffier.

* Cathol, dans le curieux ouvrage de M. Victor Pierre « Le
18 Fructidor », est dit: homme réputé violent et sanguinaire
(p. xxxi).

** Vivenot, dans le même ouvrage est dit: âgé de 32 ans, homme
âpre à la tâche, violent, et qui exécutait avec passion une consigne
donnée (p. xxxi).

Le président Catholle lit à haute voix les interrogatoires que M. de la Villiroyt avait subis ; lecture qui
répand l'effroi dans tous les cœurs honnêtes, car,
d'après ses dépositions mêmes, votre père était sous
le coup de trois lois : celles contre l'émigration et la
contravention au décret du 19 Fructidor, qui entraî-
naient la peine de mort ; et celle contre le changement de
nom qui était passible de dix ans de fers. Le président
interroge ensuite l'accusé, qui répond avec beaucoup de modération et de présence d'esprit. Le rapporteur, le capitaine Vivenot, présente alors ses conclusions, de la manière la plus avantageuse. Tous les
juges ne savaient pas que c'était moi qui défendais
M. de la Villiroyt, et l'un d'eux dit tout bas au secrétaire : « Cette affaire me semble bien compliquée, et
·ce malheureux ne peut pas se défendre tout seul ;
cependant je ne lui vois point de défenseur officieux... »
Pour toute réponse le secrétaire me désigna, en
disant : « Le voici ». — « Ah ! poursuivit l'autre, en
aura-t-elle la force ? » — Hélas ! je l'ignorais moi-
même : tout mon espoir était en Dieu et je le priai
intérieurement de me donner du courage et de m'inspirer les accents propres à toucher et à attendrir
mon auditoire.

Dès que le capitaine Vivenot eût terminé son rapport, le président demanda à M. de la Villiroyt quel
était son défenseur officieux ? » — « C'est ma femme,
répondit-il en m'indiquant ». Alors Catholle, se tournant vers moi : « Avez-vous quelque chose à dire ? « Je
réponds affirmativement, et, me levant, je commence
la lecture de mon plaidoyer.

« Citoyens Juges,

Puissé-je ne pas être entourée de préventions fâcheuses ; et puisse la défense à laquelle je vais me livrer être entendue avec intérêt et accueillie avec indulgence !

Peut-être sera-t-on surpris de voir une femme plaider elle-même la cause de son mari ? Il est vrai que j'ai sollicité cet avantage comme une faveur, et que la timidité ordinaire à mon sexe a cédé au sentiment qui m'anime et me remplit. Je n'ai vu que le danger qui menace mon mari ; et quelle est l'âme que sa situation pourrait électriser autant que la mienne, quelle sensibilité pourrait égaler celle que j'éprouve ?

Ce n'est point, citoyens juges, par une vaine présomption en mes faibles moyens que j'ose paraître devant un Tribunal redoutable et dont le nom seul ferait frémir, si l'innocence n'était rassurée par l'esprit de justice et d'humanité qui doit balancer la rigueur de vos fonctions ; c'est l'intérêt puissant qui m'anime, c'est ma tendresse peut-être aveugle, qui, m'ayant fait craindre de confier cette cause à d'autres soins, me donnent le courage nécessaire pour entreprendre une juste défense et me font espérer que l'innocence triomphera des apparences qui sont contre elle.

Je ne me dissimule point que ces apparences reposent sur trois points essentiels, formant une triple accusation, qui semble dériver de la loi du 19 Fructidor an V, et à laquelle le citoyen Jean-Baptiste-Marie-Mouësan-Villiroyt doit répondre d'une façon satisfaisante : son inscription sur la liste des émigrés, toute fausse et inexacte qu'elle est ; sa contravention à la

loi précitée ; et le nom supposé qu'il a adopté. Tels
sont les griefs qu'on lui oppose et que je vais discuter
successivement.

Vous ne trouverez pas mauvais, citoyens juges
que je vous prévienne d'abord, ainsi que l'Assemblée
qui me fait l'honneur de m'entendre, que le nom de
« Villiroyt » n'a rien de commun avec celui de « Villeroy », et que c'est par erreur que souvent on nous
appelle de ce dernier nom : celui de mon mari est
« Mouësan-Villiroyt[1] ».

Je m'abstiendrai de toute réflexion sur cette époque
désastreuse où il suffisait d'appartenir à une caste
proscrite pour être supposé coupable et traité comme
tel ; temps où des hommes égarés regardaient la liste
des émigrés comme l'hypothèque du papier-monnaie
et le prétexte de l'accaparement des fortunes. Les
hommes de sang qui gouvernaient alors la France
causèrent à tout bon citoyen une telle terreur que
celui-ci ne songeait qu'à soustraire sa tête au glaive
qui la menaçait. Aussi, longtemps avant cette époque,
mon mari avait abandonné le séjour de la capitale ; et,
autant pour veiller à sa sûreté que pour soigner sa
santé, il s'était réfugié à Orléans, où il n'a cessé
d'être malade.

Effrayé par son inscription, tout inexacte qu'elle fût,
sur la liste des émigrés, le citoyen Mouësan-Villiroyt

---

1. Il était important en effet d'établir cette distinction ; plus le
nom des ducs de Villeroy était célèbre par les services glorieux que
ses titulaires avaient rendus à la Patrie, plus il était suspect à
cette époque néfaste. Il est vrai que le dernier des ducs de Villeroy
était mort sur l'échafaud le 29 avril 1794 ; mais la guillotine avait
tranché tant de têtes, qu'il était presque impossible de savoir alors
qui avait pu échapper aux bourreaux.

prépara de loin ses moyens de défense, et, par une
surabondance de droits, se munit de certificats de
résidence, dûssent-ils un jour lui être inutiles quand
on reconnaîtrait que ce n'est pas son véritable nom
qui est inscrit sur la liste des émigrés. Ce n'était là,
citoyens juges, qu'un excès de précautions qui ne peut
rien prouver contre lui.

L'inscription faite sur la liste des émigrés ne porte
que ces deux mots : « Moysan-Villiroyt », alors que
les lois du 28 mars 1793 et du 25 Brumaire an III
(15 novembre 1794) ordonnent que chaque prévenu
d'émigration soit inscrit avec ses noms, prénoms,
surnoms, ci-devant qualités et dernier domicile
connu[1]. Lorsque ces conditions n'étaient pas remplies,
le ministre des Finances, et, avant lui, la Commission
des Revenus nationaux, fut autorisé jusqu'au 18 Thermidor an VI (5 août 1798) à délivrer des certificats de
non-inscription à ceux qui en réclamaient, en faisant
constater qu'ils n'étaient pas inscrits nominativement
sur la liste des émigrés. Ce qui doit vous frapper, à
l'appui de ce que j'avance, c'est la décision rendue sur
un fait absolument semblable à celui-ci, par le Directoire exécutif lui-même relativement aux héritiers
Lartigue. A la date du 15 Prairial an II (4 mai 1796),
par un arrêté, non imprimé il est vrai, mais qui n'en
existe pas moins, le Directoire a prononcé que l'inscription, dénuée des prénoms et qualités, ne pouvait
être appliquée aux frères Lartigue. Il résulte de ces
faits que le citoyen Jean-Baptiste-Marie-Mathurin
Mouësan-Villiroyt se trouve dans un cas extrêmement favorable puisqu'aucun de ses prénoms n'est

1. Loi du 25 Brumaire an III. — Titre III. Articles II et VI.

porté sur la liste dont il s'agit, et que, des deux noms que la malveillance y a fait inscrire, le premier, son nom patronymique est totalement dénaturé.

Je reviens aux preuves de sa résidence à Orléans. Elles sont telles que la loi l'exige par la forme et la teneur des certificats. Cette résidence, entière et sans lacune, est prouvée depuis le 15 mars 1792 jusqu'au 6 Messidor an V (24 juin 1797), ainsi que l'a reconnu l'Administration centrale du département des Côtes-du-Nord par un arrêté en date du 26 Thermidor an VI (13 août 1797) dont la copie est au dossier. En sorte que, en supposant même qu'il n'y ait point eu d'inexactitude dans l'inscription du nom du citoyen Mouësan-Villiroyt sur la liste des émigrés, sa résidence en France est prouvée, ainsi que je l'ai dit, par surabondance de droits et par excès de précautions.

A l'appui des certificats de résidence, et pour se conformer à la loi du 25 Brumaire an III, deux réclamations ont été faites en temps utile, c'est-à-dire antérieurement au 26 Floréal an III (15 mai 1795), l'une au ci-devant district de Lamballe, département des Côtes-du-Nord, l'autre au Comité de Législation. Non seulement ces deux réclamations ont été admises et reconnaissables par les administrateurs compétents, mais le citoyen Merlin[1], alors ministre de la Justice et aujourd'hui directeur, m'a fait délivrer un certificat de la seconde de ces réclamations, et il en a si bien senti

---

1. *Merlin*, Antoine-Philippe, dit « de Douai » ; né en Flandres en 1751, fils d'un laboureur, épousa Mlle du Monceaux, fut secrétaire du roi et régisseur des biens du duc d'Orléans ; élu député de Douai en 1789, il devint ministre de la Justice le 14 novembre 1795 et membre du Directoire le 4 septembre 1797. Il fut créé comte en 1804 et expulsé comme régicide en 1816·

la validité qu'il m'a facilité les recherches qui m'étaient nécessaires pour compléter les pièces exigées par l'Administration centrale des Côtes-du-Nord.

Cette Administration, à laquelle toutes les pièces ont été déférées, n'a rien vu dans leur examen qui pût l'empêcher de rendre un arrêté, qui, bien apprécié, a toute la force d'une radiation provisoire : cet arrêté est au dossier ; relisez-le, et vous constaterez qu'il reconnaît que les preuves de la résidence du citoyen Mouësan sont complètes et authentiques. Vous trouverez également au dossier le passeport, visé conformément à la loi du 19 Fructidor, qui atteste une résidence à Cléry[1] de quatre décades, et le certificat de résidence pour l'année 1792. Je n'avance donc rien, citoyens juges, dont la preuve ne vous soit acquise ; et le citoyen Mouësan se trouvait incontestablement, avant la loi du 19 Fructidor, dans une situation extrêmement avantageuse, tant par les preuves de sa résidence que par la certitude de l'erreur commise à son égard par son inscription sur la liste des émigrés du ci-devant district de Lamballe.

Je passe maintenant à l'article 15 de la loi du 19 Fructidor, qui ordonne aux prévenus d'émigration, inscrits ou non inscrits de sortir du territoire de la République.

Je dois à la vérité de dire que le citoyen Mouësan, aussitôt qu'il eût connaissance de cette loi, voulut s'y soumettre, et que sa première pensée fut de faire tenter les démarches nécessaires pour s'en procurer

---

1. *Cléry*, chef-lieu de canton dans le Loiret, près d'Orléans.

les moyens. Il oublie qu'il ne possède rien ; il souffre, et sa mauvaise santé ne lui paraît pas un obstacle ; en vain il se dit que cette loi ne doit et ne peut l'atteindre, qu'il est exempt des erreurs politiques qui l'ont rendue nécessaire, que son inscription sur la liste est inexacte et erronée ; il respecte, pour ainsi dire, jusqu'à l'ombre de la loi. Il prend un passe-port ; il écrit à sa famille, dont il connaît la tendresse et sur le dévouement de laquelle il peut compter ; mais, vain espoir ! On lui répond que, comme lui, on est sans ressources, qu'on ne saurait subvenir aux frais d'un voyage aussi dispendieux, et, encore moins, lui procurer les ressources nécessaires pour subsister en pays étranger. D'ailleurs, on est loin de partager ses craintes ; on augure mieux que lui de l'interprétation d'une loi, qui lui est étrangère puisqu'il n'a jamais émigré ; et on l'engage simplement à se cacher pour éviter que ses ennemis ne découvrent son domicile et ne le dénoncent.... Que faire ? Que devenir ?... Il ne voit que dangers, au dedans comme au dehors !... Réduit à choisir entre plusieurs genres de mort, il s'expose de préférence à celle qu'il subirait au milieu de sa famille, si toutefois il n'avait pas lieu de compter sur la justice des hommes et du Gouvernement, dont l'intention ne fut jamais de faire partager à l'innocent le sort du coupable... Et cette confiance, citoyens juges, était d'autant mieux fondée qu'il avait échappé à des périls bien plus imminents sous le règne de Robespierre, périls qu'il avait su braver, afin de ne pas s'exposer au soupçon d'être traître à son pays !

Sur ces entrefaites, en proie aux alarmes les plus

vives, agité par des sentiments si pénibles, il tombe malade ; sa vie est en danger ; et, pendant près de quatre mois, il lutte contre la mort. Il vous a été produit, au sujet de cette maladie, plusieurs certificats : 1º un acte de notoriété publique par lequel sept témoins attestèrent la maladie de mon mari à cette époque ; 2º le bulletin de l'officier de santé qui l'a soigné et en relate les détails ; 3º un visa de l'Administration centrale d'Orléans, qui atteste l'authenticité de ces pièces. Dans l'état déplorable où il se trouve, le citoyen Mouësan s'applaudit de n'avoir pu obéir à la loi, car il eût été séparé à jamais peut-être de sa femme et de sa Patrie ; et on l'a souvent entendu s'écrier : « Au moins je ne mourrai pas sur une terre étrangère ! » — Ce ne fut qu'après quatre mois d'une agonie presque continuelle qu'il fut enfin rappelé à la vie.

O vous, qui tant de fois avez affronté les périls dans les combats ; qui, je le sais, réunissez aux talents militaires les vertus de l'homme sensible, pourriez-vous condamner un malheureux qui, après avoir vu la mort de trop près pour la craindre et l'avoir pour ainsi dire mesurée, la sut braver avec plus d'assurance ! Se pourrait-il que son innocence, la circonstance d'une maladie grave, son état habituel de mauvaise santé, l'inexactitude de l'inscription de son nom sur la liste des émigrés, sa ruine totale, son amour pour sa femme et ses enfants, ne fussent pas des titres pour lui servir d'excuse ! Je ne puis le croire, citoyens juges ; car, si la loi est formelle, il est plus positif encore que vous êtes justes, que le Gouvernement ne veut pas la perte de l'innocent, et

que l'homme sans reproche qui est traduit aujour-
d'hui devant votre Tribunal, offrit, par ses qualités
morales et civiles, toujours un modèle à suivre, et
jamais un ennemi à craindre.

Laissez-moi vous dire aussi que vous devez chercher
à vous pénétrer de l'esprit de la loi et de la volonté
du législateur; et vous ne pouvez vous dissimuler
que cette loi, dirigée essentiellement contre les ennemis de la France, n'était qu'une mesure de circonstance, et que, faite pour prévenir et arrêter leurs
coupables efforts, elle devait être adoucie dès que la
République serait sortie de l'état de crise où ils
l'avaient placée. Je vous ai démontré assez que le
citoyen Mouësan ne pût être compté au nombre de
ces ennemis; et sa conduite, depuis le 19 Fructidor,
en est une nouvelle preuve. Éloigné de tout esprit
d'intrigue et de toute cabale, s'il n'a pas obéi
à un ordre, qui peut-être ne lui était pas applicable,
c'est uniquement pour ne pas se séparer de sa
femme et de ses enfants, dont l'amour et les soins lui
étaient nécessaires. Lui appliquer les peines de cette
loi, ce serait le punir d'avoir été dans l'impuissance
de s'y conformer. Et je dois même l'avouer, citoyens
juges: j'ai employé tous les droits que les titres
d'épouse et de mère me donnaient à sa confiance,
pour lui persuader que cette mesure ne pouvait
l'atteindre : il m'a cru, et, s'il y a quelqu'un de coupable, c'est moi, et non pas lui!

Il me reste à vous entretenir du troisième chef
d'accusation: le changement de nom.

Ce fait, ainsi que le précédent, est tellement lié au
premier qu'il en devient une conséquence nécessaire.

Je vous ai dit que le citoyen Mouësan ne se dissi-
mulait pas les dangers qu'il courait par suite de
cette fatale inscription sur la liste des émigrés, si
fausse, si inexacte qu'elle fût; je vous ai représenté
le mauvais état de sa santé; et je vous ai peint les
sentiments de tendresse qui l'enchaînaient auprès de
tout ce qu'il chérit. Dans cette situation, ne devait-il
pas employer tous les moyens possibles pour atténuer
ces dangers? Ne devait-il pas chercher une sauvegarde pour échapper au glaive qui le menaçait? Cette
sauvegarde il ne pouvait la trouver que dans le changement de son nom en un autre nom, ignoré de ses
infâmes délateurs. Conserver son nom, c'était courir
tous les périls qui menaçaient un véritable émigré ;
pouvait-il, en quelque sorte, se dénoncer lui-même !

Il vous reste maintenant à examiner, citoyens juges,
si ce nom d'emprunt se trouve compromis ; s'il est
porté sur les registres de la police ; si on le rencontre
dans quelque liste de conspirateurs ou d'intrigants ?
Les renseignements que vous avez dû prendre à ce
sujet, vous ont déjà appris, sans doute, que ce nom
est resté aussi obscur qu'honnête.

Ici, permettez-moi une réflexion, qui n'aura sans
doute pas échappée à votre sagesse et à votre
clairvoyance : c'est que, pendant son séjour à
Paris, mon mari, qui a dû être surveillé et sur le
compte duquel vous avez dû prendre des renseignements positifs, n'a vécu, pendant une année
entière, fidèle à sa conduite antérieure, que pour
sa femme et ses enfants ; loin de toute espèce de
relations, il aurait voulu, pour ainsi dire, vivre ignoré
de toute la terre. Est-ce là la conduite d'un ennemi

de la République? N'est-ce pas plutôt celle d'un
homme de bien qui ne redoute aucune surveillance?...
Et ce n'est pas mon témoignage seul que j'apporte
ici : loin de moi une présomption aussi peu raisonnée ;
j'invoque au contraire, j'interpelle quiconque pourrait
déposer un seul fait à la charge du prévenu, et je
défie qui que ce soit de produire une preuve contraire
à ce que j'ai avancé.

Avant de conclure, citoyens juges, je dois vous
représenter toutes les précautions prises par le Corps
Législatif dans son message du quatrième jour com-
plémentaire afin de distinguer le simple prévenu
d'émigration du véritable émigré. La loi du 11 Ventôse suivant (1ᵉʳ mars 1798) prononça textuellement
cette distinction : et, le 14, le directeur, Merlin,
assura que le Gouvernement veillerait à ce que cette
confusion ne pût arriver. Je pourrais ajouter que
cette distinction se trouve relatée dans l'arrêté même
du département des Côtes-du-Nord, qui n'a pas con-
sidéré le citoyen Mouësan comme un émigré rentré,
mais simplement comme un prévenu d'émigration et
inscrit uniquement sur une liste privée. Cette distinction est encore renouvelée dans une lettre du ministre
de la Police à la date du 14 Brumaire dernier
(4 novembre 1798)... Enfin, ce n'est pas en vain que
j'invoquerai, auprès d'un tribunal ami de l'humanité,
la circulaire du citoyen ministre Sotin, datée du
5 vendémiaire an VI (26 septembre 1797), en faveur
des habitants des départements insurgés dont les noms
sont inscrits sur la liste des émigrés postérieurement à la guerre de l'Ouest ; ni l'arrêté du Directoire
Exécutif du 23 Nivôse suivant (12 janvier 1798) qui a

confirmé cet adoucissement à la loi du 19 Fructidor.

Ainsi donc, citoyens juges, tout se réunit en faveur de mon malheureux mari : erreur évidente dans l'inscription, qui supprime toute espèce d'identité ; application erronée d'une inscription qui lui était étrangère ; non-émigration réelle, et, au contraire, résidence constante sur le territoire de la République : volonté déterminée d'obéir à une loi, qui, cependant, sous tous les rapports, ne l'atteignait pas ; impuissance absolue de s'y conformer malgré son désir ; enfin, distinctions favorables pour lui entre le prévenu d'émigration et le véritable émigré, entre l'inscrit antérieurement ou postérieurement aux insurrection de l'Ouest.

A l'appui de ce que ma faible voix vient de vous faire entendre, je me dois d'affirmer que, si mon mari eût obéi à la loi, n'écoutant que mon cœur au risque d'en gémir après, j'aurais demandé, et obtenu sans doute, la permission de suivre en exil mon malheureux mari pour lui donner jusqu'au dernier soupir les marques d'un attachement que je lui ai juré et que nulle puissance humaine ne peut m'arracher.

Jusqu'ici, citoyens juges, je n'ai parlé qu'à votre esprit pour éclairer vos consciences et prévenir une erreur dont l'idée seule fait frémir. Si j'avais voulu ne parler qu'à vos cœurs, je vous aurais représenté les larmes et fait entendre les cris douloureux d'une famille éplorée. Vous n'auriez pu résister aux accents plaintifs de trois enfants qui demandent un père, aux gémissements d'une épouse, d'une mère, d'autant plus malheureuse qu'elle aurait à se reprocher d'avoir entretenu son mari dans une funeste sécurité. Je vous aurais placés dans l'alternative effrayante de condamner un innocent ou de le rendre au bonheur..... Pourriez-vous hésiter un instant, citoyens juges ? Craindriez-vous de faire violence à la loi en interprétant la volonté du prévenu, en considérant surtout l'intention qui est la sauvegarde de l'innocence ? Déciderez-vous enfin que la forme doit l'emporter sur le fond ? Oh ! non ! citoyens juges, et je crois voir déjà vos consciences effrayées par la crainte de faire une mauvaise interprétation de la loi ! Vous êtes pères, époux ; il n'y a aucun de vous qui ne soit sensible à la voix de la nature. Vous ne voudriez pas que, sans aucun avantage pour la patrie, le meilleur des ménages soit désuni, que le plus doux des liens soit rompu, que des enfants restent orphelins. Vous êtes justes, vous ne voulez pas immoler une victime innocente. Vous connaissez les droits du malheur, droits aussi sacrés que ceux de la vertu même ; et, puisque vous m'avez permis de le défendre, mon mari ne peut être sacrifié ! »

En commençant la lecture de ce plaidoyer, j'éprouvai un peu d'émotion ; mais pas au point d'être troublée ; et mon accent, d'accord avec mes paroles, était celui de quelqu'un qui sollicite l'intérêt et la bienveillance. J'étais dans une situation étrangement pénible : je n'osais lever les yeux sur les juges, craignant de rencontrer dans l'expression de leurs regards la condamnation de M. de la Villiroyt ; et je redoutais également de regarder celui-ci dans la crainte de m'attendrir. Le plus grand silence régnait dans la salle ; et on eût entendu le moindre souffle.

Ce fut quand, après avoir prouvé que, vu la non-émigration de mon mari, la loi du 19 fructidor ne lui était pas applicable, j'adressai aux juges l'apostrophe, qui commence par ces mots : « O vous, qui tant de fois avez affronté la mort dans les combats », que je me hasardai à les regarder pour la première fois. C'était cet endroit de mon plaidoyer qui devait décider la question, car c'était la contravention à la loi du 19 fructidor qui, seule, rendait mon mari coupable aux yeux du gouvernement : vous sentez donc quelles furent ma surprise et ma joie lorsque j'aperçus de grosses larmes qui coulaient sur les joues du président[1], que je vis sur le visage et dans l'attitude de tous ses collègues l'expression de la plus vive sensibilité, et que, jetant un coup d'œil rapide sur l'assemblée, immobile à force d'être émue, je pus croire à un intérêt général. Je dois même avouer que ce que j'éprouvai en ce moment faillit me devenir funeste. Il se fit en moi un combat de reconnaissance, d'attendrissement, d'espérance et de crainte, et je sentis mes yeux se mouiller ; mais, comprenant aussitôt le danger de m'abandonner à mon émotion, je la comprimai, je regardai les juges avec assurance, et, me tournant du côté de l'auditoire, ce fut avec un geste plus hardi et une voix plus assurée que je l'appelai à mon secours pour solliciter avec moi en faveur de mon mari. L'effet que je produisis fut tel que tous ceux qui m'entendaient parurent éprouver pour lui les sentiments qu'il m'inspirait, tant il semblait que je leur eusse

---

1. — Ses collègues avaient tous la tête baissée comme des gens sensiblement affectés, et quelques uns d'entre eux s'essuyaient les yeux avec leurs poings. (Note de Mme de la Villirouët).

communiqué mon âme[1]. Tout pleurait autour de moi ; et moi, mes chers enfants, moi seule, j'eus le bonheur de résister à l'impression de cette sensibilité générale. Ah ! sentez-vous, comme je le sens, combien nous avons à rendre à Dieu de grâces pour toutes celles dont il m'a comblée dans toute cette affaire !

Après avoir prouvé que M. de la Villiroyt ne pouvait être atteint par la loi du 19 fructidor, je discutai l'article du changement de nom avec un égal succès. Puis, finissant, en la résumant, ma défense, j'attendris de nouveau les juges en faisant appel à leur qualité de pères et d'époux.

Mon plaidoyer avait duré quarante-deux minutes.

Quand j'eus terminé, aucun battement de mains ne se fit entendre ; car il faut avoir le cœur libre et calme pour se livrer à de semblables démonstrations, et le cœur de tous les assistants était oppressé et craignait pour votre père comme pour l'être le plus cher.

Le président, après s'être un peu remis de son émotion, demanda à M. de la Villiroyt : « Avez-vous quelque chose à ajouter à ce qui vient d'être dit ? » Et, sur sa réponse négative, il ajouta : « En ce cas là vous allez vous en retourner à l'Abbaye, car c'est l'usage. » — Je sentis de suite la bienveillance de cette dernière expression. Alors mon mari se leva, salua les juges et vint m'embrasser.

Je n'essaierai pas, mes chers enfants, de vous peindre

---

1. Un soldat de l'escorte de M. de la Villiroyt disait : « Il n'est pas possible que cet homme là périsse d'après ce qu'elle dit ! » Et un autre : « Il faut que cette b.... là soit venue ici pour que je pleure ; car jamais je n'ai pleuré de ma vie ! » Il y eut des femmes qui se trouvèrent mal, et qu'il fallut emporter.

ce qui se passa dans nos âmes à ce moment qui pouvait être le dernier de notre réunion, ni l'effet qu'un pareil spectacle produisit sur ceux qui en furent témoins. Je vous dirai seulement que tous en furent touchés jusqu'aux larmes et que la salle retentit du bruit des soupirs et des sanglots. Les gardes mêmes qui avaient accompagné M. de la Villiroyt ne purent se défendre de l'émotion générale ; aucun d'eux ne le suivit quand il vint à moi ; et il n'est pas douteux qu'il eût pu s'échapper dans ce moment sans que personne y eût mis obstacle, tellement chacun des spectateurs était, pour ainsi dire pétrifié. Pour moi, ne voyant plus de danger à me livrer à l'impression de mon cœur, je donnai un libre cours à mes larmes. Nous nous tînmes quelque temps embrassés, et je le reconduisis de la main. Ses gardes l'accompagnèrent jusqu'à l'abbaye ; mais aucun d'eux ne le prit par le bras ; et, pendant le trajet, l'officier qui commandait l'escorte lui dit : « Vous devez être bien tranquille, car je crois que votre jugement sera très heureux ».

Aussitôt qu'il fut sorti de la salle, les juges, suivis du secrétaire, se retirèrent pour aller délibérer et mettre aux voix la vie ou la mort.

Mes amis m'entourèrent et chacun d'eux s'empressa de m'exprimer ses vœux et son espoir. Pour moi je n'osais m'interroger sur ce que j'éprouvais intérieurement ; il était possible que, malgré tout l'intérêt que l'on avait témoigné à votre père, son jugement ne fût pas favorable ; et, dans cette hypothèse, j'avais résolu de m'adresser au peuple, de recommencer pour lui la lecture de mon plaidoyer, et de tenter ainsi tout ce qui dépendait de moi pour faire révoquer cette sentence : du temps du tribunal révolutionnaire, Tronçon du Coudray, ayant eu recours à ce moyen, avait obtenu le plus grand succès[1].

Je fus à peu près une demi-heure dans l'incertitude de ce qui allait être décidé ; et cette demi-heure est la plus longue et la plus cruelle que j'ai passée de ma vie.

Enfin les juges reparaissent, précédés de quelques pas par le secrétaire qui eut l'honnêteté de me dire tout bas en passant : « Votre mari est acquitté ». J'eus assez de force et de présence d'esprit pour ne pas témoigner la joie dont cette bonne parole remplissait mon cœur ; d'ailleurs pouvais-je m'y livrer entièrement ? M. de la Villiroyt ne pouvait-il pas être déporté, ou condamné à la détention jusqu'à la paix, comme l'avait été M. Cutoli ?...

Après que les membres du tribunal eurent repris leurs places, le président ordonna le plus profond silence et lut, à haute voix et debout, le jugement suivant :

« Au nom du peuple Français, ce jourd'hui, 3 germinal an VII de la République une et indivisible, à onze heures du matin, la Commission militaire de la 17me division, établie à Paris en vertu des lois du 25

---

1. Deux jeunes gens, dont il était le défenseur officieux, furent condamnés à mort. Alors, sans se décourager, cet homme, aussi énergique qu'habile, se tourne du côté du peuple, et en appelle à lui de la sentence. Il lui représente que, de fait, les juges ne sont que ses organes ; qu'ils ont sans doute mal compris les raisons qu'il a données pour prouver l'innocence de ses deux clients ; et demande la permission de recommencer à plaider leur cause. Cette autorisation lui est accordée ; les juges rendent un second jugement tout contraire au premier ; et les deux victimes sont rendues à la vie. (Note de Mme de la Villirouët).

brumaire an III et du 19 fructidor an V, et, conformément à cette dernière, nommée et convoquée par le général Gelot, commandant en chef la 17ᵐᵉ division, à l'effet de juger le nommé Jean-Baptiste-Marie-Mathurin Mouésan-Villiroyt prévenu d'émigration et de contravention à la loi du 19 fructidor an V, s'est réunie au ci-devant Châtelet, composée des citoyens Catholle, chef de la 20ᵐᵉ demi-brigade d'infanterie de ligne, président ; Verbois, chef de bataillon à la même demi-brigade ; Vivenot, capitaine à la 28ᵐᵉ demi-brigade d'infanterie de ligne, rapporteur ; assistés du citoyen Royer, secrétaire-greffier de la commission ; lesquels ont déclaré n'être parents ni alliés entre eux ni du prévenu aux degrés prohibés.

« La Commission a fait comparaître le prévenu, qui a déclaré se nommer Jean-Baptiste-Marie-Mathurin Mouësan-Villiroyt, âgé de quarante-quatre ans, vivant de son revenu, né à Plédéliac, canton de Lamballe, département des Côtes-du-Nord, demeurant habituellement à Lamballe, et, lors de son arrestation, à Paris, rue Poupée, nᵒ 6, faubourg Saint-Germain.

« Après lui avoir fait subir un interrogatoire par l'organe de son Président, elle a pris connaissance de toutes les pièces à charge et à décharge qu'elle a examinées avec la plus scrupuleuse attention ; elle a entendu le prévenu dans ses moyens de défense tant par lui que par l'organe de son défenseur officieux ; et, après qu'ils eurent déclaré tous les deux n'avoir rien à ajouter, le président a fait reconduire le prévenu à la maison d'arrêt de l'Abbaye, et la commission s'est retirée pour délibérer.

« La Commission délibérant à huis-clos, et les

voix ayant été recueillies suivant la loi, le président ayant émis son opinion le dernier,

« Considérant que Jean-Baptiste-Marie-Mathurin Mouësan-Villiroyt a justifié de sa résidence sur le territoire Français depuis le 9 mai 1792 jusqu'au 22 messidor an V ;

« Considérant qu'il n'est inscrit que sous le nom de Mouésan-Villiroyt, sans prénoms et qualités, comme il appert par un extrait délivré par le ministre des Finances ;

« Considérant qu'à l'époque du 19 fructidor an V il était retenu par une maladie grave, comme il est constaté par l'attestation de sept citoyens de la com·mune d'Orléans, département du Loiret, et par la déclaration du citoyen Sire, officier de santé de la même commune, légalisée par les administrateurs municipaux de la dite commune ; ce qui l'a mis dans l'impossibilité physique de sortir du territoire Français ;

« Considérant enfin qu'il n'a pu se conformer à la loi du 19 fructidor par les raisons ci-dessus ;

« La Commission, d'après toutes ces considérations, déclare à l'unanimité que Jean-Baptiste-Marie-Mathurin Mouésan-Villiroyt n'a point désobéi à la loi du 19 fructidor an V.

« En conséquence elle l'acquitte à l'unanimité de cette contravention, et ordonne qu'il sera sur-le-champ mis en liberté, sauf à lui de se pourvoir devant qui de droit pour obtenir sa radiation définitive de la liste des émigrés, en se conformant aux lois du Directoire Exécutif pour les individus inscrits.

« Copie du présent jugement sera adressée au

ministre de la Police générale de la République et au général commandant en chef la 17me division militaire ».

Le président n'avait pas achevé cette lecture que des applaudissements, des « bravos », des « tant-mieux », des cris de joie partirent de tous les coins de la salle. L'enthousiasme fut si fort que le président dut imposer silence et dit : « Je dois vous faire observer que vous n'êtes point ici au spectacle, et que vous ne pouvez approuver ni désapprouver les jugements que nous rendons. Je reconnais cependant que tout ceci est bien touchant et bien propre à émouvoir ». Au même instant tout le monde se tut ; je me levai, et regardant les juges, je leur dis : « Croyez, citoyens, que ma reconnaissance égale mon bonheur ».

Aussitôt après le tribunal se retira, et tous mes amis se précipitant sur moi, me donnèrent les témoignages les plus touchants de leur affection. Je m'empressai de m'informer si mon mari était instruit de son sort, et on me dit qu'immédiatement après l'énoncé du jugement une de nos connaissances, M. Pinon, était parti pour lui en donner avis. Tout le peuple, ivre de ma joie, me témoigna la sienne de la façon la plus flatteuse ; c'était à qui m'approcherait de plus près, à qui m'embrasserait le plus tôt. Comme je suis fort petite et que j'étais presque perdue dans la foule qui me pressait de tous côtés, quelqu'un dit : « Qu'on la mette sur une table pour que nous la voyions plus à notre aise. Vous nous la cachez ! Vous nous la masquez ! » — Je me souviendrai toujours qu'un homme du peuple venant à moi les poings sur les côtés me dit : « C'est bien joli ce que vous venez de faire là !

dame oui, c'est bien joli ! Ah ! la brave femme ! »
Et là-dessus il voulait m'enlever dans ses bras.
Mesdames Artaud veillaient sur moi autant qu'elles
pouvaient dans la crainte qu'il m'arrivât quelque acci-
dent. Je ne savais auquel entendre ; chacun m'adres-
sait un compliment à sa manière. Un, entre autres,
disait : « Comme elle a l'âme forte pour un corps si
menu ! » — Enfin, mes chers enfants, je ne pus
échapper à cette ovation qu'au bout de trois quarts
d'heure, et grâce aux juges qui me firent prier de
passer dans la salle où ils étaient.

Tous les sept vinrent à moi, me firent leurs compliments, et me demandèrent la permission de m'embrasser. Je leur répondis que ce serait de tout mon cœur,
et que sûrement j'étais le premier défenseur officieux
qu'ils eussent embrassé de leur vie. A quoi le président me répondit : « Vous avez raison, Madame ;
mais c'est qu'aussi il n'y en pas tous les jours comme
vous ». Et comme il n'avait plus sa dignité de juge à
soutenir, il pleurait du meilleur de son cœur en me
disant : « Ah ! Madame, si vous saviez combien je
suis heureux de votre bonheur ! On me donnerait
autant d'or que cette chambre peut en contenir que je
ne serais pas aussi content que je le suis... Mais, pour-
suivit-il, j'aurais une grâce à vous demander : c'est que,
si jamais je suis traduit devant la Commission militaire, vous vouliez bien être mon défenseur officieux ».
Ses collègues n'étaient pas moins émus ; l'un me dit :
« Notre conscience et la loi ont été d'accord ». Un
autre me demanda si c'était la première fois que je
parlais en public ? Je répondis que oui, « et j'espère,
ajoutai-je, que ma carrière du barreau est finie ». Un

troisième enfin m'engagea à prendre le casque, le mousquet et la cuirasse parce que j'étais une héroïne.

Je restai à peu près une heure avec les juges, heure pendant laquelle le secrétaire écrivit l'expédition du jugement qui devait m'être remise. Dès qu'elle me fût délivrée, je pris congé d'eux ; et, accompagnée de mes fidèles amis ainsi que du secrétaire de la Commission, je montai en voiture pour me rendre à l'Abbaye. Le peuple, rangé en haie sur le quai, était resté pour me voir passer ; tous me comblaient de bénédictions ; et une partie m'accompagna jusqu'à la porte de la prison où j'avais tant d'impatience d'arriver.

Je trouvai M. de la Villeroyt au comble de la joie ; et je ne sais vraiment lequel des deux en avait le plus de lui ou de moi ? Ses compagnons d'infortune me firent leurs compliments, auxquels je répondis par l'assurance de tous mes vœux pour qu'un jour ils aient le même bonheur.

Nous montâmes en voiture aux acclamations de tout le peuple du quartier et de celui qui m'avait suivie. Notre voiture était cernée par la foule qui criait : « Ah ! les voilà ensemble ! Tant mieux ! Quel bonheur ! Vivez longtemps ! Soyez toujours heureux ! »

Nous nous rendîmes chez Mme Artaud, où nous troûvâmes beaucoup de nos amis, dont plusieurs, étant prévenus d'émigration, n'avaient pu se rendre au Tribunal.

J'étais et je suis encore à comprendre comment j'ai pu résister à une telle journée ; supporter le double excès de l'inquiétude et de la joie, se succédant si rapidement ! Il est vrai que j'étais bien lassée, et qu'une extinction de voix m'ôtait presque l'usage de la parole.

Pour votre père, mes chers enfants, il ne se possédait pas de joie ; il m'appelait sa mère et n'avait pas de mots assez doux pour m'exprimer ses sentiments. Je me souviens que je lui dis : « Mon ami, je puis mourir à présent : j'ai connu le bonheur ! »

Nous dinâmes chez Mmes Artaud, des bras desquelles nous ne pouvions nous arracher. Ne fallait-il pas en effet un véritable effort de courage pour s'éloigner de pareils amis ! Enfin, nous gagnâmes notre logement, où d'autres personnes nous attendaient encore pour nous féliciter.

Le lendemain de cette mémorable journée était le beau jour de Pâques, 8 Germinal (24 mars). Après avoir entendu la messe et remercié Dieu de tous les bienfaits dont il nous avait comblés, nous fûmes faire une visite de remerciement chez tous les juges.

L'un d'eux me fit beaucoup d'instance pour avoir mon plaidoyer ; mais je refusai constamment. Déjà, la veille, quelqu'un avait fait la motion que je le fisse imprimer au profit des pauvres, disant que tout le monde l'achèterait ; un éditeur m'en fit même proposer dix mille écus ; mais j'ai toujours su résister à ce vœu général. Quand le cœur est plein d'une joie si vive et si pure, l'amour-propre ne peut s'y glisser ; et l'on ne saurait se livrer à une vaine satisfaction lorsqu'on a le sentiment de n'avoir fait que son devoir.

Qand nous nous présentâmes chez le grenadier Gilet, un des juges, il n'était pas chez lui, mais on nous indiqua le café où nous le trouverions. Nous

nous y rendîmes ; et, sitôt qu'il nous aperçut il vint me prendre par la main et me présenta à toutes les personnes qui étaient dans la salle, en disant : « Voilà l'honneur de la France! » Je lui exprimai ma reconnaissance ; et, lui ayant dit qu'il eût été bien malheureux que les liens d'un ménage si uni que le nôtre eussent été rompus, il me répondit : « Madame, je crois qu'il serait bien difficile d'en faire un mauvais avec vous ».

Nous n'oubliâmes pas dans nos visites le citoyen Sallior ; et, après l'avoir remercié avec effusion de tout ce qu'il avait fait pour nous, je lui fis part de l'inquiétude que me causait la teneur du jugement, qui, aux termes de la loi, obligeait votre père à sortir de Paris sous trois jours, et, sous quinze jours, du territoire de la République. Sallior me promit de parler au ministre de la Police Générale, le citoyen Duval[1], et me donna rendez-vous pour le lendemain au Bureau Central.

Je fus exacte au rendez-vous ; et j'étais bien inquiète de ce que j'allais apprendre, ce jour-là étant le dernier du délai fixé pour quitter Paris.

Il y avait du monde dans le cabinet du citoyen Sallior, et d'abord sa physionomie ne me rassura guère ; enfin il m'adressa la parole à peu près en ces termes :

« J'ai été ce matin chez le citoyen Duval, et je lui ai dit : « Citoyen ministre, vous savez que jamais je ne vous ai sollicité pour personne ; et, ma discrétion

---

1. *Duval* avait remplacé Le Carlier comme ministre de la Police, le 23 octobre 1798 ; il occupa ce poste jusqu'au 2 juillet 1799, époque à laquelle il eut pour successeur Bourguignon, qui dut céder ce poste à Fouché, 19 jours après, le 20 juillet 1799.

vous étant connue, j'ose espérer que vous ne me refuserez pas un acte de justice et de bienveillance. Vous avez sûrement entendu parler de cette petite femme qui a défendu son mari et qui a plaidé sa cause d'une façon si intéressante. J'ai la ferme conviction qu'il n'y a point d'émigration dans leur fait ; ils sont malheureux et ruinés par la Révolution. C'est pour eux que je viens solliciter votre intérêt ». — « Eh ! bien ! m'a répondu le ministre, il faut que ce citoyen reste en prison jusqu'à ce qu'il ait obtenu sa radiation ». — « Mais le citoyen Villiroyt par son jugement a été mis en liberté, et il n'existe pas de motif pour l'incarcérer de nouveau ». — « En ce cas il faut qu'il aille en pays étranger jusqu'à ce que le gouvernement ait prononcé sa radiation définitive ». — « Mais c'est précisément cela que je veux lui éviter ». — « Eh ! qui l'a fait arrêter ? — « C'est moi ». — « Comment se fait-il que vous preniez tant d'intérêt à des gens que vous avez fait arrêter vous-même ? » — « Citoyen ministre, c'est une erreur que j'ai commise, et je veux la réparer publiquement ». Alors Duval m'a donné l'autorisation de garder votre mari sous ma surveillance ; et, comme je le priais de me donner cette permission par écrit, « Après tout, m'a-t-il dit, le mieux est encore de faire rayer de suite le citoyen Villiroyt de la liste » ; et, en ma présence, il a recommandé qu'on fît le rapport de son affaire ».

Non, mes chers enfants, il ne me sera jamais possible de vous exprimer tout ce qui se passa dans mon âme à ce moment. Je me précipitai en pleurant dans les bras de cet homme généreux ; je ne pouvais proférer une parole, et je le regardais presque comme un Dieu dans mon admiration et ma reconnaissance. Je plains ceux qui resteraient insensibles au récit d'un pareil fait. Quant à moi, je me féliciterai toujours de l'émotion que je témoignai alors : « Il n'est pas, a dit quelqu'un, de plus bel excès que celui de la reconnaissance ! »

Tous les témoins de cette scène en furent émus jusqu'aux larmes ; et le citoyen Sallior lui-même s'attendrit.

Si vive qu'elle fût, mon émotion paraîtra bien naturelle si l'on pense que, depuis trois mois, j'étais aux prises avec l'infortune et que je redoutais encore une séparation cruelle au moment où je trouvais dans un des agents du gouvernement le plus odieux, dans un homme qui d'abord m'avait inspiré un si juste effroi, un bienfaiteur et un appui !

Le citoyen Sallior, conformément à l'autorisation que lui avait donnée Duval, me délivra de suite une lettre de passe pour M. de la Villiroyt, au moyen de laquelle il pouvait rester dans Paris sans être inquiété.

J'avais hâte d'aller annoncer à mon mari cette bonne nouvelle : ses transports de joie égalèrent les miens ; et nous nous empressâmes de faire part à nos amis de notre bonheur et de notre reconnaissance envers l'homme bienfaisant auquel nous le devions.

Tranquille cette fois, et d'une façon irrévocable, sur le sort de votre père, je m'empressai, mes chers enfants, d'aller exprimer ma gratitude aux généraux qui m'avaient témoigné de la bienveillance, tels que Prisaye, Coutard, Verdière et Gilot. Tous me reçurent avec la plus grande amabilité ; et le général Gilot me dit, entre autres choses : « Madame, si on encadrait les femmes, je vous demanderais la permission de vous faire encadrer ; je vous mettrais dans ma chambre, dans une niche, et vous seriez l'idole que je viendrais adorer soir et matin ». — « Général, lui répondis-je, on ne m'encadre, ni ne m'adore ».

Nous reçûmes de toutes parts des lettres de félicitations et des visites, même de personnes inconnues. Les « Chansonniers républicains » adressèrent entre autres à M. de la Villiroyt une lettre assez-curieuse pour mériter d'être transcrite fidèlement ici ; la voici :

> « L'innocence a des droits
> sur un peuple de frères... »

ADRESSE

Présentée au Citoyen LE VILLEROY

rendu à la liberté, et à son illustre défenseur

1

Oui de la calomnie
Vous fûtes le jouet ;
Mais l'auguste Patrie
Renversa ce projet.
Villeroy qu'on révère,
Républicain,
Notre ami, notre frère,
Homme de bien.

2

> Mais si la calomnie
> Nous fit sentir ses traits,
> Le peuple et la Patrie
> Connaissent tous vos faits;
> Oubliez cette injure,
>   Faisant le bien,
> Quand on a l'âme pure
>   On ne craint rien.

« Citoyen, la calomnie avait un moment lancé contre vous ses traits aigus, mais la vérité a déchiré le voile épais qui la dérobait aux regards de la République. Vous avez souffert, mais grâce à son génie, et à l'éloquence de votre illustre compagne, vous avez recouvré la liberté et fixé les regards de vos concitoyens. Jouissez donc maintenant du bonheur de retrouver une épouse chérie, un défenseur généreux et une compagne inséparable.

« Salut et respect.

« LE CHANSONNIER RÉPUBLICAIN. »

Je n'ai garde d'oublier la députation qui nous fut envoyée par les dames de la Halle de Paris. Elles étaient deux, une jeune et une vieille. Nous allions nous mettre à table quand on nous annonça cette visite. Félicité Artaud, qui était là, devina sur-le-champ à qui nous avions affaire et me conseilla de bien les recevoir. Mais je n'ai jamais mal accueilli personne et surtout ceux qui venaient prendre part à notre bonheur. Dès qu'elles furent entrées dans notre appartement, elles nous prirent entre leurs bras et nous enlevèrent de terre : M. de la Villiroyt prétend n'avoir jamais été serré de si près que par les dames de la Halle de Paris. Après cette rude embrassade, elles m'offrirent un énorme bouquet en me disant : « Ma belle amie, voilà des fleurs qui sont aussi naturelles que votre cœur ». Nous les remerciâmes de leur honnêteté, et, ayant fait apporter du vin, nous bûmes et nous trinquâmes ensemble. Comme je causais beaucoup avec elles, elles me dirent : « Vous avez de l'esprit comme votre procès ». Je leur dis que c'était à la sensibilité que nous avions rencontrée dans tous les cœurs honnêtes et à la justice des juges que nous devions notre bonheur, et qu'aussi notre reconnaissance s'étendait également à tous. « Les juges, me répondirent-elles, en me prenant la main, les juges, c'est vous qui l'avez été, et il n'y en a pas eu d'autres que vous ; car, soit dit entre nous, il en a péri d'aussi innocents que votre mari ». J'étais curieuse de savoir si elles s'étaient trouvés au jugement ; elles me dirent que non seulement elles y étaient, mais seize autres encore avec elles. — Depuis j'ai su aussi qu'il y avait là des Tricotteuses du temps de Robespierre, des Jacobins et de tout ce qu'il y a de pis. Mais, grâce au Ciel, nous eûmes le bonheur de réunir en notre faveur toutes les opinions.

Le directeur Merlin lui-même dit en apprenant le jugement : « Cette petite femme doit être bien intéressante ; elle a bien du courage ! » Et Mademoiselle Trillard, fille du directeur de ce nom, s'exprima ainsi à cette occasion : « Voilà un bel exemple pour nous, si nos familles sont jamais dans la peine ».

Enfin, mes chers enfants, pour vous donner une idée de l'intérêt extraordinaire qu'excita cet événement, je vous dirai que, pendant quinze jours, on en parla dans Paris dans toutes les sociétés, et que les personnes qui ne nous connaissaient pas, allaient dans les maisons où nous fréquentions pour essayer d'avoir le plaisir de nous voir.

Madame Bonaparte, qui, de nom, n'était encore que Madame de Beauharnais[1], désira nous voir et nous avoir à déjeuner chez elle, se disant « grosse du désir de voir M. de la Villiroyt, et la courageuse petite bretonne dont parlait tout Paris ».

Des gens du peuple ont payé vingt-quatre sous le journal qui rendait compte de notre affaire, rien que pour l'avoir seulement pendant une demi-heure et transcrire l'article qui nous concernait.

Plusieurs journaux ont parlé de cette affaire ; nous nous contenterons de citer textuellement l'article de « La Correspondance des Dames » :

« Chaque jour prouve par de nouveaux exemples que les femmes peuvent, sous tous les rapports, au moins rivaliser avec les hommes, qui, en général et de leur aveu même, ont moins d'esprit naturel et le sentiment moins délicat que les personnes de notre sexe. Je vous citerai à l'appui de cette assertion le fait suivant

---

1. Joséphine Tascher de la Pagerie, née à la Martinique en 1763, épousa en 1779 le vicomte Alexandre de Beauharnais, qui fut guillotiné à Paris le 23 juillet 1794 ; elle se remaria secrètement le 9 mars 1796, avec Napoléon Bonaparte, plus tard empereur. Ce mariage, purement civil, rendu public un peu plus tard et bénit par l'église en 1801, fut annulé en décembre 1809. L'impératrice Joséphine mourut en 1814.

qui fait le sujet de presque toutes les conversations de la capitale.

« Le citoyen Mouésan-Villiroyt, porté sur une liste d'émigrés par le département des Côtes-du-Nord, était accusé devant le Conseil de Guerre siégant au ci-devant Grand-Châtelet de ne pas s'être conformé à la loi du 19 Fructidor an II qui prescrivait aux prévenus d'émigration de quitter le territoire de la République jusqu'à ce qu'ils aient obtenu leur radiation définitive. Le citoyen Mouésan avait à prouver son innocence non seulement sous ce rapport, mais il lui fallait encore prouver qu'il n'avait jamais émigré.

« Cette double cause à défendre aurait présenté des difficultés à l'avocat le plus habile ; et peut-être même que le succès n'aurait pas répondu à l'attente de l'ac-cusé, si son épouse ne se fût courageusement chargée de sa défense, par la confiance que lui inspirait la bonté de sa cause, et surtout par la crainte qu'un étranger ne négligeât quelques-uns de ces moyens secondaires qui tendent à insinuer la conviction dans la conscience des juges.

« Entendre la citoyenne Mouésan de la Villiroyt, l'admirer et s'attendrir : tel a été l'effet de son plai-doyer sur tous les auditeurs. Il serait difficile en effet à l'avocat le plus exercé de développer ses moyens avec plus de sagesse, de simplicité, de talent ; d'inspi-rer plus d'intérêt que ne le fit cette femme admirable. Claire et précise dans l'explication des faits, elle détruisit les uns après les autres les chefs d'accusa-tion avec une modération qui intéressa doublement en sa faveur. Elle ne s'éleva pas contre les accusa-teurs de son mari ; elle ne s'attacha pas, pour les combattre, à attirer l'indignation sur leur tête. Elle se borna à prouver la fausseté de leur dénonciation et à en faire rejaillir l'innocence sur le citoyen Mouésan, victime de la persécution la plus injuste.

« Les larmes, ce moyen puissant dont les femmes se servent ordinairement avec tant d'avantage pour exciter l'intérêt, ne furent point employées par la citoyenne Mouésan. Elle fut éloquente sans pleurer ; elle intéressa vivement les juges et l'auditoire sans avoir recours à d'autres moyens que ceux que lui fournissaient la vérité et l'innocence de son mari.

« Le Conseil de Guerre, éclairé par le plaidoyer le plus lumineux, a déchargé à l'unanimité des voix le citoyen Mouésan de l'accusation portée contre lui ; et a ordonné sa mise en liberté.

« Ce jugement a excité les plus vifs applaudissements de l'auditoire, auquel le citoyen Mouésan a fait vivement partager la conviction et l'attendrissement des juges [1] ».

On lit aussi dans un autre journal du temps :

« Tribunaux Militaires. — Il était réservé à notre siècle de voir une femme réunir aux affections douces d'une épouse toute la véhémence d'un orateur exercé. La citoyenne Moasan-Villiroyt vient de relever les charmes, déjà si séduisants de son sexe, par ce nouveau fait de gloire. Le trois Germinal, son mari fut traduit, comme prévenu d'émigration, à la Commission militaire séante au ci-devant châtelet : ce fut elle qui plaida sa cause, mais avec tant de force et de sensibilité, que non seulement elle obtint la délivrance de son mari, mais le Président eut toutes les peines du monde à contenir les vives émotions et les applaudissements de l'auditoire ». —

1. Ici se termine le manuscrit de la comtesse de la Villirouët.

Quelques jours après ce drame, le 10 avril, la comtesse de la Villirouët écrivit à sa cousine, Madame de Cornulier[1], qui demeurait alors à Nantes, rue Draperie, une longue lettre, dans laquelle elle racontait tout le procès de son mari, et son heureuse issue.

Cet évènement eut un immense retentissement dans la France entière : les poètes le chantèrent ; les peintres et les dessinateurs en composèrent des portraits et des allégories ; et, de tous côtés, l'héroïne reçut des lettres de félicitations, ayant, entre autres, pour signataires. ses cousines, MM^mes du Quengo et Magon de Meslay[2] ; sa tante, Mme Nouël, veuve Vieux-Châtel ; sa nièce, Honorine de Lambilly[3] ; son cousin, M. Bonin de la Villebouquais[4] ; MM^mes de Kerversault, de Bréjerac, Picot-Chappedelaine, de Limoëlan, le Métaër-Joubaire, Morin de la Villéon, de Saint-Pern, de

---

1. *Madame de Cornulier* : Amélie-Laurence-Marie-Céleste de Saint-Pern-Ligouyer, née à Rennes, le 8 février 1773, fille de Bertrand-Auguste, Mis de Saint-Pern, et de Françoise-Marie-Jeanne Magon de la Ballue ; elle avait épousé, à Paris, le 28 avril 1788, Toussaint-François-Joseph de Cornulier, Mis de Châteaufromont, Comte de Largouët baron de Lanvaux, né à Rennes, le 6 Juin. Son mari fut condamné à mort, comme émigré rentré, et guillotiné à Paris, le 19 Juillet 1794. Elle avait été arrêtée et condamnée à mort en même temps que lui : mais au pied même de l'échafaud, son mari l'ayant suppliée de déclarer qu'elle était enceinte, elle fut jetée à coups de pieds en bas de la charrette et ramenée à la Conciergerie. Elle recouvra plus tard sa liberté et alla demeurer à Nantes, où elle mourut le 28 Janvier 1858, laissant un fils, le Mis de Cornulier, qui épousa Mademoiselle de Sesmaisons, et deux filles qui devinrent la Comtesse de Saint-Pern et la Marquise de Monti.

2. Marie-Laurence Magon de la Balue, épouse de Jérôme Masson, Sr de Meslay.

3. Marie-Hermine de Lambilly, qui épousa vers 1810 Jean Robiou, Cte de Troguindy, dont : le Cte Charles de Troguindy et la Comtesse Charles de Monneraye du Cleyo.

4. Bertrand-Jean Bonin, Comte de la Villebouquais et de Trégranteur, mort en 1812, laissant de Marie-Jeanne du Plessis de Grénedan : la Comtesse de Poulpiquet du Halgouët, la marquise du Liscouët, et Madame de la Gastinais.

Cornulier, de Boisberthelot ; Mlle de Bouthillier de Mirville : MM. de la Villéon, de Marolles, de la Goublaye, le Lièpvre de la Sauvelaye ; enfin la concierge des Madelonnettes, Mme Bergh.

Les principales poésies sont signées de Mlle Artaud, MM. Arnaud, Le Fèbvre, Aymery, Prioleau. Plusieurs d'entre elles furent inspirées par un médaillon allégorique, offert à la comtesse de la Villirouët, et qui est actuellement dans le salon du château de Leno, propriété de son petit-fils. Ce médaillon représente un pigeon (son mari), retenu dans les lacs d'un filet, qu'un autre pigeon, (sa compagne), avec l'aide d'une tourterelle (Mlle Artaud), réussit à rompre à coups de pattes et de bec.

Parmi les nombreux vers, composés à cette occasion, (il y en a un gros cahier) nous ne citerons que ceux-ci de M. Arnaud :

> « Moi, vous parler le langage des dieux !
> « Ah ! si j'avais ce don si précieux,
> « Vous cesseriez d'être au rang des mortelles ;
> « De vos vertus les peintures fidèles
> « Élèveraient votre nom jusqu'aux cieux...
> « Mais je m'égare ; et l'aimable Victoire
> « N'a pas besoin des filles de Mémoire
> « Pour voler droit à l'immortalité :
> « Qu'ajouterai-je à sa célébrité ?
> « Que peut pour vous une prose rimée,
> « N'avez-vous pas forcé la renommée
> « A vous prêter ses ailes et sa voix ?...
> « Quand on a su dicter de justes lois
> « A ceux qui paraissaient les maîtres de la terre,
> « Quand on a su détourner le tonnerre
> « Et braver du dieu Mars le courroux indompté,
> « On doit tenir beaucoup de la divinité. — •

CHAPITRE III

**Après avoir sauvé la vie de son mari, la comtesse de la
Villirouët sauvegarde la fortune de ses enfants.**

Séjour à Nantouillet de 1800 à 1810. — Radiation, grâce à l'influence
de Fouché, du Cte de la Villirouët de la liste des émigrés, le 10
septembre 1801 . — Demande d'une place d'auditeur au
Conseil d'État pour Charlemagne de la Villirouët. — Démarches
de la comtesse de la Villirouët pour obtenir l'exonération d'une
somme de 18.000 fr. hypothéquée sur les propriétés de son mari.
— Son audience avec l'Impératrice le 17 mars 1810. — Mariage de
l'Empereur avec Marie-Louise d'Autriche. — Entrevue de la comtesse de la Villirouët avec Napoléon, à la fête de l'École Militaire,
le 1er juillet 1810. — La comtesse de la Villirouët revient, en août
1810, avec son mari et ses filles, à Lamballe, où elle meurt, le
12 juillet 1813. — Son tombeau et son épithaphe au cimetière de
Lamballe.

A la suite de tous les événements que nous venons de
raconter, M. et Mme de la Villirouët revinrent habiter leur
appartement rue Marceau ; et, au mois d'août suivant, Mme de
la Villirouët se rendit en Bretagne, où elle régla des questions
d'intérêt, et d'où elle ramena à Paris ses deux filles, alors
âgées l'une de neuf ans et l'autre de sept ans.

Puis, dans le but de se rapprocher de leur fils, qui, depuis
le mois d'octobre 1798, était, comme nous l'avons dit, au

collège de Juilly, et aussi par mesure d'économie, M. et
Mme de la Villirouët quittèrent Paris en janvier 1800, et
retournèrent demeurer à Nantouillet, où leur frère, le comte
de Lambilly du Broutay, l'ex-citoyen Laurent, vint les rejoindre, et vécut avec eux pendant deux ans. Bientôt la petite
maison de Nantouillet devint un véritable cénacle, sorte de
salon littéraire, dont Mme de la Villirouët était à tous les titres
la reine, et où fréquentaient intimement les Artaud, Sallior,
Bouthillier. Messieurs Prioleau, Crénière, Millié, le Febvre,
Chappus, Arnaud, l'abbé Notin, curé de Nantouillet, Constant de Cintré, Ange le Forestier, madame de Candau, née
de Poumiès, etc.

Cependant, malgré la promesse faite à Sallior par le
Ministre de la Police, le citoyen Duval, M. de la Villirouët
n'avait pas été rayé de la liste des émigrés ; et, pour obtenir
ce résultat, il fallut, cette fois encore, toute l'activité et l'ha-
bileté de sa femme.

Celle-ci, après plusieurs démarches infructueuses dans
différents bureaux, parvint enfin à la réalisation de son
désir, grâce à l'influence de Fouché, qu'un ami commun, le
P. Prioleau [1], directeur de Juilly, amena un jour incognito
dans la petite maison de Nantouillet.

Originaire du Pellerin, près de Nantes, oratorien et professeur
à Juilly avant la Révolution, puis député à la Convention,
régicide, commissaire terroriste, proconsul à Lyon, Fouché [2]
venait, après une disgrâce passagère, d'obtenir de Barras le

---

1. *P. Prioleau*, François-Elysée, né à Niort en 1751, entré à l'Oratoire en 1771, fut professeur du 1775 à 1794 à Juilly, où il se trouva
avec Fouché en 1787. Nommé supérieur de ce collège à sa réouverture en 1796, il occupa jusqu'à sa mort en 1809 ce poste, où il fut
remplacé par son frère le P. Antoine Prioleau, mort lui-même en
1813.

2. *Fouché Joseph*, né à la Martinière, dans la commune du Pellerin,
près de Nantes, le 21 mai 1759, était fils de Joseph, capitaine au long-
cours, et de Françoise-Marie Croizet, et avait une sœur, Louise, qui
épousa M. Broband, et eut pour fille madame Eugène Riom. Il fit

20 Juillet 1799 d'être nommé Ministre de la Police, place très importante qu'il occupa pendant dix ans, et où il sut se ménager constamment la faveur de Napoléon. Caractère impénétrable, esprit astucieux, dissimulé et intrigant, n'ayant jamais eu que le succès pour but, l'intérêt pour mobile, la duplicité pour moyen, tout dans cet homme est un problème au physique comme au moral : il porte toujours un masque sur son visage et sur ses sentiments. Modéré, bon et bienveillant dans l'intimité, il affecte de se montrer en public féroce et sanguinaire ; après avoir hurlé rageusement avec les loups, ce chacal semble se complaire à aboyer avec les chiens ; à Lyon il se signale par des mitraillades barbares et des assassinats systématiques, à Paris il entretient des relations avec un grand nombre de royalistes des plus en vue dont il capte la confiance et auxquels il rend de réels services. Enfin, à force d'adresse, il parvient si bien à louvoyer entre les partis et à se concilier des alliances dans les camps les plus opposés que lui, le régicide, le ministre Jacobin, le proconsul

ses études chez les P. Oratoriens de Nantes, puis il entra au séminaire de l'Oratoire à Paris, où il fut tonsuré le 21 novembre 1781, mais il ne semble pas avoir reçu les ordres majeurs. Il fut professeur de physique successivement à Niort en 1782, à Saumur en 1783, à Vendôme en 1784, à Juilly en 1787, enfin à Arras en 1788 ; là, il fit la connaissance de Robespierre, alors avocat dans cette ville, et il séduisit sa sœur, Charlotte, à laquelle il fit obtenir plus tard une pension de Napoléon et de Louis XVIII. En août 1789, peut-être à la suite du scandale causé par cette liaison, il fut envoyé au collège de Nantes, dont il était préfet, quand il fut élu député de Nantes, le 8 septembre 1792. Huit jours après, dans l'église Saint-Nicolas de cette ville, il épousa Bonne-Jeanne Coiquaud, fille du greffier criminel.

Fouché, après avoir voté la mort du roi, fut envoyé organiser la Terreur dans la Loire-Inférieure, puis à Troyes, à Dijon, à Nevers, à Clamecy, à Moulins ; enfin, le 30 octobre 1793, il fut nommé, avec Collot d'Herbois, proconsul à Lyon, où, en cinq mois, d'accord avec son féroce collègue, il fit massacrer plus de six mille victimes. Rentré à Paris à la suite de ces égorgements, il s'aperçut que le peuple commençait à se dégoûter de tant de sang versé, et il prit une part active à la chute de Robespierre. Il disparut alors momen-

terroriste, le grand dignitaire des loges Maçonniques. deviendra Ministre de la Police. grand aigle de la Légion d'Honneur, comte de l'Empire, duc d'Otrante, sous Napoléon ; et sera maintenu dans ces fonctions et dans ces titres par le roi Louis XVIII !

Malgré cette duplicité et ces variations, nous devons reconnaître que Fouché resta fidèle à l'affection qu'il avait vouée à l'Oratoire et au collège de Juilly ; et ce fut à ce reconnaissant souvenir que M. de la Villirouët entre autres dut sa radiation de la liste des émigrés.

Antérieurement pour obtenir cette radiation Mme de la Villirouët avait adressé, le 18 mars 1800, une pétition au ministre de la Justice ; et, par le bienveillant intermédiaire de Madame Bonaparte, sollicité en ces termes une audience du Premier Consul :

« O citoyen Consul, je vous demande justice ; et mes espérances, fondées sur la générosité de votre

tanément de la scène politique, et on prétend qu'il dût pour gagner sa vie se faire marchand de porcs. Mais, trop rusé pour rester longtemps dans l'ombre, il arriva, grâce à l'influence de Joséphine Beauharnais et de Barras, à se faire nommer, le 6 octobre 1798, ministre plénipotentiaire d'abord à Milan, puis en Hollande. Enfin, le 20 juillet 1799, il obtint la place de Ministre général de la Police, poste qu'il conserva sous le Consulat et sous l'Empire. Créé, le 11 février 1805, grand dignitaire des Loges Maçonniques du Grand Orient et Grand Aigle de la Légion d'Honneur ; le 24 avril 1808, comte de l'Empire ; le 15 août 1809, duc d'Otrante ; le roi Louis XVIII, à la Restauration, le maintint dans ses titres et dans ses fonctions, et crut devoir assister, le 1er août 1815, au second mariage du ministre régicide avec une Castellane. Forcé peu de temps après de se retirer devant le mépris public, Fouché alla se fixer en Autriche, et mourut à Trieste le 26 décembre 1820, laissant une fortune de près de quinze millions. Sa première femme, Jeanne Coiquaud, étant morte en 1812, il avait épousé en secondes noces à Paris le 1er août 1815 Alphonsine-Gabrielle de Castellane, fille du vicomte de Castellane-Majastre. Il n'eut d'enfants que du premier lit ; et sa postérité est encore représentée en Suède. — Sur Fouché et son caractère énigmatique, lire le très intéressant ouvrage de M. Louis Madelin.

âme et l'innocence de mon mari, ne seront pas trompées. Mais cette justice peut être longue à venir, et c'est pour abréger mes peines que j'aime à invoquer votre bienveillance. En défendant moi-même mon mari devant la Commission militaire je n'ai fait que remplir un devoir sacré : je le pouvais, donc je le devais ; et je n'en parlerai jamais que quand ce souvenir pourra l'environner d'un plus grand intérêt. Daignez, citoyen Consul, m'accorder un moment d'audience ; et, si c'est trop espérer, daignez vous faire rendre compte de cette affaire. Des ennemis puissants l'ont envenimée, intéressés qu'ils étaient à empêcher cette radiation, mais des citoyens vertueux et dévoués au Gouvernement vous certifieront au besoin mes malheurs et mon honorabilité.

Veuillez recevoir, citoyen Consul, les sentiments d'admiration qu'on doit à un héros ; puissé-je y joindre bientôt ceux de la reconnaissance qu'on doit à un bienfaiteur ». — Victoire Lambilly-Villiroyt. — Paris, rue de Malthe, n° 14 ; au Marais. »

Aucune de ces démarches n'obtint de résultat, et Madame de la Villirouët commençait à se décourager, quand l'influence du ministre de la Police vint tout sauver.

Parmi les Oratoriens qui s'étaient trouvés à Juilly avec Fouché et qui étaient restés ses amis, l'un de ceux qu'il voyait le plus souvent était le P. Prioleau, alors maire de Juilly et directeur du collège, qui, de son côté, était très lié avec la famille de la Villirouët.

Un matin du mois de juillet 1801[1], Madame de la Villi-

1. Tous les détails de cette visite de Fouché sont décrits dans un « impromptu » joué par les jeunes la Villirouët à Nantouillet le 23 mars 1806 pour fêter l'anniversaire de la mise en liberté de leur

rouët donnait une leçon d'écriture à ses filles dans l'unique salle de la petite maison de Nantouillet, tandis que son mari bêchait dans le jardin en compagnie de Monsieur de Lambilly du Broutay. Vers onze heures on sonne à la porte, et la domestique, la fidèle Gothon, introduit dans le salon M. Prioleau accompagné d'un monsieur, simplement vêtu, petit, maigre, aux traits fins et anguleux, aux lèvres minces, aux cheveux courts et grisonnants, au teint mat et aux yeux vifs, qu'il présente comme un de ses amis, chef de division au Ministère de la Police. La conversation s'engage, elle devient amicale et gaie, et Madame de la Villirouët raconte tous les motifs qu'elle a invoqués et toutes les démarches qu'elle a faites pour la radiation de son mari de la liste des émigrés. Le soi-disant chef de

père. Charlemagne jouait le rôle de Fouché, Victoire celui de Mme de la Villirouët, Césarine celui de M. Prioleau, et Clémence de Lourmel celui de M. du Broutay. Une courte citation de cette scène dialoguée fera saisir la note gaie, alerte et spirituelle de cette pièce.

M. du Broutay (Mlle de Lourmel), reconnaissant en la personne du soi-disant chef de division le ministre de la Police fait un pas en arrière et dit à Mme de la Villirouët :

« Mais, ma sœur, je crois que c'est au ministre de la Police que j'ai l'honneur de parler ! ».

Mme de la Villirouët (Victoire) : « Qu'est-ce que tu dis, du Broutay ? Le ministre de la Police ! Es-tu fou ! Crois-tu de bonne foi que les ministres voyagent comme cela ! Monsieur n'est que chef de division. »

Du Broutay (Mlle de Lourmel) : « Je t'assure, ma sœur que j'ai eu l'honneur de voir le ministre de la Police à son audience, et il me semble que c'est lui-même ».

Mme de la Villirouët (Victoire), stupéfaite : « Tu m'étonnes, du Broutay ! »

Fouché (Charlemagne de la V.) : « Eh bien ! Madame, qu'en pensez-vous ? »

Mme de la Villirouët (Victoire), souriant : « Ma foi, Monsieur, ce que j'en pense ? Si vous voulez que je parle vrai, je suis fort embarrassée : Monsieur Prioleau ne m'a jamais trompée, et je ne puis croire qu'il m'eût laissé ignorer l'honneur qu'aurait voulu me faire aujourd'hui le ministre de la Police en venant me voir ; d'un autre côté, je pense que quand on a vu le ministre de la Police une fois dans sa vie on ne l'oublie pas : jugez donc de mon embarras ! »

division semble prendre un vif intérêt à cette affaire et s'engage à obtenir une audience du ministre. M. Prioleau ayant ensuite exprimé le désir de voir M. de la Villirouët, toute la société descend rejoindre ces Messieurs au jardin. Dès que M. du Broutay aperçoit l'ami de M. Prioleau, il déclare tout ému que ce chef de division est le ministre de la Police lui-même. Celui-ci proteste en souriant, et se retire peu de temps après non sans avoir renouvelé l'expression de sa sympathie et de son bienveillant intérêt. Fouché tint parole : quinze jours après il reçut en audience Madame de la Villirouët et transmit un rap-

Fouché (Charlemagne de la V.) : « Eh bien ! Madame, que désirez-vous en tout cela ? »

Mme de la Villirouët (Victoire), gaiement : « Ah ! Monsieur, ce sera bientôt dit : je désire que ce soit vous qui soyez le ministre de la Police ! »

Fouché (Charlemagne de la V.) : « Et pourquoi cela s'il vous plaît ? »

Mme de la Villirouët (Victoire), toujours gaiement : « Pourquoi ? Parceque si c'est vous qui êtes le ministre, la radiation que je sollicite va tout droit, les pas des grands de la terre devant être comme ceux des dieux, toujours marqués par des bienfaits. Cependant, je l'avoue, j'ai peine à me persuader que vous soyez le ministre : un ministre pourrait-il voyager ainsi incognito et d'une manière si simple ! Et pourtant cette façon d'agir mettrait tout le monde à l'aise, et, supposé que vous soyez le ministre de la Police, je suis aussi peu gênée avec vous que si vous étiez un simple particulier ».

Fouché (Charlemagne de la V.) : « Ne croyez pas, Madame, ce que dit M. votre frère ; je ne suis pas le ministre ; mais si je puis vous être utile, croyez que j'aurai un grand plaisir à vous obliger ».

Mme de la Villirouët (Victoire) : « Puisque vous me promettez de me faire voir le ministre quand j'irai à Paris, veuillez avoir la complaisance de me dire ce qu'il faudra faire pour pénétrer jusqu'à lui ».

Fouché (Charlemagne de la V.) : « Vous lui demanderez par écrit une audience particulière; et soyez sûre qu'elle vous sera accordée ».

Mme de la Villirouët (Victoire), malignement: « A la manière dont vous parlez, je commence vraiment à croire que vous pourriez bien avoir *l'oreille* du ministre, et je ne doute plus du tout de ma radiation »..... et, se tournant vers M. Prioleau, « Ah ! mon ami, que vous êtes bon de nous avoir amené Monsieur ! »

port favorable aux Consuls, qui, le 10 septembre 1801, signèrent l'arrêté suivant :

« Délibération des Consuls de la République

Paris, le 23 Fructidor an 9 de la République une et indivisible.

Les Consuls de la République, vu la pétition de J.-B. Moaisan-Villiroyt tendant à obtenir sa radiation de la liste des émigrés du département des Côtes-du-Nord, vu le rapport du ministre de la Police générale, arrêtent : le nom de Jean-Baptiste-Marie-Mathurin Moaisan-Villiroyt sera définitivement rayé de la liste des émigrés.

Signé : Le Premier Consul: Bonaparte. — Le Secrétaire d'État : Marat.

Pour copie conforme : le Ministre général de la Police : Fouché. — Le Secrétaire : Loubard. »

À la suite de cette première entrevue, Fouché continua à rester en relations assez suivies avec M. et Mme de la Villirouët. Ce fut à son influence que Messieurs de Lambilly et plusieurs autres gentilshommes bretons durent leur radiation de la liste des émigrés ; et Mme de la Villirouët sut mettre souvent son crédit auprès de ce haut personnage au service de ses amis.

Un jour elle lui écrit pour lui recommander une lorraine, Madame de Fallois : « Combien vous seriez aimable si à tant de marques d'amitié que vous m'avez données vous vouliez bien ajouter encore celle de rendre service à Madame de Fallois, la femme du monde la plus intéressante. Je vous le demande, permettez-lui d'avoir l'honneur de vous voir ; écoutez-la avec cette bonté qui vous est naturelle ; et que j'aie la douce satisfaction en remplissant un devoir d'amitié de vous procurer la jouissance toujours nouvelle pour les âmes telles que la vôtre, de faire un heureux de plus ».

Une autre fois c'est en faveur de M. de Bouthillier qu'elle se fait solliciteuse : « Ce sera donc toujours en vain que nous nous flatterons du plaisir de vous voir ! On nous avait fait espérer que vous viendriez à Juilly pour la distribution des prix ; nous en étions enchantés, moi surtout ; mais le malheur veut que nous soyons toujours trompés dans nos espérances les plus chères. J'avais pourtant bien des choses à vous dire ; et après le plaisir de vous voir et celui de causer avec vous, je m'en faisais un grand de vous offrir une nouvelle occasion de rendre un service important à un homme respectable de votre connaissance et qui a déjà eu le bonheur de vous intéresser. C'est de M. de Bouthillier[1] qu'il s'agit. Vous n'ignorez pas que c'est à vous qu'il doit d'être en France ; et, comme vous savez tout, vous n'ignorez pas davantage que, confor-

---

1. *De Bouthillier* : famille noble, originaire du Berry, qui s'arme : « d'azur à trois losanges d'or en fasce ». Elle produisit entre autres : Denis de B. de Chauvigny, évêque de Rennes en 1677, puis de Troyes ; l'abbé de B. de Rancé, le fameux réformateur de la Trappe, mort en 1700.

Charles-Léon, marquis de Bouthillier, né en Berry en 1745, fut député de l'Ordre de la noblesse du pays en 1789 ; il émigra en 1792 à l'armée des Princes où il servit comme major général ; revenu en France après le 18 Brumaire, il y vécut dans la retraite jusqu'à la Restauration qui le nomma lieutenant général et commandant de l'Ordre de Saint-Louis. Il mourut en décembre 1818 ; sa femme qui, je crois, était bretonne, mourut à Paris le 7 mars 1810, ayant eu :

1° Pierrette de B., qui épousa vers 1789 Armand-Louis de la Pierre, marquis de Frémeur, officier aux Gardes Françaises, cheva-

mément à ce qu'il vous avait promis, il y vit obscurément et tranquillement depuis quatre ans au milieu des siens. La Révolution l'ayant absolument dépouillé de tout ce qu'il possédait, il n'a plus rien à lui. Cependant tout n'est pas encore vendu, et il existe des bois dans la possession desquels il serait bien aise de rentrer pour avoir du pain. Mais, comme pour recouvrer ces biens, il est, je crois, de toute nécessité d'être amnistié, veuillez lui rendre le service de l'ajouter aux nombreux heureux que vous faites. Liée avec sa famille depuis dix ans, elle n'a cessé, pendant mes malheurs, de me donner des preuves du plus touchant intérêt. Combien ne m'estimerais-je pas heureuse de pouvoir, dans cette circonstance, acquitter la dette de reconnaissance que j'ai contractée envers elle. Sans vous, à cet égard, je ne pourrai jamais rien ; mais avec vous aussi je pourrai tout ».

Enfin, quand en juillet 1810, Fouché, menacé de disgrâce, fut envoyé à Rome comme ambassadeur, madame de la Villirouët lui adressa une dernière lettre dans laquelle elle affirme encore sa reconnaissance et son amitié: « Monseigneur, je crois bien qu'il faut renoncer au grand plaisir que j'aurais

lier de Saint-Louis, dont Elisabeth-Clémentine de F., qui épousa, le 13 août 1813, Adolphe, marquis des Réaulx.

2° Léon, comte de B. de Rancé, né en 1775, il émigra à l'armée des Princes avec son père en 1792, et revint en France avec lui à la fin de 1799 ; il devint auditeur d'État en 1809, sous-préfet de Minder en 1811 ; la Restauration le nomma préfet du Var et officier de la Légion d'Honneur en 1814, préfet de la Meurthe (Nancy) le 17 juillet 1825, et du Bas-Rhin (Strasbourg) le 13 août suivant ; il y eut pour secrétaire particulier M. Charlemagne de la Villirouët. Il entra à la Chambre des députés en 1820, et il était directeur général des Eaux et Forêts, en 1825.

3° Louise de B. de Chauvigny, qui épousa en janvier 1810, Armand du Boüays de la Bégassière, dont la fille épousa en 1836, Charles Viennet de Vaublanc.

eu à vous voir, et que la multiplicité de vos affaires
ne vous permet pas de me recevoir. Si, étant à Rome,
Monseigneur, vous voyez joint à y placer mon fils
d'une manière agréable, je m'estimerais bien heureuse
qu'il habitât la même ville que vous, que je ne puis
m'empêcher de regarder comme notre ami. Mais si
mon fils pouvait avoir le bonheur d'être attaché à
votre personne, je l'aimerais bien mieux encore. Je le
recommande donc à vos bontés ; celles que vous
avez eues pour sa mère et pour toute sa famille me
sont un garant de celles que vous voudrez bien avoir
aussi pour lui.

J'ai encore une chose à vous demander, Monseigneur, c'est d'avoir la bonté de me donner deux
douzaines d'œufs de vos belles poules : nous les em-
porterions en Bretagne ; et, par ce moyen, nous
aurions toujours quelque chose de vous, et ma basse-
cour aurait pour moi plus de charmes.

Adieu, Monseigneur ! Adieu ! Conservez-nous une
place dans votre souvenir ; recevez l'hommage respectueux de mon mari et de mes enfants ; et croyez à
notre éternel attachement. — V. de Lambilly de la
Villirouët ».

Nous voyons dans cette lettre que madame de Villirouët
cherchait alors à trouver une situation honorable et avantageuse pour son fils, Charlemagne, alors âgé de vingt ans et
professeur à Juilly. Elle venait de solliciter pour lui une place
d'auditeur au Conseil d'État : et voici les pétitions qu'elle
adressa à ce sujet à l'Empereur, au duc de Parme et au duc
de Bassano :

« A sa Majesté l'Empereur et Roi : — Sire, mon
fils, Charlemagne-Jean-Baptiste-Moaisan de la Villi-

rouët, âgé de vingt ans, désirerait avoir l'honneur de servir Votre Majesté en qualité d'auditeur près de votre Conseil d'État. Livré à l'étude dès ses plus jeunes années, les langues latine, grecque et anglaise, auxquelles il s'est adonné d'une façon spéciale sans négliger les autres parties de l'instruction, lui sont également familières. Quant à sa famille, elle compte parmi ses ancêtres nombre de militaires qui ont servi avec honneur et des magistrats distingués au Parlement de Bretagne. Daigne, votre Majesté, accorder à mon fils la grâce que j'ose solliciter pour lui, et comptez sur sa reconnaissance et son dévouement. — Je suis, etc. — Victoire de Lambilly de la la Villirouët. — Paris, 9 mars 1810 ».

Six jours après elle écrit au duc de Parme :

« A son Altesse Sérénissime Monseigneur le Prince Archichancelier de l'Empire, duc de Parme : — Monseigneur, ayant eu l'honneur d'adresser le 9 mars dernier une pétition à S. M. l'Empereur et Roi afin qu'elle daigne accorder à mon fils, Charlemagne-Jean-Baptiste Moaisan de la Villirouët, âgé de vingt ans, une place d'auditeur près du Conseil d'État, je prends la liberté de solliciter la puissante protection de votre Altesse Sérénissime auprès de Sa Majesté en faveur de mon fils et de vous prier d'avoir la bonté de l'inscrire sur la liste des auditeurs. — Je suis, etc. — De la Villirouët de Lambilly. Paris. Rue Saint-André-des-Arts, hôtel de Bretagne. Le 16 mars 1810. »

A la suite de cette lettre le duc de Parme accorda une audience à madame de la Villirouët le 18 mars, et, après lui avoir promis de faire l'inscription qu'elle demandait, il lui conseilla de solliciter l'appui du duc de Bassano, ce qu'elle fit en ces termes :

« A Son Excellence, Monseigneur le duc de Bassano, Ministre Secrétaire d'État : — Monseigneur, vos occupations sont si importantes et si multipliées que je n'ose pas insister sur le désir que j'aurais d'avoir l'honneur de vous voir en personne. Je joins donc ici la note que vous avez eu la bonté de me demander pour mon fils avec tant de grâce et de bienveillance, et je m'en rapporte complètement à vous pour l'usage à en faire. Les intérêts de mon fils ne peuvent être en meilleures mains que les vôtres. — Je n'attache aucune importance exagérée aux avantages de la naissance, n'estimant les choses que par leur valeur intrinsèque ; mais, comme il m'a été dit que dans ce moment il pouvait être utile de les faire valoir, je n'ai pas craint de parler de ma famille, et je ne vous cacherai pas que, le grand Bertrand Duguesclin étant l'honneur de la Bretagne, je tiens beaucoup à ce qu'il soit fait mention de notre alliance avec sa famille. Nous sommes aussi alliés des Rohan, des Montmorency et des du Chastel. — Agréez, Monseigneur, — etc. »

Malgré toutes ces démarches, je ne crois pas que Charlemagne de la Villirouët ait jamais reçu sa nomination d'auditeur au Conseil d'État. Il occupait alors, d'ailleurs, une situation très honorable au collège de Juilly, et sa mère devait, à la même époque, lutter pour une cause plus importante : la sauvegarde de la fortune patrimoniale de ses enfants.

Quand, en 1792, le comte de la Villirouët avait été inscrit sur la liste des émigrés des Côtes-du-Nord, la nation s'était substituée à ses droits dans le partage des biens de son père et de sa mère, fait, le 22 novembre 1794, entre lui et son frère cadet, Victor. Dès cette époque, sa femme avait protesté contre la qualité d'émigré, « faussement imputée, disait-elle, à son mari » ; puis, voyant que le gouvernement allait faire procéder à la mise en vente des biens échus au comte de la Villirouët, et estimés rapporter 3.475 fr. de rentes, elle était partie, comme nous l'avons dit, pour Paris, en mars 1796 et avait réussi à les sauvegarder en les « soumissionnant », en mai 1796, c'est-à-dire en s'engageant à payer pour leur rachat 2.537 fr. en numéraire, et 202.300 fr. en « mandats territoriaux ». Ces mandats avaient été créés en 1795 pour remplacer les assignats tombés en discrédit ; leur émission ne fut jamais effectuée, et il n'exista que des « promesses de mandats », auxquelles le Corps Législatif donna un cours forcé ; cours forcé qui fut lui même aboli par le Conseil des Cinq-Cents le 6 février 1797.

Lors de la « soumission » faite par Mme de la Villirouët, ces mandats valaient environ 10 °/₀ seulement de leur valeur nominative : elle ne s'était donc engagée que pour une somme totale d'environ 22.500 fr. qu'elle devait payer en six annuités.

Lorsque M. de la Villirouët obtint sa radiation de la liste des émigrés le 10 septembre 1801, quatre de ces annuités avaient déjà été payées, soit 16.100 fr. : sa femme, s'appuyant alors sur sa radiation, sur la levée du séquestre mis sur ses biens accordée le 15 décembre 1801, et sur une délibération favorable du Ministère des Finances en date du 9 Mars 1802, avait refusé de verser les deux dernières annuités, soit 7.550 fr.

Le 10 février 1810 le préfet des Côtes-du-Nord réclama le paiement de cette somme arriérée, en y ajoutant les intérêts accumulés depuis quatorze ans, ce qui faisait en tout 18.000 fr.

Madame de la Villirouët mit tout en œuvre pour être dispensée de payer cette somme et recourut pour cela à la haute influence de Fouché et à celle de l'Impératrice Joséphine.

C'était au commencement du mois de mars 1810 : depuis le 17 décembre précédent, le Sénat, plat valet du pouvoir, avait prononcé le divorce de l'Empereur avec Joséphine, et Napoléon, répudiant son bon génie, allait épouser le 2 avril Marie-Louise d'Autriche, achevant par cette nouvelle faute de lasser la clémence du ciel.

Joséphine avait consenti à être sacrifiée à la grandeur de Napoléon et à l'avenir rêvé de la famille Impériale : sacrifice héroïque mais coupable et qui devait être inutile. — Il en est de certains grands hommes, exécuteurs des hautes-œuvres de la Providence, comme des phénomènes : Dieu leur donne la vie, mais leur refuse de se survivre. —

Cette dernière et immense preuve d'affection n'avait fait qu'augmenter l'influence de Joséphine sur son époux :

Madame de la Villirouët le savait, et elle résolut de se servir des relations qu'elle avait eues en 1799 et en 1801 avec Madame Bonaparte pour essayer de sauver la fortune de son mari et de ses enfants.

Elle sollicita donc, en ces termes, une audience de l'Impératrice :

Paris, 3 Mars 1810.

« A Sa Majesté l'Impératrice :

« Madame, la bonté avec laquelle vous daignâtes prendre
« part à mon bonheur dans le moment le plus heureux de ma
« vie, et celle qui, dans une autre circonstance, vous rendit
« sensible à ma douleur, et vous fit essuyer mes larmes,
« me donne la confiance de m'adresser encore à votre
« Majesté. La personne à laquelle, Madame, vous témoi-
« gnâtes un intérêt si flatteur éprouve le nouveau chagrin de
« voir sa fortune compromise ; et tout m'assure qu'une
« femme, honorée de vos bontés, ne peut souffrir longtemps
« d'un malheur auquel vous pouvez porter remède. Dai-
« gnez donc, Madame, m'accorder une audience particulière,

« dans laquelle j'aurais l'honneur d'exposer à Votre Majesté
« les motifs de cet intérêt si précieux que je sollicite. Le
« bonheur de vous voir sera pour moi le présage d'un nou-
« veau bienfait.

« Je suis, avec le plus profond respect, Madame, votre
« très humblement dévouée,

« DE LA VILLIROUËT, NÉE LAMBILLY ».

Cette demande n'ayant pas reçu de réponse immédiate,
voici comment Madame de la Villirouët rend compte de ses
nouvelles démarches dans une lettre qu'elle écrit de Paris à
sa fille, Victoire, le mercredi soir, 7 mars :

« C'est à toi que j'écris ce soir, ma chère Victoire, bien
« qu'à l'instant on vienne de me remettre des lettres de
« ton père et de ton frère. Je suis sortie ce matin à 8 heures
« 1/2 et je ne suis rentrée qu'à 8 heures ce soir ; ma journée
« a été bien fatigante, et bien triste aussi, car j'ai eu la
« douleur d'apprendre la mort de l'aimable Pauline (Mᵐᵉ de
« Bouthillier), qui est décédée ce matin à neuf heures... Tu
« feras bien d'écrire, toi, à Madame de Frémeur, sa fille, et
« ton père, à Monsieur de la Bégassière, son gendre.

« Ne recevant point de réponse de S. M. l'Impératrice, je
« suis allée ce matin chez M. Le Picard, qui devait connaître
« une des dames d'honneur de l'Impératrice : il était absent.
« De là, je me suis rendue à l'Élysée-Napoléon pour savoir
« de M. de Turpin[1] ce que lui avait dit l'Impératrice, lorsqu'il
« lui a remis ma lettre. M. de Turpin n'étant plus de service,
« je me suis procuré son adresse, rue du Faubourg-Mont-
« martre, nᵒ 51, et j'ai été chez lui, où je n'ai trouvé que
« Madame sa mère. Alors je suis allée chez Mᵐᵉ de Baure,

---

1. *Lancelot de Turpin, baron de Crissé, châtelain d'Angnie,* chambellan de l'Impératrice Joséphine ; il avait épousé Mˡˡᵉ de Bongars
et mourut en 1828.

« amie de Mme de Candau ; puis j'ai entendu la messe et reçu
« les Cendres (c'était le Mercredi des Cendres) à l'Abbaye-au-
« Bois. J'ai fait ensuite une visite à Mesdemoiselles de Noin-
« ville, que j'ai quittées à deux heures 1/2 pour retourner
« chez M. de Turpin, que j'ai rencontré. L'Impératrice ne lui
« a rien dit. Demain je vais lui récrire, en lui faisant passer
« ma lettre par M. de Montholon[1], premier chambellan de
« service ; et si, au bout de quelques jours, je n'ai pas de
« réponse, je demanderai au Ministre de vouloir bien pré-
« senter à l'Empereur ma lettre et mon Mémoire. Dans le cas
« où il ne voudrait pas s'en charger, comme c'est fort
« possible, j'adresserai le tout directement à sa Majesté par
« la poste de la Cour : deviendra ce que cela pourra ; quitte à
« revenir à la charge au moment du mariage[2]. Je suis aussi
« retournée chez M. Le Picard, qui m'a dit que la dame
« d'honneur ne pouvait rien. J'ai dîné enfin à 4 heures 1/2
« avec les demoiselles de Noinville.

    « Voilà, ma chère Victoire, le détail de cette pénible jour-
« née.

    « Celle d'hier avait été plus agréable, ayant passé une
« soirée charmante (celle du mardi gras) chez Mlle de Lavau,
« où nous étions bien soixante au moins. La comédie fut fort
« bien jouée ; je me retirai à près de minuit avec le bras de
« M. Portel.

    « Les nouvelles réflexions de Charlemagne me font plaisir ;
« je ferai de mon mieux ; je crois avantageux, pour lui

----

1. *Louis de Montholon*, Chambellan de l'Impératrice puis des rois
Louis XVIII et Charles X, époux de Mlle de Semonville et créé Marquis de Semonville en 1829. Il avait pour frère : *Charles-Tristan, Cte
de Montholon, général, né 1783, mort 1853*, qui suivit l'Empereur à S^te-
Hélène, et publia les « Mémoires de Napoléon ». Ils étaient tous les
deux fils de Nicolas, Comte de Montholon, et de Charlotte de Fournier de la Chapelle.

2. Ce fut le lundi, 2 avril, que fut célébré le mariage de l'Empereur avec Marie-Louise d'Autriche.

« comme pour nous, de lui procurer une place d'Auditeur[1],
« quelle que soit la tournure que prenne mon affaire d'ar-
« gent...

« Adieu, ma chère Victoire; puisses-tu n'avoir jamais les
« mêmes affaires que moi ! J'apprends avec grand plaisir par
« ton papa que tu as bien fait les honneurs de ton petit
« dîner. Adieu encore; je t'embrasse; bien des choses à tout
« notre monde. »

Madame de la Villirouët obtint enfin une réponse de
l'Impératrice, lui accordant une audience pour le samedi,
17 mars; et voici comment elle raconte, le lendemain, sa
réception, dans une lettre à sa famille :

« *Dimanche, 18 mars, 9 heures du matin.*

« N'étant rentrée hier qu'à dix heures du soir, il me fut
« impossible d'écrire. Je crois avoir fait une bonne journée ;
« la voici :

« A onze heures je me rendis chez le Prince-Archichancelier
« de l'Empire, duc de Parme, auquel j'avais adressé le 9 mars
« la pétition de Charlemagne ; il me donna audience de suite,
« et me dit qu'il ferait inscrire mon fils sur la liste des
« Auditeurs au Conseil d'État. De là j'allai chez Mme de
« Fremeur, née de Bouthillier, à qui j'annonçai le rendez-
« vous que j'avais eu de l'Impératrice, et qui en augura bien
« ainsi que son père ; puis chez Mme Cellière, où je restai
« jusqu'à midi 1 2. Un quart d'heure après j'étais dans la
« cour de l'Élysée, où il y avait beaucoup de voitures. Je
« descends, j'entre, et M. le chambellan de service m'introduit

1. Charlemagne de la Villirouët était alors depuis 1809 professeur
d'histoire au collège de Juilly : la place d'Auditeur au Conseil d'État,
qu'il sollicitait, n'était qu'une sorte de noviciat, mais pouvait conduire à de hauts emplois. Il obtint d'être inscrit sur la liste, mais,
comme nous l'avons dit, ne semble pas en avoir reçu la nomination.

« dans le salon de compagnie : j'y trouve huit dames et cinq
« ou six hommes, les unes assises, les autres debout. Je
« m'assieds auprès de la dernière dame arrivée, et je me
« trouve la plus près de la porte. L'Impératrice n'était pas
« dans le salon. Au bout de huit à dix minutes on l'annonce ;
« nous nous levons toutes. Je me trouvais la première sur
« son passage ; elle s'arrête à moi, me demande de mes
« nouvelles avec l'intérêt le plus aimable, me dit qu'il y a
« longtemps qu'elle n'a eu le plaisir de me voir, que j'ai été
« bien longtemps absente, etc.. Je réponds à toutes ces poli-
« tesses comme je dois, et je lui exprime ma reconnaissance
« du bonheur qu'elle m'a procuré, en me permettant d'avoir
« l'honneur de la voir, désir que j'avais depuis bien long-
« temps. Ceci dit, elle se rend à son canapé auprès de la
« cheminée, salue les dames en passant, leur dit à toutes un
« mot aimable, adresse la parole aux messieurs, et la con-
« versation devient générale. On parle de différentes choses,
« et entre autres du château de Navarre[1] ; et, comme j'y
« avais été, je pus placer mon mot, et même dire le nom de
« la petite rivière de l'Iton, qui y passe et que personne
« ne savait. Sa Majesté l'Impératrice ne tardera pas à s'y
« rendre, à ce qu'elle nous dit, et part cette semaine pour la
« Malmaison : je vous conterai tout cela plus en détail. Au
« bout d'une heure, l'Impératrice se lève et sort par la porte
« par laquelle elle était entrée : sa disparition me donna de
« l'inquiétude, car je ne lui avais pas encore parlé de l'affaire
« qui m'amenait. Je demande à la dame qui était à côté de
« moi : « Sa Majesté s'en va-t-elle ? » — « Oui, me répondit-
« elle. » — Je ne fais qu'un bond, je cours après l'Impératrice,
« et je la rejoins dans le salon qui précède le salon de com-
« pagnie ; rendue près d'elle, je lui exprime le désir de

1. Le château de Navarre est situé près d'Évreux dans l'Eure ; il
servit quelque temps de résidence à l'Impératrice Joséphine après
son divorce avec Napoléon, du 29 mars au 15 mai 1810 et en 1811.

« l'entretenir un instant : elle me répond que ce sera avec le
« plus grand plaisir. Alors je lui parle de ses anciennes
« bontés pour moi, dont le souvenir est gravé dans mon
« cœur en caractères ineffaçables, et je lui dis combien je me
« trouve heureuse de lui en témoigner une fois de plus ma
« reconnaissance. Elle me répond, avec une grâce et une
« bonté qui n'appartiennent qu'à elle, que je mets trop
« d'importance à ce qu'elle a fait pour moi, que c'est trop
« peu de chose et qu'elle eût désiré en faire davantage. Je la
« remercie de son obligeance, dans des termes que mon
« cœur m'inspire, et non sans attendrissement, car j'étais
« vivement touchée de tant de marques de bienveillance ;
« enfin je lui dis que je désirais encore que sa Majesté eût la
« bonté de me rendre un service : « De tout mon cœur, me
« répond-elle avec effusion, en quoi puis-je vous être utile ? »
« — Là-dessus je lui raconte ma situation, et je la prie de
« vouloir bien remettre à l'Empereur mon adresse et mon
« mémoire[1]. Elle s'en charge, et me demande si mon affaire
« est expliquée dans les papiers que je lui remets. Je l'assure
« que oui, et je la supplie de prier l'Empereur de mettre
« « accordé » sur mon mémoire, ou d'ordonner que l'on fasse
« une enquête à ce sujet. Elle me répond qu'elle ne peut pas
« dire à l'Empereur ce qu'il faut qu'il fasse ; mais qu'elle lui

---

1. Cette adresse était conçue en ces termes : « A sa Majesté l'Em-
« pereur et Roi : Sire, c'est en votre double qualité de père de tous
« vos sujets et de Chef suprême de l'État que je m'adresse à votre
« Majesté. Détenue pendant quinze mois ; obligée pour assurer une
« existence à mes enfants de racheter le bien de leur père ; celui-ci
« traduit, en l'an sept, devant une Commission militaire, moi-même
« le défendant et l'arrachant à la mort ; Sa Majesté l'Impératrice
« Joséphine m'honorant en cette circonstance d'un intérêt particu-
« lier, et daignant avec tout Paris partager mon bonheur : tels sont,
« Sire, les événements de ma vie qui précédèrent l'avènement de
« Votre Majesté au trône. Depuis cette époque, retirée à la cam-
« pagne et consacrée entièrement avec mon mari à l'éducation de
« mes enfants, nous vivions heureux, quand tout-à-coup nous nous
« retrouvons plongés dans le malheur par un arrêté de Monsieur le

« remettra elle-même ma requête et lui parlera de moi. —
« Alors je lui demande la permission d'avoir l'honneur de la
« revoir, d'abord pour lui témoigner ma reconnaissance, et
« ensuite pour connaître d'elle le résultat de sa démarche.
« Elle me répond qu'elle ne veut pas que je prenne cette
« peine, qu'elle a mon adresse, et qu'elle me fera écrire. —
« Là-dessus elle me quitte, et je prends congé d'elle, bien
« contente de mon entretien avec cette femme, si bonne, si
« affable, et qui mérite si bien de régner sur tous les cœurs.
   « En sortant de l'Élysée, je me rends chez M. de Turpin à
« qui je rends compte de toute mon audience ; je le prie de
« me rappeler au bon souvenir de l'Impératrice, et, comme
« c'est demain sa fête (Saint Joseph) de l'engager à présenter
« ce jour même ma demande à l'Empereur. Il me le promet
« avec une grâce charmante ; et je suis revenue dîner chez
« ma tante, avec la joie dans le cœur. Ma tante partage mes
« espérances ainsi que M. de Bouthillier, qui regarde mon
« affaire comme en très bonne voie, sachant surtout que
« S. M. l'Impératrice a refusé de se charger de plusieurs
« affaires qu'on lui avait présentées.
   « Voilà, mes chers amis, le résultat de mon audience
« d'hier. Le soir, je passai chez M. de Castel pour le prier
« de venir me trouver ce matin : je l'attends. Je compte le

« Préfet du département des Côtes-du-Nord. La bonté paternelle de
« Votre Majesté, Sire, me faisant tout espérer de sa puissance, j'ose
« lui demander une grâce, grâce qui ne blesse point sa justice, et
« dont les motifs sont exposés dans le Mémoire ci-joint. Que Votre
« Majesté daigne y jeter un instant les yeux, et je me regarde comme
« assurée du succès. C'est avec une entière confiance que j'oserai
« prier Votre Majesté de faire prendre des renseignements sur moi
« et sur ma famille ; et Son Excellence le Ministre de la Police
« générale, duquel nous avons l'avantage d'être particulièrement
« connus, pourrait certifier à Votre Majesté, que nous ne sommes
« pas indignes de ses bontés. — Je suis, avec le plus profond
« respect, Sire, de Votre Majesté, la très humble et très obéissante
« servante, de la Villirouët, née de Lambilly. — Paris, Rue Saint-
« André-des-Arts. Hôtel de Bretagne. 16 mars 1810. »

« prier de retourner chez son ami de Turpin, pour l'engager,
« au nom de l'amitié qui les unit, à ne pas m'oublier auprès
« de S. M. l'Impératrice.

« Comme j'avais été obligée de prendre une remise, les
« fiacres n'entrant point dans la cour de l'Elysée, j'en profitai
« pour faire plusieurs visites le soir ; ce remise m'a coûté
« 18^{tt}, et 24^s au cocher, j'avais aussi un domestique de louage
« pour ouvrir ma portière, il m'a coûté 40^s.

« Adieu, mes amis ; priez M. le curé de dire encore une
« messe pour le succès de mon affaire. Je vous embrasse
« tous, sans oublier nos amis. Félicité (Artaud) est venue
« avec moi partout ; elle restait dans la voiture pendant
« mes visites. »

A la suite de cette audience, Madame de la Villirouët passa
quinze jours en attentes infructueuses ; et ayant appris que
l'Impératrice allait quitter Paris pour se rendre à Compiègne,
elle décida un de ses parents, M Le Forestier, à tenter près
de Sa Majesté une dernière démarche, qu'elle raconte ainsi
dans une lettre à sa fille, Victoire, écrite le jeudi 29 mars :

... « J'ai appris ce matin le résultat du voyage de M. Le
« Forestier. Parti avant-hier de Paris à quatre heures de
« l'après-midi pour Compiègne, il y arriva à neuf heures du
« soir, une heure avant l'Impératrice. Vous voyez que le
« désir de m'être utile lui a fait faire grande diligence, le
« malheureux n'avait pas un fil de sec sur lui à son arrivée :
« vous vous rappelez en effet le temps horrible de la journée
« de mardi. Il vit l'Impératrice descendre de voiture, mais
« elle était tellement entourée qu'il ne put parvenir à l'abor-
« der ; le nombre des voitures était incalculable, et l'on ne
« pouvait s'y reconnaître.

« Le lendemain matin, M. Le Forestier retourna au château,
« dans l'intention de remettre une pétition à Sa Majesté elle-
« même. Il aperçut enfin un général, s'informa de son nom,
« et quand on lui eût dit que c'était le général La Grange,
« il l'accosta, et, se réclamant près de lui d'un ami commun,

« il lui raconta le sujet de sa mission, le priant de lui indiquer
« les moyens de parler à l'Impératrice. Le général lui répon-
« dit qu'il fallait pour cela s'adresser au chambellan de ser-
« vice, auquel il eut l'amabilité de faire conduire M. Le
« Forestier par un des domestiques de la maison de l'Empe-
« reur. Ce chambellan fit preuve de la plus grande obligeance,
« et promit de remettre ma lettre et mon mémoire à Sa
« Majesté, à son lever, au moment le plus opportun, et
« en appuyant près d'elle ma requête. En vain M. Le Fores-
« tier lui demanda par trois fois « à qui il avait l'honneur de
« parler? », il s'obstina à taire son nom, répondant simple-
« ment : « Au chambellan de service ».

« Voilà, mes amis, tout ce que M. Le Forestier vient de me
« raconter. Il est arrivé cette nuit, bien las, et même écorché,
« comme vous pouvez l'imaginer, ayant parcouru en cinq
« heures, et à franc-étrier, les vingt lieues qui séparent
« Paris de Compiègne. Je suis convaincue plus que jamais
« que mon affaire est en bonne voie. Si, d'ici quelques jours,
« je n'apprends pas que mon mémoire a été renvoyé aux
« Finances, j'irai à Compiègne, où l'Empereur va passer
« du temps, et je tâcherai de le voir à une chasse ainsi que
« l'Impératrice. Ce sera là ma dernière chance ; et si je ne réus-
« sis pas, j'aurai du moins la satisfaction de n'avoir rien à
« me reprocher et d'avoir tout essayé. »

(Même jour, jeudi, 7 heures du soir). « Je rentre, je viens
« de voir ma tante de Musuillac [1], qui était au courant de la
« grande marque de dévouement que m'avait donnée son
« compatriote (M. Le Forestier) Je lui ai raconté les circons-
« tances et le résultat de son voyage ; elle en augure bien ;
« mais elle m'a donné le conseil, excellent en soi, de faire
« l'impossible pour découvrir le nom du chambellan de ser-
« vice qui s'est montré si complaisant, et d'aller le voir lundi

---

1. *Madame de Musuillac* (de Muzillac), née Ruellan, fille de Joseph,
baron du Tiercent, marquis de la Baluc, et de Hélène-Modeste de
Lambilly.

« avec M. Le Forestier avant le départ de la Cour pour lui
« témoigner ma reconnaissance et lui demander la continua-
« tion de son bienveillant intérêt. J'imagine que dans quinze
« jours mon sort sera décidé, et j'espère que je viendrai à
« bout de mon entreprise. Le pauvre Marie-Ange (le Fores-
« tier) ne veut même pas que je le remercie de tout ce qu'il
« a fait pour moi, se disant heureux d'avoir pu me rendre
« service.

« Si je me rends à Compiègne, ma tante de Musuillac
« m'accompagnera, et Madame la duchesse de Grammont
« que j'ai vue est enchantée de nous prêter sa maison.

« J'ai promis de donner cent écus aux pauvres si je réussis
« au gré de mes désirs.

« Adieu, je vous embrasse tous de tout mon cœur.

« J'attends Charlemagne demain; ma tante va tâcher de
« lui procurer un billet pour entrer dans la galerie où se fera
« l'auguste cérémonie (le mariage de Napoléon avec Marie-
« Louise, le 2 avril); nous dînerons chez elle samedi avec ma
« sœur (Madame de la Vigne-Dampierre).

« Adieu encore; vous savez tous combien je vous aime. »

Son affaire n'ayant pas encore obtenu de solution à la date
du 2 avril, Madame de la Villirouët profita de la cérémonie de
ce jour pour faire remettre à nouveau à l'Empereur son
mémoire avec cette lettre :

« A Sa Majesté l'Empereur et Roi :

« Sire, au nom du bonheur qu'un jour aussi heureux
« assure à Votre Majesté et à tous les Français, daignez jeter
« un regard favorable sur une mère de famille, qui a réussi
« à arracher son mari à la mort en le défendant elle-même
« devant une Commission Militaire en l'an sept, et qui ose

« solliciter une grâce de votre bonté paternelle ; grâce, Sire,
« qui ne blesse point votre justice et dont les motifs sont
« exposés dans le mémoire ci-joint.

Je suis, etc.

Paris, le 2 avril 1810 ».

Cette supplique n'ayant pas reçu de réponse, Madame de
la Villirouët multiplia ses démarches auprès de Maret, duc de
Bassano, secrétaire d'État ; du comte de Béarn ; de Monsieur
Crénière, alors directeur de Juilly ; de Monsieur la Vallée ;
etc. Enfin elle se décida à aller rejoindre la Cour à Compiègne, afin d'essayer encore d'obtenir une audience. Elle y
arriva le 10 avril accompagnée de Mademoiselle Artaud et
de son frère et descendit dans l'hôtel de la duchesse de Grammont. Mais, n'ayant pu réussir à être reçue par l'Empereur,
elle rentra à Paris le 19 avril.

Elle écrivit alors à Monseigneur Enoch[1], évêque de Rennes,
pour réclamer son appui auprès de Monsieur Mounier[2], secrétaire de Sa Majesté :

« Mon bon Père Enoch, connaissant votre obligeance, je viens vous demander un service de la plus
haute importance.

1. *M*ɢʳ *Enoch*, Etienne : né en 1739 dans le Pas-de-Calais, il était
entré à l'Oratoire, et était, lors de la Révolution, directeur du
Grand Séminaire de Grenoble ; il prêta d'abord le serment schisma-
tique, puis il le rétracta et dut s'exiler en Sardaigne. Lors de sa
nomination à l'évêché de Rennes en 1802, Mɢʳ de Maillé le choisit
comme vicaire général ; et, à la mort de ce prélat, en janvier 1805,
il lui succéda au siège épiscopal de Rennes. Atteint d'une cécité
presque complète, il donna sa démission à la fin de 1819, et se retira
à Saint-Denis, où il mourut le 10 mai 1825. Il avait été créé baron de
l'Empire et chevalier de la Légion d'Honneur.

2. *Mounier* (Claude-Edouard, baron) ; né à Grenoble en 1784, fils de
Jean-Joseph, président de l'Assemblée nationale en 1789, puis préfet
d'Ille-et-Vilaine en 1802 ; il devint auditeur au Conseil d'État en
1806, fut créé baron en 1809, et fut choisi par l'Empereur comme
l'un de ses secrétaires intimes en 1810. La Restauration le nomma
Pair de France. Il mourut à Passy en 1843.

Le rapport ci-joint et ma lettre à l'Empereur vous
mettront au courant de mon affaire. Ce rapport et
cette lettre, j'en ai la certitude, sont dans les bureaux
de Sa Majesté, et je sais que c'est monsieur Mounier,
son secrétaire intime, fils de feu monsieur Mounier
préfet d'Ille-et-Vilaine, qui est chargé du travail des
pétitions présentées à l'Empereur. Une protection
près de monsieur Mounier est donc maintenant tout
ce que j'ai à désirer. Je me suis rappelé votre liaison
d'amitié avec son digne père ; j'ai pensé qu'elle n'était
peut-être pas ignorée de son fils, dont tout le monde
s'accorde à faire l'éloge et qui jouit à la cour, malgré
sa grande jeunesse, de tout le crédit et de toute la
considération possibles. Je n'ai pas balancé sur le
parti que j'avais à prendre, et je me suis dit : Le bon
père Énoch voudra bien, j'en suis sûre, écrire en ma
faveur à monsieur Mounier et lui inspirer pour moi
un intérêt qu'il m'est si important d'obtenir puisque
mon sort est entre ses mains, l'Empereur seul pouvant me dispenser de payer la lourde somme qui m'est
réclamée. Son Excellence le Ministre de la Police
ayant eu la bonté de m'autoriser à me réclamer de lui
auprès de l'Empereur et ayant approuvé toutes mes
démarches, j'ai bien des motifs d'espérance ; mais
comme cette affaire n'est nullement de son ressort,
j'ai bien du plaisir à penser que se sera à vous que je
devrai le succès désiré et pour l'obtention duquel je
suis depuis sept semaines loin de ma famille, sans
laquelle il n'y a pour moi aucune espèce de bonheur.
— Adieu, mon bon père Énoch ; veuillez recevoir
— etc. »

Le « bon père Énoch » répondit au désir de Madame de la

Villirouët, qui, grâce à l'appui de Monsieur Mounier, obtint que sa demande fût prise en considération, le 2 juin, par le Ministre des Finances, et parvint à parler à Napoléon dans une fête qui eut lieu à l'École Militaire vers la fin de juin.

Voici comment elle raconte cette entrevue dans une lettre qu'elle écrivit à monsieur Mounier, à la date du 2 juillet :

« Monsieur, d'après l'intérêt que vous avez bien voulu me témoigner sur la recommandation du respectable monsieur Énoch, je me fais un plaisir et un devoir de vous faire part du bonheur que j'ai eu de parler à Sa Majesté l'Empereur et d'en être accueillie avec bonté.

M'étant trouvée à la fête de l'École Militaire en présence de Sa Majesté, voici les paroles que je lui ai adressées et celles qu'Elle a daigné me répondre : « Sire, permettez à une femme qui a eu le bonheur de sauver la vie à son mari de demander une grâce au héros qui a sauvé la France ». — « Où l'avez-vous sauvé ? » — « Sire, à Paris, en le défendant moi-même devant une commission militaire, en l'an VII, l'année qui précéda l'heureux avènement de Votre Majesté ». — L'Empereur prenant ma pétition et la remettant au grand Maréchal Duroc, « Je me ferai rendre compte de cela ». — « Sire, je vous le demande en grâce ! »

Tels sont les quelques mots que Sa Majesté a daigné m'adresser et qui ont rempli mon âme d'espérance, surtout depuis que je sais que ma pétition doit être actuellement entre vos mains et que c'est vous qui devez en faire un rapport à l'Empereur....»

Monsieur Mounier ayant répondu qu'il n'avait pas encore

entre les mains la pétition annoncée, c'est, cette fois, à la duchesse de Montebello[1], que madame de la Villirouët s'adresse :

« Madame la duchesse, c'est sous les auspices de Monsieur votre père que je prends la liberté de vous écrire. L'intérêt dont j'ai constamment été l'objet de sa part me fait espérer que vous voudrez bien aussi m'accorder le vôtre. Ma fortune se trouve en ce moment tout-à-fait compromise, à tel point qu'il n'est au monde que l'Empereur qui puisse empêcher ma ruine.

A l'effet de la prévenir, je me suis trouvée sur ses pas à la fête de l'École Militaire, et j'ai eu le bonheur d'en être accueillie avec bonté…. (Ici elle cite, comme dans la lettre précédente, les paroles qu'elle a échangées avec l'Empereur). Tel est, madame la duchesse, l'espoir que Sa Majesté à daigné me donner. Depuis lors j'ai su qu'elle avait eu la bonté de faire remettre ma pétition à monsieur Mounier, mais sans ordre de lui faire le rapport de cette affaire ; et c'est cet ordre qu'il serait bien nécessaire pour la conservation de ma fortune que Sa Majesté daignât donner. Auriez-vous la bonté, madame la duchesse, d'essayer d'obtenir cet ordre !

Les malheurs que j'ai éprouvés pendant la Révolution ne vous sont pas inconnus : toute votre famille a bien voulu s'y intéresser, et tout Paris, comme vous avez pu le savoir, a pris part au bonheur que j'avais eu d'arracher mon mari à la mort. Un mot sur cela

---

1. La *duchesse de Montebello* appartenait à une famille bretonne étant née de Guéhenneuc : elle avait épousé en 1800 Jean Lannes, né en 1769, plus tard maréchal de France et duc de Montebello, mort à Essling le 31 mai 1809.

dit par vous à Sa Majesté agirait suffisamment sur son cœur ; et, avec notre fortune, nous vous devrions un retour complet du bonheur ».

Les efforts persévérants de madame de la Villirouët furent enfin couronnés de succès : par une délibération en date du mois de juillet 1810, le Ministre des Finances réduisit de près de moitié la somme de 18 000 fr. réclamée par le préfet des Côtes-du-Nord et se contenta de 9.600 fr. payables en deux annuités, et dont madame de la Villirouët acheva de s'acquitter le 5 août 1812.

Toutes les difficultés qui s'opposaient à leur retour en Bretagne ayant ainsi été heureusement aplanies, Monsieur et Madame de la Villirouët quittèrent Nantouillet, à la grande douleur de leurs amis, et revinrent à la fin de Juillet 1810 se fixer à Lamballe avec leurs deux filles, tandis que leur fils restait à Juilly comme professeur.

A Lamballe, ils habitèrent avec leur tante, Mademoiselle Mouësan de la Villebasse, alors âgée de 77 ans, l'hôtel de Kéranroy, que leur avait laissé à sa mort en 1795 la Comtesse de Kéranroy.

Ce fut là que mourut, trois ans après, le 12 juillet 1813, la Comtesse de la Villirouët, âgée de 46 ans.

Par son testament, en date du 28 mai précédent, elle avait assuré la fortune de ses enfants et affirmé une dernière fois sa tendresse pour ses proches, ses convictions religieuses et ses espérances en une vie future.

Elle fut inhumée, le 14 juillet, dans le cimetière de Lamballe ; et c'est là qu'elle repose, à l'ombre de la Croix, au sommet d'une colline à base de granit, d'où l'on aperçoit à l'horizon l'infini bleu de la mer se perdant dans l'infini bleu du ciel et proclamant autour et au-dessus de ces tombeaux l'infini de l'âme et l'infini de Dieu.

Sur la pierre qui recouvre sa dépouille mortelle, on lit cette épitaphe :

Ci-gît MARIE-VICTOIRE DE LAMBILLY
Dame DE LA VILLIROUET ;

née le 27 avril 1767, morte le 12 Juillet 1813.

Sa famille en pleurs
lui a élevé ce modeste monument
faible tribut de ses regrets et de son amour.

Ornée de toutes les grâces de l'esprit, elle fut riche en sagesse et en vertu. — Amie rare, fille tendre et soumise, modèle des épouses et des mères. — Exemple du plus héroïque dévouement, son courage et son éloquence sauvèrent les jours de son mari. — Sa sensibilité, sa franchise, la vivacité, la justesse et la gaîté de son esprit, — l'élévation et la candeur de son âme, l'aimable égalité de son humeur, — l'heureux accord de tant de qualités la firent aimer de tous les âges. — Un mérite si pur était accompagné de la modestie la plus vraie. — Elle s'oubliait entièrement elle-même, d'autant plus admirable qu'elle ignorait qu'elle le fût. — Sa foi vive, sa piété éclairée et solide attiraient la vénération de ceux mêmes qui n'avaient pas le bonheur de penser et de sentir comme elle. — Son ardente charité courut toujours au-devant de l'indigence ; — et, si elle eut des ennemis, elle ne s'en vengea que par des bienfaits. — En un mot, elle remplissait tous ses devoirs avec tant de zèle et d'amour — qu'on peut dire que sa vie fut une fervente et continuelle prière, — à laquelle le Ciel a daigné sans doute accorder une de ses plus belles couronnes. —

CHAPITRE IV

Les enfants de la comtesse de la Villirouët

Le Comte de la Villirouët devait avoir la douleur de survivre pendant trente-deux années à sa tendre et héroïque épouse.

Il continua d'habiter son hôtel de Lamballe, avec ses filles et sa tante, Mademoiselle de la Villebasse, qui y mourut âgée de 80 ans, le 26 décembre 1814.

A la Restauration il fut décoré de l'Ordre du Lys, et, par décision royale du 29 Juin 1816, il reçut, comme Capitaine, une solde de retraite de 600 francs à compter du 1ᵉʳ Octobre 1814.

Par Ordonnances du 3 Juillet 1816, il fut nommé Chevalier de Saint-Louis, et il en reçut les insignes, le 12 août, des mains de Monsieur Edouard Le Fruglais de Lourmel, désigné spécialement à cet effet par S. E. le duc de Feltre, Maréchal de France et Ministre de la Guerre.

La lettre par laquelle il sollicitait cette décoration est datée de mai 1814, et adressée à M. le Comte de Ferrières, qui lui répondit le 3 juin 1814 :

Jean-Baptiste-Mathurin Mouësan. Comte de la Villirouët

Ex-officier au régiment de Condé
Chevalier de Saint-Louis et du Lys
1754-1845

--

(D'après un portrait peint vers 1840.)

« Après avoir vu et vérifié les pièces mentionnées dans la
« pétition, et avoir reconnu que les services de M. J.-B. Ma-
« thurin-Marie Mouësan de la Villirouët, attestés par des bre-
« vets signés du Roi et des certificats signés des Princes,
« peuvent rigoureusement prouver un service actif de plus
« de vingt-neuf ans ; savoir :

« 1er mai 1773. Sous-Lieutenant au régi- « ment Provincial de Rennes.............	3 ans. 6 mois.
« 12 octobre 1776. Sous-Lieutenant au « régiment de Condé..................	6 — 4 —
« 24 janvier 1783. Sous-Lieutenant à la « suite au dit régiment.	9 — 8 —
« 16 octobre 1792. Certificat des Princes, « attestant une année de campagne, comp- « tant double.........................	2 — 11 —
« Décembre 1793. Service actif à Jersey, « pendant 3 ans et 4 mois, comptant dou- « ble	6 — 8 —
« Formant, non compris le temps de dé- « tention, d'incarcérations, et de persécu- « tions révolutionnaires, qui ont duré 8 ans, « un total de.........................	29 ans et 1 mois.

« Considérant en outre que les temps révolutionnaires ont
pesé sur Monsieur de la Villirouët de la manière la plus funeste, puis qu'après avoir perdu la majeure partie de sa
fortune, proscrit et incarcéré, il ne dut la liberté et la vie
qu'à l'énergie et au courage de Mademoiselle de Lambilly,
son épouse, de glorieuse mémoire, qui plaida elle-même sa
cause à Paris devant une Commission militaire, le 3 germinal,
an sept, et s'acquit un honneur infini ;

« Je ne puis, en ma qualité de Commissaire du Roi, refuser
à l'un de ses plus fidèles sujets la recommandation qu'il désire ; et j'estime que M. de la Villirouët est digne, tant par

ses services que par sa fidélité et son constant dévouement, d'obtenir la décoration de la Croix de Saint-Louis.

« 3 Juin 1814.

« Le Cte de Ferrières ».

De Lamballe, le Comte de la Villirouët continua à entretenir une correspondance active avec ses anciens amis de Nantouillet et de Paris, qui tous restèrent fidèles au souvenir de « cette famille bénie », regrettant dans toutes leurs lettres son absence, et réclamant des nouvelles de Charlemagne et des « deux beaux anges ». — « Beaux anges ! » Ces mots aujourd'hui nous font sourire, ils devraient plutôt nous faire pleurer : car c'est là la vie. — « Beaux Anges » ! C'étaient alors deux jolies jeunes filles dans tout l'éclat et toute la fraîcheur de leurs vingt ans ; elles étaient à leur aurore et au printemps... Et nous qui ne les avons connues qu'à leur déclin, ridées par les griffes du temps, courbées par le poids des années, cette épithète de beaux anges aujourd'hui nous fait sourire ; elle devrait plutôt nous faire pleurer : car c'est là la vie. —

Le Comte de la Villirouët mourut à Lamballe, couronné d'années et de vertus, le 12 mars 1845, âgé de 90 ans. Il fut inhumé près de sa femme. Les qualités dominantes de son esprit furent la bonté et la droiture ; celles de son caractère la douceur et un calme inaltérable, provenant de son immuable confiance en Dieu ; sa vie ne fut tissue que d'honneur, de loyauté et de vertus. Aussi voici ce qu'écrivit, en apprenant sa mort, un prêtre qui avait connu, aimé et apprécié cet homme de bien : « Vous ne pouvez douter combien j'ai été « sensible à l'accablante nouvelle que vous m'avez annoncée. « Un saint a quitté la terre ; ses exemples ne seront plus « pour nous édifier et nous sanctifier ; il n'est plus pour « soulager les infortunes et pour faire des heureux. Mais, « après avoir porté tant de fruits ici-bas, il fallait que cette « tige précieuse poussât les fleurs de l'Éternité : « Justus ut

« palma florebit » . Malgré la douleur que j'aurais ressentie,
« je me serais trouvé heureux d'assister aux derniers mo-
« ments de ce nouvel habitant du Ciel ; j'aurais mêlé mes
« larmes (et elles coulent ces larmes, car elles sont justes)
« aux larmes de ses chers et dignes enfants. J'ignorais que
« ce grand malheur vous menaçait tous ; que la volonté de
« Dieu soit faite! ... »

Les enfants, que cet excellent père et cette mère héroïque
avaient marqués de leur empreinte, furent dignes d'eux.

L'aînée de leurs filles, Victoire-Gabrielle, née à Lamballe le
7 octobre 1790, avait épousé dans cette ville, en 1816,
Henry, comte de la Haye-Saint-Hilaire, fils de feu Louis-
François, et de Thérèse de Gasté. Peu après leur mariage, ils
achetèrent le château de Chaudebœuf, en Saint-Sauveur-des-
Landes, où ils demeurèrent, et où mourut le comte de Saint-
Hilaire en 1828, sans laisser de postérité. Sa veuve continua
à habiter Chaudebœuf, où elle fonda en 1863 un hospice de
vieillards sous la direction des religieuses de l'ordre de
Rillé ; elle vint alors se fixer à Rennes, où elle mourut le
28 septembre 1869, après une vie longue de près de 80 ans,
toute de bonnes œuvres et de piété : elle fut inhumée dans la
chapelle Saint-Joseph du château de Chaudebœuf.

Sa sœur cadette, Césarine, née à Lamballe le 10 avril 1792,
ne se maria pas et resta près de son père jusqu'à la mort de
celui-ci, en 1845. Elle alla alors demeurer à sa maison de la
Villechevalier, en Pléhérel ; puis à Rennes, à partir de 1869.
Ce fut là qu'elle mourut en 1875, âgée de 83 ans; elle fut
inhumée dans le cimetière de cette ville.

La mort de son frère aîné, Charlemagne, avait précédé la
sienne de quelques mois : remarquable par sa science, son
intelligence, son caractère et ses vertus, son portrait est
digne de figurer à côté de celui de sa mère; nous allons
l'esquisser à grands traits : n'est-ce pas aux fruits qu'on juge
l'arbre; et les enfants ne sont-ils pas la plus belle couronne
d'une mère?

BIOGRAPHIE

DE

Charlemagne Mouësan, Comte de la Villirouët
1789 à 1874

Charlemagne-François-Jean-Baptiste-Marie Mouësan de la Villirouët était, comme nous l'avons dit, fils aîné de Jean-Baptiste-Mathurin-Marie, comte de la Villirouët, et de Marie-Victoire de Lambilly. Il avait été baptisé à Lamballe le 24 juin 1789, et avait eu pour parrain M. Charles-André le Normand de la Villehéleuc, et pour marraine la marquise de Lambilly, sa grand-mère maternelle, née Françoise de la Forest d'Armaillé.

Quelques jours après sa naissance, la Révolution commençait avec la prise de la Bastille.

Nous avons raconté sa vie à Lamballe près de sa mère ; puis à Nantouillet et à Paris avec son père, dit « le citoyen Guenier ».

Il avait 9 ans quand il entra le 3 novembre 1798 au collège de Juilly.

Juilly, ancienne abbaye des chanoines Réguliers de Saint-Augustin, fondée en 1184, devint en 1637 la propriété des Pères de l'Oratoire, qui y établirent un collège, que le roi Louis XIII érigea en Académie Royale par lettres patentes du mois d'avril 1638. Cette maison acquit rapidement une haute et légitime renommée et compta parmi ses élèves, aux XVIIe et XVIIIe siècle: les maréchaux de Montesquiou; de Berwick; de Villars ; l'amiral Duperré ; le comte de Boulainvilliers ; les ducs d'Antin et de Monmouth ; le comte de Vaudreuil ; le vicomte de Bonald; Montesquieu; Arnault ; Cassini ; Chènedollé ; etc. ; au XIXe siècle: le prince Jérôme Bonaparte ; Monseigneur de Mérode ; Berryer ; Barthélémy ; le vicomte de Mirandol ; le marquis de Mirville ; le comte de Champagny ; Roger de Beauvoir ; le comte de Parieu ; et l'héroïque général de Sonis. A la veille de la Révolution, l'oratoire de Juilly eut parmi ses professeurs trois hommes qui devaient devenir tristement célèbres, Le Bon, Billaud-Varennes et Fouché.

Fermé en 1794, ce collège fut vendu nationalement et acheté en Juin 1796 par un ancien élève, M. Gibert, qui le rendit à ses légitimes propriétaires. Ceux-ci en rouvrirent les portes, avec le P. Prioleau[1] comme directeur et cinq professeurs, dont les PP. Crenière[2], Chapus[3] et des Essarts. L' « École secondaire de Juilly » ne reçut alors que 25 élèves, mais ce nombre s'élevait déjà à 200 quand Charlemagne de la Villirouët y entra le 3 novembre 1798.

Le P. Élysée Prioleau en eut la direction jusqu'à sa mort, en 1809 ; il fut remplacé par son frère, le P. Antoine Prioleau, qui, mort en 1813, eut pour successeur le P. Crenière. qui mourut lui-même en 1817 et auquel succéda le P. Sonnet, qui administra Juilly jusqu'en 1824. Le collège de Juilly est encore dirigé par les P. Oratoriens.

Charlemagne de la Villirouët trouva au collège de Juilly une grande tradition littéraire et une haute intelligence des

1. *P. Prioleau*, François-Élysée, né à Niort 1751, entré à l'Oratoire 1771, fut professeur à Juilly de 1775 à 1794 ; nommé supérieur de ce collège à sa réouverture en 1796, il occupa jusqu'à sa mort, en 1809, ce poste, dans lequel il fut remplacé par son frère, le P. Antoine Prioleau.

2. *P. Crenière*, Michel, né à Vendôme 1756, entré à l'Oratoire 1773, enseigna à Nantes et à Arras ; il était professeur de rhétorique à Juilly depuis 1787 quand ce collège fut fermé ; il y rentra en 1796, et en devint supérieur en 1813, à la mort du P. Antoine Prioleau ; il mourut en charge en 1817.

3. *P. Chapus*, il était fort âgé et professeur d'histoire à Juilly de 1803 à 1809 : il fut remplacé dans cette chaire par M. de la Villirouët.

Nous trouvons dans les papiers des la Villirouët de nombreuses lettres des PP. Prioleau, Crenière, Chapus et des Essarts.

classiques de l'antiquité et de ceux de notre pays, qui saisirent vivement son esprit et lui imprimèrent une marque indélébile ; là, sa remarquable mémoire s'enrichit sans cesse et pour toujours des plus belles pages des maîtres et des faits principaux de l'histoire. Mais il puisa surtout dans cette maison d'éducation une foi religieuse profonde sous la direction d'un prêtre d'un grand cœur et d'une haute vertu, le P. des Essarts. Il compta parmi ses condisciples beaucoup de jeunes gens qui étaient appelés à devenir célèbres et qui, pour la plupart, devaient rester ses amis, entre autres : Berryer, le fameux avocat catholique et royaliste ; le marquis de Bouthillier de Mirville, l'auteur du « Livre des Esprits » ; M. Guizot, plus tard ministre de l'Instruction publique et de l'Intérieur ; Jérôme Bonaparte, le futur roi de Westphalie ; le marquis de Candau ; le comte de la Roche-Lambert ; Christian de Châteaubriand ; les généraux Thiry, Beauchamp, de Neuilly ; les poëtes Barthélémy, Turpin, etc.

L'éducation chrétienne et virile que M. de la Villirouët reçut à Juilly fut si complète et si parfaite qu'en 1809, à l'âge de dix-huit ans, il fut nommé à ce collège professeur d'Histoire puis professeur de Langues, de Mathématiques et de Grec, postes qu'il occupa successivement pendant neuf ans, et qui le firent échapper à la conscription. En mars 1810, il avait obtenu, grâce aux démarches de sa mère, d'être inscrit sur la liste des auditeurs au Conseil d'État ; mais il ne semble pas avoir occupé cette place.

En 1818, il quitta Juilly comme secrétaire particulier de M. le Bouthillier de Rancé, alors préfet de Strasbourg.

Il fut ensuite nommé en octobre 1820, contrôleur des Postes à Saint-Brieuc ; puis, le 21 février 1823, il fut attaché à l'armée d'Espagne comme inspecteur des Postes, et, avec la solde de colonel ; — grade auquel était assimilée la fonction tant administrative que militaire qui lui était confiée, — il fit, dans ces conditions, toute cette campagne, où les troupes françaises, conduites par le duc d'Angoulême et les maréchaux Moncey et Oudinot, « allèrent, selon l'expression de Châteaubriand, rapprendre le chemin de la victoire, n'ayant pas oublié celui de l'honneur » ; et qui rétablit sur son trône, en novembre 1823, le roi légitime Ferdinand VII.

A la fin de cette expédition, M. de la Villirouët fut nommé inspecteur divisionnaire des Postes, avec 6500 fr. d'appointements. Il occupait cette haute situation lors de l'usurpation du trône par Louis-Philippe en juillet 1830. Il n'hésita pas à faire tout son devoir ; et, sacrifiant sa fortune et son avenir à sa fidélité, à ses serments et à son roi, il donna sa démission, abandonnant ainsi, à l'âge de quarante ans, une position honorable et pleine d'avenir. Il revint alors en Bretagne, et il se consacra tout entier à l'étude et à l'éducation de ses enfants.

Il était en effet marié depuis six ans, et père de trois enfants.

Il avait épousé en l'église Saint-Sauveur de Rennes, le 28 avril 1824, Mademoiselle Aglaé-Marie-Auguste le Doüarain de Lemo, née à Vannes le 6 novembre 1799, fille unique de Jacques-Marie-Joseph, comte Le Doüarain de Lemo, ancien page du roi, ex-colonel à l'armée catholique et royale de Bretagne, chevalier de Saint-Louis, conseiller général du Morbihan, maire de la commune d'Augan, châtelain de Lemo et de la Touraille, et de feue Aglaé-Sophie-Marie-Victoire Desgrées du Loû.

Cette alliance en apporta de fort illustres à la famille Mouësan de la Villirouët, les Le Doüarain remontant à un Dérien, dit Douasroën, vivant au XIIIe siècle et descendant du duc de Bretagne Alain le Grand, et se rattachant en outre par six alliances et de seize côtés différents à la famille souveraine de Bretagne[1].

1. Le contrat de mariage fut passé à Rennes, dans l'appartement des Doüarain de Lemo, rue de la Monnaie, n° 1, le 27 avril 1824, il est signé :

Comte de la Villirouët, père du marié ; comte et comtesse de la

A la mort de son père, en **1832,** Madame de la Villirouët hérita du château de la Touraille, en Augan, où elle habita alternativement avec Lamballe et Rennes. Puis, en 1845, son mari ayant perdu son père, et vendu quelques années après son hôtel de Lamballe, le comte et la comtesse de la Villirouët abandonnèrent cette ville et demeurèrent l'hiver à Rennes et l'été au château de la Touraille, entourés de leurs enfants et de leurs petits-enfants, et dans une entière communauté d'affection et de sentiments.

Haye Saint-Hilaire, beau-frère et sœur du marié; marquise de Lambilly, née de Rosily, tante propre du marié; Mademoiselle Césarine de la Villirouët, sœur du marié; Mademoiselle Olympe de Lambilly, cousine germaine du marié (elle épousa en 1825 le comte Harscouët de Saint-George) ; comte et comtesse de Martel, oncle et tante propres du marié : Mademoiselle Laure de Lambilly, cousine germaine du marié (fille unique du premier mariage de Mademoiselle Feudé avec Robert de Lambilly : elle épousa : 1° le vicomte de Martel; 2° le marquis de Piré) ; Mademoiselle de Fontlebon, tante du marié ; comte de la Forest d'Armaillé, président à la Cour royale de Rennes, chevalier de la Légion d'Honneur, et comtesse de la Forest d'Armaillé, cousins germains du marié : Mademoiselle Louise de la Forest d'Armaillé, nièce à la mode de Bretagne du marié (elle épousa la même année le comte de Palys); M. de Lorgeril, maire de Rennes, chevalier de la Légion d'Honneur, neveu à la mode de Bretagne du marié (veuf de Julie de la Forest d'Armaillé); Madame de Tramain, cousine germaine du mari (née Mademoiselle Marie-Anne de la Forest d'Armaillé); Mademoiselle Agathe de Legge, nièce à la mode de Bretagne du marié (fille du comte de Legge, et de Agathe-Gabriel de la Forest d'Armaille : (elle épousa, vers 1841, M. Thomas de la Plesse) : Madame de Plouays de Chantelou, née de la Celle de Châteaubourg; Madame de Plouays de Chantelou, née du Guiny ; Mademoiselle Marie-Louise du Guiny (sœur de la précédente, elle devait, en 1832, avec sa sœur Pauline, offrir un asile dans son hôtel, à Nantes, à Madame la duchesse du Berry); Monsieur Charles de Guéhenneuc et Madame de Guéhenneuc née de Plouays de Chantelou ; le chevalier du Boberil, chevalier de la Légion d'Honneur et Madame du Boberil, née de Joisbert ; Monsieur de Talhouët-Boishorand, (Salomon-Samson, époux de Marie-Anne Françoise de la Haye de Plouër) ; Monsieur de Saint-Meleuc, avocat général à la Cour royale de Rennes, et Madame de Saint-Meleuc ; comtesse Bonin de la Villebouquais, née M.-J. du Plessis du Grénedan ; comtesse du Halgouët, née Aimée Bonin de la Villebouquais ;

La comtesse de la Villirouët, née Le Doüarain de Lemo, mourut à Rennes, le 8 décembre 1872, âgée de 73 ans ; son corps fut rapporté à Augan et inhumé le 11 décembre dans le cimetière de cette paroisse. C'est là qu'elle repose, à l'ombre de l'église, dans le champ funéraire hérissé de croix, symboles de salut et d'espérance qui, pareilles à des ancres, semblent retenir à jamais par des chaînes mystérieuses des navires invisibles au port de l'Éternité.

Le comte de la Villirouët ne survécut pas longtemps à celle qui, durant quarante-huit ans, avait été la compagne

Mesdemoiselles E.-M. et L.-M. Bonin de la Villebouquais ; comte des Nétumières ; marquis des Nétumières et marquise des Nétumières, née de Kergu ; comtesse douairière de Visdelou de la Villethéard, née de Rosnyvinen de Piré ; comte de Visdelou de la Villethéard et comtesse de Visdelou de la Villethéard, née Martin de la Bigottière : vicomte de Ricouard d'Hérouville, chevalier de Saint-Louis, vicomtesse de Ricouard d'Hérouville, et leur fils aîné : parents et amis du marié ;

Monsieur Le Doüarain de Lemo, chevalier de Saint-Louis, père de la mariée : Mesdemoiselles Marie-Lise, Marie-Louise et Angélique Le Doüarain de Lemo, tantes propres de la mariée ; Mademoiselle Eulalie Le Provost de la Voltais, cousine issue de germains de la mariée ; Monsieur, Madame et Mesdemoiselles Le Doüarain de Trévelec, parents éloignés de la mariée ;

Monseigneur l'Évêque de Rennes (Monseigneur Charles Mannay) ; Monsieur du Pont des Loges, premier président à la Cour royale de Rennes, chevalier de la Légion d'Honneur et son fils aîné, Monsieur du Pont des Loges, conseiller à la même Cour : Monsieur de Léon, Madame de Léon, née de la Grasserie, et leurs filles ; Monsieur Varin du Colombier, chevalier de Saint-Louis, et Madame Varin du Colombier, née Anneix de la Glétière ; Madame Huchet de Quénétain, née de Belbœuf ; Monsieur de Foucher, Madame de Foucher, née de Trédern, et leur fille, Marie-Louise de Foucher ; Madame du Chastellier, née du Quesnoy et sa fille, Virginie du Chastellier ; Mademoiselle Hélène de la Haye Saint-Hilaire ; Monsieur l'abbé Berthaud, chanoine honoraire ; Monsieur l'abbé Léon, curé de Saint-Aubin de Rennes ; Monsieur, Madame et Mademoiselle de Guéhenneuc de Boishue ; Monsieur du Plessis de Grénedan, chevalier de Saint-Louis, colonel de la Garde nationale de Rennes, et Madame du Plessis du Grénedan, née de la Besneraye ; Madame Robiou et sa fille, Aimée Robiou ; Madame Le Mélorel, née de Gasté ; Madame de la Ruée et sa fille, Henriette de la Ruée.

fidèle, l'honneur et le bonheur de sa vie. Il mourut à Rennes
le 26 juillet 1874, âgé de 85 ans. Son corps fut inhumé dans
le cimetière d'Augan, près de celui de sa femme, tandis que
leurs âmes, après une vie également chrétienne, se réunis-
saient dans les cieux.

Le comte de la Villirouët avait toujours demandé au travail l honneur de sa vie ; à la Religion sa grandeur ; à la foi
le secret de la science ; à la vertu celui du bonheur. Il n'avait
eu pendant plus de quatre-vingts ans qu'un drapeau, celui
du droit ; qu'une ambition, le triomphe de la vérité ; qu'un
but, le règne de Dieu. Il avait traversé les révolutions sans
pactiser et sans renier ; il n'avait jamais salué un front taré,
ni tendu la main à un pouvoir méprisé ; et il mourut, calme,
fier, vénéré, sans une souillure au cœur, sans une apostasie
sur la conscience, sans un mensonge sur les lèvres, sans
une tache à son blason.

Il fut avant tout un « croyant », un homme de foi, et un
homme de devoir. Sa vie entière peut se résumer en ces deux
mots : « Prière, travail », et par l'antique devise de nos
père : « Dieu et le Roi ». Nous dirons brièvement ce qu'il fut
aux point de vue de la science, de la société, de la religion
et de la famille.

D'une intelligence et d'une érudition fort au-dessus de la
moyenne, doué d'une prodigieuse mémoire qu'il utilisa
spécialement à l'étude de la littérature sacrée et de l'histoire,
monsieur de la Villirouët fut un écrivain de science et de
conscience, d'esprit et de talent. Son imagination ardente,
mise au service de ses croyances et de ses espérances religieuses et sociales, l'entraîna à chercher dans les grands faits
de l'histoire et dans la chronologie du passé des motifs de
confiance pour l'avenir et la conviction du retour de la France
à la monarchie légitime et du monde entier à la foi catholique. Tournant vers ces deux buts toutes ses pensées, tous
ses désirs et toutes ses études ; interprétant dans ce sens les
versets de l'Apocalypse, les textes sacrés de l'ancien et du

nouveau Testament, les centuries de Nostradamus ; et cher-
chant, d'après les dates des événements passés à déterminer
celles des événements futurs, il fit paraître plusieurs ouvrages
intitulés : « Recherches sur les fonctions providentielles des
dates et des noms dans les annales de tous les peuples » — in-8°
de 294 p. — Nantes, Guéraud, 1852. — « Les chiffres prophéti-
ques du règne de Napoléon, ou l'histoire d'hier et d'aujour-
d'hui, écrite au mois d'avril 1866, par M. de la Villirouët »
— in-8° 42 p. Rennes, chez Hauvespre, 1870 — « Parlons
hardiment » — in-8° 100 p. Rennes, chez Hauvespre, 1871
— « Parlons plus hardiment » — in-8° 68 p. Rennes, chez
Hauvespre 1872. — « Henri Cinq et Nostradamus, ou le grand
monarque annoncé depuis trois siècles » — in-8° 64 p. Rennes,
chez Auvespre, 1872 — « Le Roi Jésus, monarque universel
et divin soleil de l'humanité, ou l'histoire considérée à un
point de vue nouveau », par M. Ch.-M. de la Villirouët — 2
vol. in-8° de 432 et 194 p. — Rennes-Bazouges, 1873 et 1874.

Ces différents travaux ont tous un mérite réel, tant par
leur style élégant et clair, que par la science profonde de
leur auteur.

Dans le premier de ces ouvrages, M. de la Villirouët, d'accord avec les plus grands penseurs, et s'appuyant entre autres
sur ce texte des Livres Saints : « Omnia in mensura et nu-
mero, et pondere disposuisti » (Sap. XI. 21), et sur cette
pensée de Joseph de Maistre : « Le nombre est la barrière
évidente entre la brute et nous », attribue aux nombres une
fonction providentielle et prophétique. Constatant que la
chronologie présente des concordances de dates et des résul-
tats singuliers qu'il est impossible de nier, il étudie les
harmonies mystérieuses du nombre, il en détermine les règles
fixes et les rapports immuables, et il arrive à préciser les
dates des événements de l'avenir au moyen des dates des événements du passé. Appliquant, spécialement dans le second de
ses ouvrages, ce procédé au règne de Napoléon III, il arrive à
prédire, en avril 1866, la chute du troisième Empire en 1870.

« Parlons hardiment » et « Parlons plus hardiment » sont des brochures politiques, dans-lesquelles l'auteur affirme et prouve avec éloquence que, pour que la France soit sauvée, il faut qu'elle revienne à la foi catholique et à la monarchie légitime.

« Jésus monarque universel » est l'ouvrage le plus important de M. de la Villirouët, qui ne le termina qu'à la veille de sa mort. Dans ce travail il prouve que les prophéties et les faits principaux de l'Histoire universelle annoncent un futur règne temporel de N.-S. Jésus-Christ sur la terre, règne qui commencerait en l'année 1993, succédant à un triomphe passager de l'Antéchrist, et précédant immédiatement la fin du monde et le jugement dernier.

Tous ces travaux, intéressants et curieux, basés sur une vaste érudition, édifiés avec un réel talent et aboutissant à de remarquables conclusions, révèlent éminemment dans leur auteur la foi en Dieu, l'espoir en Dieu, l'amour de Dieu. Ils lui valurent d'être en relation et en correspondance avec la plupart des grands écrivains catholiques et des penseurs de notre siècle. Nous citerons, entre autres, parmi les signataires des nombreuses lettres qui sont parvenues jusqu'à nous : MM. Berryer, Guizot, L. Veuillot, Laurentie, Blanc de Saint-Bonnet, Donoso-Cortès, A. Nicolas, Torné-Chavigny, A. de Riancey, Comte de Falloux, Abbé J.-M. de la Mennais, P. Lacordaire, Général Trochu, Graslin de Séréac, A. de Chevigné, du Pont des Loges, Dahirel, Vert, Philouze, de Séré, Abbé Maupied, Comte de Mirville, marquis de Candau, comte de Peyronnet, marquis de Regnon, abbé d'Aurevilly, les comtes de la Ferronnais et de Monti pour Mgr le comte de Chambord, Mgr Dupanloup, Mgr Gaume, Mgr Mermillod, LL. EE. les Nonces, NN. SS. les archevêques de Rennes, les évêques de Vannes, de St-Brieuc, du Mans, d'Orléans, de Moulins, de Besançon, de Metz, de Malines, de Sura, etc.

En dehors des ouvrages imprimés dont nous avons parlé, M. de la Villirouët a laissé une quantité de manuscrits et de notes sur des sujets religieux, historiques, humanitaires ou agricoles, et tout un recueil de vers français.

A côté de cette existence si remplie au point de vue scientifique et littéraire, toute la vie politique du comte de la Villirouët se résume en un seul mot : « Fidélité ».

Royaliste ardent et convaincu, il brisa à l'âge de quarante ans une carrière qui s'ouvrait brillante devant lui, prouvant ainsi son dévouement et sa soumission à son prince exilé. Depuis, il garda inébranlable l'espérance — que dis je, la conviction — du retour de la monarchie légitime ; et le Ciel lui fit la grâce de mourir avant que la tombe du comte de Chambord eût englouti toutes les chances humaines de notre résurrection sociale.

Le roi honora d'un souvenir spécial la mémoire de ce fidèle ; et, à la nouvelle de la mort du comte de la Villirouët, il écrivit lui-même à son fils pour lui exprimer les sentiments de respectueuse estime qu'il avait pour le noble caractère du vénéré défunt, « dont toute la vie n'avait été qu'un battement de cœur héroïque ». Voici la reproduction textuelle de ce précieux autographe :

« *Frohsdorf, le 17 Août 1874.*

« Vous pouviez espérer, Monsieur, conserver longtemps
« encore votre vénérable père, dont la belle vieillesse faisait
« l'admiration de tous. Dieu ne l'a pas voulu. Il vient de
« rappeler à Lui le chrétien fervent, le royaliste fidèle qui
« lègue à sa province de si grands exemples et à sa famille
« un nom justement honoré. Mêlé à tous les évènements
« importants de son temps, Monsieur de la Villirouët est
« resté toujours et partout à la hauteur de sa mission et,
« dans sa retraite volontaire, il n'a cessé de servir utilement
« son pays. J'ai été heureux de lire les détails si touchants
« qu'on a donnés sur ses funérailles et les paroles éloquentes
« consacrées à ses vertus. Je m'associe de grand cœur à ces

« hommages et à votre douleur ; je garde un souvenir recon-
« naissant de votre visite à Frohsdorf et de celle de votre
« fille et je vous renouvelle, Monsieur, l'assurance de toute
« ma gratitude et de mes sentiments bien sincères.

HENRI. »

Si M. de la Villirouët eut pour son prince un attachement inviolable, que dire de son culte et de son amour pour son Dieu! La foi, une foi ferme, éclairée, agissante, fut toujours le mobile de toutes ses actions.

Élevé par des parents vraiment bretons, c'est-à-dire fonciè-rement chrétiens, il puisa dans l'éducation première de la famille, puis dans les leçons et les exemples des P. Oratoriens de Juilly, les grands principes et les saintes croyances de la religion et de la morale catholiques, à la hauteur desquels il sut maintenir la conduite de toute sa vie Cette éducation chré-tienne fut même la cause déterminante de son existence tout entière. M. de la Villirouët ne fut un homme d'un patriotisme ardent, d'une science supérieure, d'une vertu sans tache, d'un caractère noble et loyal, que parce qu'il fut avant tout et par dessus tout un homme de foi. — Ce qui fait l'homme, en effet, ce n'est point cet amas de chair, d'os et de sang qui forme son corps, c'est l'empreinte pre-mière donnée à son esprit, le germe jeté dans son cœur ; c'est le frein et la régle imposés à ses appétits et à ses sens ; c'est son regard et son avenir que l'on a tournés vers les cieux. En un mot ce qui fait l'homme c'est l'éducation : meilleure elle est, meilleur il sera. — Pour que l'homme soit grand plus tard, gardez l'enfant longtemps à genoux. —

A la mort de mon grand-père j'avais vingt ans ; et, pen-dant tout le temps qu'il m'a été donné de vivre à ses côtés, voici quel fut le règlement de chacune de ses journées :

Chaque matin il se rendait à la première messe, partant, à la campagne, l'été, dès quatre heures et demie, et forcé, l'hiver, d'emporter une lanterne pour se diriger dans la nuit. Comme lui, sa pieuse femme allait tous les jours à la messe, malgré son âge avancé, l'intempérie des saisons et l'éloignement de l'église : deux kilomètres. A son retour du bourg, M. de la Villirouët montait dans sa chambre, emportant un simple morceau de pain qui composait son déjeuner ; puis il se mettait au travail, et écrivait jusqu'au dîner, qui avait lieu à une heure et qui était le seul repas qu'il prît dans la journée. L'après-midi et la soirée se passaient en promenades, en visites et en lectures. A huit heures, il assistait sans y prendre part, au souper de la famille ; puis . . . . .

> Puis le son de la cloche annonçant la prière
> Rassemblait devant Dieu la maison tout entière.
> Près du large foyer, aux pieds du crucifix,
> Chacun s'agenouillait. Pieuse, lente, austère,
> S'élevait vers les cieux la voix grave du père ;
> Maîtres et serviteurs, femme, fils, petit-fils,
> Tous répondaient en chœur aux paroles divines,
> Et ces voix s'unissant à nos voix enfantines
> Formaient, dans leur accord à la fois fort et doux,
> Un concert qu'écoutaient les anges à genoux. ..
> Puis dans le grand salon qu'un feu mourant éclaire
> On se réunissait quelques instants encor ;
> Et le sommeil venait avec ses rêves d'or
>   Clore doucement la paupière,
> Quand un ange béni, sous les traits d'une mère,
> Avait sacré le front de l'enfant qui s'endort
>   D'un baiser et d'une prière....[1]

Mon grand-père se couchait régulièrement chaque soir à neuf heures pour reprendre le lendemain avant l'aurore son existence de la veille.

---

1. Extrait des « Voix du foyer », par le comte de Bellevüe.

Cette vie d'étude et de prière ne l'empêchait pas de s'occuper activement de la gestion de sa fortune, de remplir avec cordialité tous ses devoirs de société, de soulager par ses conseils, par ses remèdes, par ses aumônes, les malades et les pauvres, de prodiguer des marques de sa tendresse à chacun des membres de sa nombreuse famille. Nombreuse en effet ! car autour de lui vécurent, unis de pensées et de cœur, sa femme, ses trois enfants, son gendre, sa belle-fille et ses dix petits-enfants ! La mort a passé depuis, creusant et élargissant son sillon funèbre, et faisant de nombreux vides autour du foyer domestique ; mais pour tous ceux qui survivent. Monsieur de la Villirouët vit et vivra toujours. Il vit par le souvenir impérissable de ses vertus, par les leçons inoubliables de ses exemples ; et il vivra éternellement, car la « mémoire des justes est immortelle ».

Le comte Charlemagne de la Villirouët laissa trois enfants, dont nous parlerons plus loin dans la généalogie des Mouësan.

Contentons-nous de dire ici que tous les descendants de ceux dont nous venons d'esquisser la vie se sont efforcés et s'efforcent d'imiter les vertus de leurs aïeux, de suivre leurs exemples, de garder et de transmettre intactes les saintes et glorieuses traditions de leur famille, dont ils sont légitimement fiers, mais dont surtout ils comprennent les devoirs : car chez nous autres, gentilshommes bretons, la noblesse n'est que la transmission séculaire de l'honneur et de la vertu.

CHAPITRE V

Aperçu sur les œuvres littéraires de la comtesse de la Villirouët.

La comtesse de la Villirouët fut sous tous les rapports une femme transcendante. Modèle des amies, des épouses et des mères, elle joignait à toutes les qualités morales une sérieuse instruction et un goût très sûr et très développé. Elle parlait couramment l'anglais, et avait de réelles aptitudes pour la littérature et la poésie.

Elle composa beaucoup de vers intimes, des fables, des apologues, des impromptus ; un « Portrait », où elle se dépeint elle-même sous les traits de Zulmé ; des « Conseils à son fils » ; des « Conseils aux mères sur l'éducation des filles » ; un « Recueil de pensées et de réflexions philosophiques » ; une sorte de roman, « Enaïded, histoire véritable traduite de l'anglais » ; des « Épîtres en vers » à mademoiselle Artaud, à madame Sallior, à monsieur de Tramain à l'occasion de son mariage avec mademoiselle d'Armaillé[1] ; des

---

1. *Marie-Anne-Sévère de la Forest d'Armaillé*, fille du comte Gabriel d'Armaillé et de Agathe Champion de Cicé, et cousine germaine de la comtesse de la Villirouët, épousa à Rennes en 1804 le comte Poullain de Tramain, ex-colonel au régiment de la Reine. Elle mourut sans postérité en 1839 ; et avait pour beau-frère le comte de Legge, et pour nièces la comtesse de Lorgeril, et la comtesse de Palys.

« Études morales », adressées à Messieurs Sallior, Prioleau,
le Fèbvre, Millié, l'abbé Notin, l'abbé Chappus, Constant de
Cintré, la marquise de Candau, etc. ; ouvrages dont l'ensemble formerait un gros volume, et où elle réunit à une grande
pureté de style la droiture du jugement, l'élévation des sentiments, l'élégance et la délicatesse de la pensée.

De toutes ces œuvres nous avons le regret de ne pouvoir
citer que quelques pages ; mais elle nous révèleront mieux
encore la foi, les vertus et le caractère de madame de la
Villirouët, et nous montreront ce que, enfant, elle fut pour
sa mère, et ce que, mère, elle fut pour ses enfants.

**1° Lettre adressée de Lamballe, en janvier 1793, p
la comtesse de la Villirouët à sa mère, la marquise de
Lambilly :**

« Mon Dieu, je vous remercie de m'avoir donné la
mère que vous m'avez donnée, comme du plus grand
bienfait dont vous puissiez me combler après celui de
m'avoir fait naître dans la religion catholique, apos-
tolique et romaine. Tout autre qu'elle eût moins
convenu à ma manière d'être et de sentir ; et, avec
mon esprit prompt à se flatter, mon imagination
ardente et mon cœur sensible, nulle autre que ma
digne mère ne m'eût peut-être empêchée de donner
dans les écarts qu'entraîne souvent après lui un naturel comme le mien. Oh ! maman, que la dette sacrée
qu'en naissant j'ai contractée envers vous m'est
chère et précieuse, qu'elle m'est douce à acquitter, et
comme jusqu'à mon dernier soupir je ne cesserai de
la reconnaître ! C'est un hommage que mon cœur
vous doit et auquel il sera aussi fidèle que vous-même
l'avez été à la vertu. Car toujours vous fûtes la vertu
même : c'est à votre école que j'appris à l'aimer et

que le désir de la pratiquer s'insinua dans mon âme comme étant la seule capable de faire notre unique et souverain bien.

Le ciel sans doute a béni vos soins puisque j'ai su les apprécier et que ma plus chère envie est de marcher sur vos traces. Sans vous qu'aurais-je été, que serais-je devenue ? Et ces avantages mêmes que j'ai reçus de la nature n'auraient-ils pas tourné à mon préjudice ? Car l'esprit, à quoi sert-il, sinon à rendre les sottises plus brillantes quand on a le malheur de s'écarter des règles prescrites par la saine raison ? La sensibilité d'âme n'est elle pas aussi un don bien dangereux alors qu'on ne sait pas la diriger ? L'imagination, cette source féconde en plaisirs, ne devient-elle pas notre plus dangereux ennemi si l'on ne sait pas la régler, aussi bien que les passions, instruments du bonheur ou du malheur des hommes ?

Non, jamais je n'oublierai ce que je vous dois ; le zèle et la vigilance avec lesquels vous avez veillé sur moi, la douceur et la fermeté que tour à tour vous saviez employer pour me faire à la fois chérir mes devoirs et me forcer à les pratiquer, les leçons que vous m'avez données et qui toutes tendaient à m'apprendre à me défier de moi comme de mon plus dangereux ennemi, à ne jamais parler en mal de qui que ce soit, le mal que fait la médisance étant irréparable. (Ah ! maman, qui jamais le connut moins que vous, ce mal !) ; enfin à rapporter tout à Dieu comme au souverain dispensateur des biens et des maux, en qui seul on doit se glorifier !

Heureuse femme que je suis ! Pourquoi, quand je me vois absorbée par l'idée de mes malheurs, ne me

retracé-je pas toutes les actions de grâces que je dois
à cette Providence, qui en ce moment se plaît à
m'éprouver d'une manière si cruelle ? Femme trop
heureuse, apprends donc à être juste pour n'être pas
ingrate !

N'est-ce donc rien que le bonheur d'être unie à un
époux vertueux, qui de mon bonheur fait le sien et
qui, dans le siècle de la philosophie, dans un âge où
bien souvent les passions égarent, n'est occupé que
de ses devoirs et du soin de me rendre heureuse ?
quelle jouissance pour moi de pouvoir me dire : je
suis estimée, je suis aimée, j'ai toute la confiance de
mon mari comme il a la mienne, et je suis sûre que
mes enfants, s'ils veulent se conduire d'après ses
principes et ses exemples, ne feront jamais rien contre
l'honneur, la religion et la vertu !

O mon ami, que j'aie le bonheur de te revoir, et je
mourrai contente ! O maman, que j'aie le bonheur de
vous ressembler, et mes vœux seront comblés ! »

**2° Conseils de la comtesse de la Villirouët à son fils
âgé de neuf ans, lors de son entrée au collège de Juilly,
le 28 novembre 1798.**

« Tu vas me quitter, mon cher enfant ; et ce ne sera
plus ta mère, ta première et ta meilleure amie qui
t'instruira ; d'autres rempliront près de toi des soins
qu'il m'était si doux de te donner. Sans doute, mon
cher Charlemagne, cette séparation va me coûter ;
plus d'une fois j'y penserai avec larmes, et je regret-
terai ton éloignement. Puisses-tu par ta conduite,
mon bon ami, adoucir l'amertume de mes regrets, et
profiter des sacrifices que je fais pour te procurer

une excellente éducation, le premier des biens et le seul sur lequel les révolutions ne peuvent rien.

Je te l'ai dit, mon enfant, mon bonheur présent et futur dépend de toi ; tu as toute ma tendresse, tâche de la justifier ; rends-toi digne de l'affection de tes maîtres, et mérite l'amitié de tes camarades. Sois docile, prévenant et respectueux envers les uns, doux et complaisant avec les autres : tu es un étranger pour eux, fais-toi connaître à ton avantage.

Tu sais l'intérêt que j'attache à ce que tu aies de la religion. Dieu nous a fait un commandement de l'aimer, et ce serait être un monstre d'ingratitude que de ne pas lui payer le tribut d'hommages qui lui est dû en sa qualité de notre Créateur et de l'auteur de la nature. Sans religion aussi il n'est point d'honnête homme, et tout impie est un mauvais sujet. Sois donc bien exact, mon bon ami, à remplir tes devoirs envers Dieu. Élève ton cœur vers lui en t'éveillant : principe et fin de notre existence, nous lui devons notre première pensée. Dis tes prières avec attention, matin et soir ; et lorsque tu seras couché, fais un petit examen sur tes actions de la journée, suivi d'un acte de contrition. Entends la messe tous les dimanches et jours de fête avec respect et dévotion ; et prie Dieu de te bénir, et de ne pas permettre que tu te déshonores en étant un mauvais chrétien. Tu sais ce que je t'ai dit à ce sujet : je t'aime extrêmement, mais j'aimerais mieux te voir mort qu'impie et malhonnête homme.

Venons maintenant aux défauts que j'ai découverts en toi.

L'habitude que tu as prise de raisonner alors qu'on te commande quelque chose te coûtera bien des ennuis ; défais-en toi, mon ami, et n'oublie jamais que la première qualité d'un enfant c'est l'obéissance.

Tu es gourmand, et par suite peu disposé à te montrer généreux : c'est mal, car la générosité est la marque d'un bon cœur.

Tu aimes à jouer, et souvent tu te fâches quand tu perds : cela semblerait indiquer en toi un caractère intéressé (le plus affreux de tous) ; il faut savoir supporter également la perte ou le gain.

Tu es naturellement lent et paresseux, surtout pour te lever et t'habiller : ce défaut t'occasionnera probablement des punitions ; tâche de devenir vif et prompt.

Voilà, mon cher Charlemagne, ce que j'ai voulu t'écrire en cette date importante de ta vie. Tu me feras le plaisir de garder les conseils de ta mère et de les relire quelquefois.

J'ai eu deux motifs en t'écrivant : le premier de remplir mon devoir envers toi, le second de me procurer l'avantage d'être toujours à tes côtés : le petit cahier que je te donne et que tu conserveras renfermant une partie de mon cœur et contenant les vœux que je forme pour ton bonheur.

Ce bonheur, persuade-toi bien qu'il n'est réel que quand on n'a rien à se reprocher contre la religion, l'honneur ou la probité ; et, pour être heureux, ne t'écarte jamais, dans aucune circonstance de ta vie, des devoirs de l'honnête homme et du chrétien.

Ne regarde comme tes amis que ceux qui te diront tes défauts. Crains au contraire ceux qui te flatteront.

Tu apprends facilement et tu as la mémoire facile, profite de ces avantages et ne néglige rien pour devenir un homme instruit. Mets-toi en mesure de ne devoir qu'à toi seul plus tard les moyens d'existence dans une société qui, toute corrompue qu'elle est, estime la vertu et honore le talent.

Prie Dieu qu'il permette que tu aies le bonheur de revoir ton père, avec moi, ton meilleur ami ; et donne lui la consolation à la fin de ses malheurs de te trouver tel qu'un si bon père a le droit d'espérer voir son fils.

N'oublie jamais ta tante (Mademoiselle de la Villebasse), qui t'a tenu lieu de seconde mère. Que tes sœurs te soient toujours chères, ce sont les amies que te donne la nature : Soyez donc à jamais unis, mes chers enfants !

Adieu enfin, mon cher Charlemagne. Puisse ton cœur pour ton bonheur et pour le mien apprécier toute la tendresse de celle qui sera toujours plus encore ton amie que ta mère. — »

Quelques années plus tard, au moment où son fils, à l'âge de dix-huit ans, venait d'être nommé professeur à Juilly, Madame de la Villirouët complétait ainsi ses premiers conseils :

« ... Garde-toi de ces femmes coquettes qui, sous des dehors aimables et séduisants, cachent une âme perverse. Fuis les lieux de débauche et de corruption, dont la fréquentation entraîne nécessairement la perte de l'âme, la destruction de la santé et la ruine de la fortune. Sois aussi en garde contre la passion du jeu, car, pour un qui s'y enrichit, vingt s'y ruinent et s'y déshonorent.

Sois éclairé dans le choix que tu feras de tes amis ;

il est peu d'hommes qui méritent ce titre : et, comme
dit la Fontaine

> Rien de si commun que le nom
> Rien de si rare que la chose.

Préfère à la société des jeunes gens celle des personnes âgées, avec lesquelles on a tout à apprendre et
à gagner. Occupe-toi sans relâche de ton instruction
et des moyens de réformer ton caractère trop susceptible et pas assez doux : ainsi tu éviteras l'ennui, tu
étendras et tu perfectionneras tes connaissances, tu
mériteras l'estime et l'amitié des gens de bien.

Tels sont, mon ami, les conseils que mon affection
pour toi m'a dictés ; écoute-les et suis-les : ce sera la
meilleure preuve de ta tendresse. Le plus grand bonheur que puisse éprouver une mère est d'entendre faire
l'éloge de son fils : fais en sorte de me faire jouir de
ce plaisir, et garde-moi ton cœur, en échange du
mien. »

Comme nous l'avons dit, le fils suivit toujours les bons et
tendres conseils de sa mère. Il fut toute sa vie un homme
de foi, un homme d'études, un homme de devoir. Mais
hélas ! sa mère n'était plus là pour jouir de sa conduite,
pour applaudir à ses travaux et à ses succès : il n'avait que
23 ans quand elle mourut le 12 juillet 1813 !

Après s'être ainsi occupée de son fils, la comtesse de la
Villirouët, ne se désintéressa pas de ses filles, comme le prouve
l'étude suivante :

IIIᵒ Avis aux mères pour l'éducation de leurs filles.

« Si j'avais des enfants à élever, je ne me ferais
aucun plan d'éducation, et je me bornerais tout sim-

plement à étudier leur nature, bien persuadée que celle-ci m'indiquerait ce qui est bon à faire, plus sûrement que tout ce qui a été écrit à ce sujet.

Il est inutile de dire que mon enfant ne s'apercevrait jamais de la surveillance morale que j'exercerais à son égard, car s'il pouvait en avoir le moindre soupçon, il serait en garde contre moi; en bien des occasions la connaissance qu'il aurait de mon extrême sollicitude pourrait développer en lui le germe de la fausseté, et rien de plus fâcheux pour soi et pour les autres que de n'avoir pas un caractère franc, surtout à cet âge dont le plus grand charme sera toujours le naturel, la candeur, la naïveté, et cet abandon de l'âme si délicieux à trouver dans l'enfant.

Je pense avec Jean-Jacques que l'éducation d'un enfant commence presque aussitôt qu'il est né ; mais je suis loin d'adopter son idée sur l'époque à laquelle on doit lui inspirer des sentiments religieux. On ne saurait parler trop tôt de Dieu aux enfants; et le signe de la croix doit leur être familier même avant qu'ils puissent articuler. Une mère chrétienne, une bonne mère, ne manquera donc pas de diriger ainsi la main de son enfant le matin et le soir ; et, sitôt qu'il pourra parler, elle sera également exacte à lui faire réciter une courte prière à son lever et à son coucher.

Les enfants sont tous gourmands ; mais du mal même on peut tirer le bien. On prendra donc occasion de cette gourmandise pour inspirer à son enfant le sentiment de la reconnaissance envers le Créateur; et, dans la saison des fruits, en se promenant avec lui dans le jardin, on ne manquera pas de diriger ainsi ses idées ; on lui parlera de la bonté de Dieu

qui a donné à l'homme, non seulement tout ce qui
lui est nécessaire, mais encore tout ce qui peut flatter
son goût. De la reconnaissance à l'amour il n'y a
a qu'un pas ; et c'est de cette manière que l'on jettera
de bonne heure dans ces jeunes âmes la semence de
la vertu.

L'enfance aime tout ce qui est extraordinaire : on
profitera de cet amour du merveilleux pour exciter
dans son âme le sentiment d'une admiration vertueuse.
On lui parlera souvent de tout ce que Dieu a fait
pour l'homme ; et, dans les belles soirées d'été, on
parlera de la splendeur et de l'immensité des cieux ;
par ce moyen, on élèvera son âme et on la remplira
d'amour et de crainte pour l'Auteur de tant de mer-
veilles. Le catéchisme lui apprendra ce qu'il faut
croire et pratiquer ; ce que je viens d'indiquer lui en
inspirera le sentiment et le conduira naturellement
à cette foi dont parle Pascal : « Dieu rendu sensible
au cœur ! ».

On sera d'une grande indulgence pour tous les
défauts qui tiennent à l'âge puisqu'ils doivent disparaître avec lui. Mais on sera d'une grande sévérité
pour ceux qui peuvent grandir avec la taille et se fortifier avec les années ; ainsi pour « l'humeur » on sera
inéxorable ; car si, dès la plus petite enfance, on ne
s'attache pas à corriger ce malheureux défaut, il
jette des racines profondes que rien ensuite ne peut
extirper.

L'enfant sera toujours vêtu proprement et simplement. Les petites filles ont de bonne heure des idées
de coquetterie ; une toilette recherchée ne contribuera
pas peu à développer en elles ce germe qu'elles

apportent presque toutes en naissant ; et l'amour-propre mal dirigé peut faire leur malheur et les rendre insupportables dans la société. On s'estime à cause de son habit, on se croit jolie parce qu'on a une belle robe, et on ne pense pas que, parée ou non, on a toujours les mêmes yeux, la même bouche, les mêmes traits enfin.

On se préfère aux enfants de son âge qui ne sont pas aussi bien mis, et c'est ainsi que l'amour-propre engendre la vanité et le mépris des autres dans un âge où l'on ne devrait avoir que des idées douces et des sentiments tendres pour les compagnons de son enfance.

Une mère aime toujours sa fille ; mais l'aime-t-elle toujours comme elle devrait l'aimer ? Ne s'aime-t-elle pas souvent en elle, et l'amour-propre ne joue-t-il pas un grand rôle dans cet amour qu'elle lui porte ? Ce désir qu'elle a et qu'elle témoigne que tout le monde s'occupe de sa fille, toutes ces petites gentillesses qu'elle lui fait faire au milieu d'un cercle, ces saillies heureuses qu'elle répète en sa présence, sont-elles, peut-on le croire de bonne foi, sans dangers pour des enfants et surtout pour des petites filles dont l'amour-propre est éveillé plus matin qu'on ne croit ? Aussi qu'arrive-t-il ? A peine sont-elles nées que, d'après la manière dont on les élève, elles se croient des personnages, babillent sans cesse, parlent à tort et à travers, donnent leur avis sur tout, sont importunes au dernier point ; et les pauvres mères ne s'aperçoivent pas que c'est uniquement par égard pour leur faiblesse qu'on s'occupe de leur enfant.

Je suis d'avis qu'une petite fille ne fasse jamais que

paraître momentanément au milieu d'un cercle. Je sais bien qu'en suivant cette marche, elle ne sera pas aussi vite façonnée par le monde ; mais, en revanche, elle aura l'esprit de son âge ; et c'est le premier et le meilleur de tous les esprits. Elle en aura également la simplicité, l'innocence, la candeur, l'ingénuité, et ces grâces naïves que rien ne remplace et que l'on perd toujours trop tôt. Si elle n'a pas la politesse des manières, elle aura la politesse du cœur qui vaut sûrement mieux. Elle ne deviendra pas minaudière. D'elle-même elle se mettra à sa place ; ne parlera que quand on l'interrogera ; trouvera fort simple qu'on ne s'occupe pas d'elle, et se créera à elle-même des plaisirs qui seront bien plus vrais pour elle que ceux que la société pourrait lui donner. Elle apprendra de bonne heure à se suffire à elle-même, à ne pas compter sur les autres, et cette manière d'être élevée influera immanquablement sur le bonheur de toute son existence ; elle jouira de celui de son âge et ne sautera pas à pieds joints, comme la plupart des enfants d'aujourd'hui, par-dessus la plus belle saison de sa vie.

Il faut que l'enfant aime son père et sa mère d'un amour de préférence longtemps avant qu'il sache que c'est un devoir ; mais il faut encore qu'il les estime plus que qui que ce soit au monde. Aussi quelle surveillance les pères et mères ne doivent-ils pas exercer sur eux-mêmes ! On s'étourdit sur la tâche que ces titres sacrés vous imposent. Mais, si elle est difficile cette tâche, quelles jouissances ne procure-t-elle pas aux parents qui ont le courage de la bien remplir et qui ne prêchent à leurs enfants que les ver

tus dont eux-mêmes donnent l'exemple! Ah ! que les
mères entendent mal leurs intérêts quand elles
négligent d'élever elles-mêmes leurs filles ! Que de
douces jouissances sont perdues pour elles! Car tous
les plaisirs du monde peuvent-ils jamais valoir le bonheur de faire naître un sentiment vertueux dans l'âme
de ces jeunes enfants que le Ciel leur a confiées, dont
il les a rendues dépositaires et dont elles répondront
devant Dieu ! Est-il un plus grand plaisir que celui
de développer soi-même l'esprit de son enfant, d'élar-
gir ses idées et de lui inspirer le goût de la vertu,
sans laquelle l'homme ne peut être heureux !

Je ne me dissimule pas que cette multitude de
devoirs renfermés dans un seul a de quoi étonner une
jeune femme qui, chérissant ses obligations, n'en aime
pas moins ce qu'on appelle les plaisirs du monde.
Mais qu'elle réfléchisse bien : c'est une mère qui lui
parle, et son témoignage ne peut lui être suspect : le
plus grand bonheur des mères naîtra toujours de
l'accomplissement de leurs devoirs envers leurs
enfants. Si elles ne les remplissent pas, elles n'éprou-
vent jamais que des jouissances factices, et dans leur
cœur toujours en opposition avec lui-même sera pour
elles comme un ver rongeur.

Mais, si le titre de mère impose de grandes obligations, il faut bien croire aussi qu'il inspire beaucoup
de vertus. Pour ne pas donner à son enfant de mau-
vaises impressions, de dangereux exemples, on se
surveille soi-même; par respect pour l'innocence et
pour ne pas trouver un juge dans son enfant, on
s'observe dans les plus petites choses, dans ses
paroles, dans son maintien, dans sa conduite; on

devient exacte à ses devoirs de piété. Pour lui procurer les avantages inexprimables d'un caractère égal, on dissimule son humeur, et, à force de la dissimuler, on finit par la vaincre ; on ne se permet pas un caprice ; en un mot, on devient soi-même un modèle vivant ; et c'est ainsi que les vertus naissent en foule dans le cœur d'une vraie bonne mère, dès qu'elle a compris qu'elle doit à ses enfants autant de vertus que ses enfants lui doivent à elle-même de reconnaissance et de bonheur.

Il ne faut jamais louer sa fille sur sa figure, sa tournure, son esprit, sa grâce et ses talents ; toutes ces louanges sont autant de poisons pour l'âme ; mais si elle fait une bonne action, si elle excuse ses camarades quand on les blâme, on peut alors la louer sans danger, car ce n'est pas tant la louange en elle-même qui est dangereuse que la mauvaise application qu'on en fait.

Une mère ne doit jamais avoir la vanité de penser qu'elle a donné naissance à des prodiges. D'après ce que l'on entend perpétuellement dire de l'esprit et de la sagacité des enfants, on pourrait s'imaginer qu'il y a beaucoup de gens d'esprit dans le monde ; et cependant je ne vois pas que ce soit si commun que ça devrait être, si les belles espérances des parents et surtout celle des mères se réalisaient. Un petit phénomène de dix ans est le plus souvent un sujet fort ordinaire à vingt. N'allons jamais plus vite que la nature, elle sera toujours le meilleur guide que nous puissions avoir. Le moral se développe généralement en proportion du physique ; la sagesse du Créateur l'a voulu ainsi pour le bien être de l'individu ; aussi quand le physique d'un enfant est faible faut-il bien prendre garde à ne pas trop appliquer son moral.

Je suis aussi d'avis qu'une petite fille ait une poupée et qu'on lui en donne une très belle à dix ou douze ans ; mais je veux que cette poupée soit toujours parfaitement tenue, qu'on lui fasse soi-même ses chemises, ses bas, ses robes, etc., qu'on lave son linge, qu'on le repasse et qu'on l'empèse. Toutes ces choses sont bonnes à savoir faire. L'usage de la poupée rend adroite, et, pendant qu'on s'en occupe, on ne songe pas à autre chose. Plus longtemps on conserve les goûts simples, plus longtemps aussi peut-être on conserve son innocence. Je n'aime pas les petites filles qui n'aiment pas les poupées ; et je suis portée à croire celles qui n'ont pas ce goût trop avancées pour leur âge. On me trouvera d'étranges idées !

Quelque confiance qu'une mère ait lieu d'avoir dans les moyens d'élever ses enfants et quelque pénétrée qu'elle soit de l'étendue de ses devoirs, elle ne manquera jamais de s'adresser à Dieu, chaque jour, et de lui demander les grâces nécessaires pour remplir dignement sa tâche, pour former le cœur et l'esprit de ses enfants.

J'insiste beaucoup pour qu'on ait fréquemment avec eux, même étant tout petits, des conversations inspirées par la religion, ; bien amenées et bien ménagées, elles leur seront très utiles et avantageuses ; leurs jeunes et tendres âmes se pénétreront de sentiments doux et vertueux, s'armeront d'avance contre les dangers de la séduction du monde et leur résisteront avec plus d'avantages, quand l'heure du combat sera venue.

Si autrefois on négligeait trop l'éducation des femmes, ne pourrait-on pas dire qu'aujourd'hui elle est mal dirigée ? On sacrifie le solide à l'agréable et on dirait que le corps est tout et l'âme rien. La plupart des parents sont les homicides de leurs enfants !

Comme une femme sera toujours plus intéressante par le caractère et par le cœur que par l'esprit, une mère s'attachera toujours de préférence à former le cœur et le caractère de sa fille. Je n'entends pas pour cela qu'on néglige son esprit, mais j'insisterais fortement pour qu'on ne lui donne d'instruction qu'autant qu'il sera nécessaire pour développqer ses facultés intellectuelles. Quelqu'instruite que soit une femme, elle sera toujours plus aimable par son esprit naturel que par son esprit acquis, et trop souvent il arrive que celui-ci fait beaucoup de tort à celui-là. A force de lire ce qu'ont pensé les autres, on s'ôte la faculté de penser d'après soi, on étouffe le naturel qui est pourtant tout ce qu'il y a de mieux et ce qui plaira toujours davantage. L'amabilité d'une femme doit être absolument différente de celle d'un homme ; faite pour plaire, et moins encore aux yeux qu'au cœur, sa vocation ne fut, et ne sera jamais, d'instruire. La science rend la femme orgueilleuse ; donc la science n'est pas faite pour elle. Il lui suffira d'avoir une teinture de l'histoire, de la mythologie, de la géographie, la tête meublée des plus beaux morceaux de poésie de nos meilleurs auteurs, et de savoir parler et écrire sa langue correctement et avec grâce. Mais ce qu'il faut qu'elle sache parfaitement, c'est la religion, l'histoire sainte, les quatre premières règles, puisque, s'il est dangereux de trop compter sur les autres, il est encore plus fâcheux de ne pas pouvoir compter sur soi. De bonne heure on s'attachera à la rendre soigneuse ; ce que le désordre fait perdre de temps, de choses et conséquemment d'argent, est incalculable ; et ce sont les femmes qui font ou défont les maisons.

A l'égard des talents, il est agréable d'en avoir, mais il est peut être dangereux d'y exceller ; c'est une pâture pour l'amour propre ; et, poussé à un certain point, celui-ci peut faire oublier que tous les talents possibles ne valent pas la plus petite vertu. Si donc une mère donne des talents à sa fille, elle lui répétera souvent que les talents ne sont que des choses de pur agrément et qu'ils n'entrent pour rien dans la composition du vrai mérite, que ce n'est rien d'avoir de l'esprit et de savoir bien danser, que Dieu lui demandera compte non de ce qu'elle aura su mais de ce qu'elle aura fait. De même si une mère est d'un rang et d'une fortune à ce que sa fille soit parfaitement mise, en lui donnant pour sa toillette tout ce qui convient à l'état qu'elle occupe dans la société, elle lui fera souvent des réflexions morales et chrétiennes sur la futilité de toutes ces choses, sur toute la peine qu'on se donne et tout l'argent qu'on dépense pour parer un corps qui doit pourrir un jour dans la terre. Elle ne permettra pas qu'elle s'habille d'une manière contraire à la décence et prêchera elle-même d'exemple : où est l'exemple, le précepte n'est pas nécessaire, mais le précepte est nul si l'exemple ne le précède et ne l'accompagne.

On ne manquera pas de dire à sa fille que plus une jeune personne réunit de talents, d'esprit et d'agréments, plus il faut qu'elle ait de modestie parce qu'il faut mettre autant de soin à se faire pardonner ses avantages que l'on en met ordinairement à cacher ses défauts. La modestie est le cachet du vrai mérite, et elle sera toujours, avec la douceur, la première parure d'une jeune personne. On peut séduire par des agréments, mais on n'attache que par ses qualités et ses vertus.

Une mère ne souffrira point que ses enfants la tutoient ; c'est une erreur de penser que le respect nuise à la tendresse. Celui des enfants pour leurs parents doit être extérieur comme il est intérieur, et leur manière d'exprimer leurs sentiments et leurs pensées aux auteurs de leurs jours doit être à la fois tendre et respectueuse, puisqu'ils leur doivent ensemble tendresse et respect. Il ne faut jamais que les pères et mères oublient qu'ils tiennent à l'égard de leurs enfants la place de Dieu sur la terre. C'est une chose inouïe que l'usage du tutoiement généralement établi ! Les femmes les plus sensées paient tribut à cette erreur de leur siècle. Je connais une mère qui se met en colère contre sa fille quand celle-ci lui dit *vous* au lieu de *tu*. J'ajouterai encore qu'il est bien à craindre qu'une fille habituée à tutoyer (car il est des petites filles qui tutoient à présent tout le monde) ne tutoie également le premier jeune homme qui lui dira : « Je vous aime » ; et quelle mère peut ne pas sentir le danger d'une manière de s'exprimer qui entraîne tant de familiarités ?

On lui donnera par mois une somme fixe pour ses

menus plaisirs. Il est bon qu'un enfant ait de l'argent à sa disposition. On ne lui prescrira pas l'usage qu'elle doit en faire, mais on lui inspirera le sentiment que cet usage soit bon. On la conduira soi-même dans la cabane du pauvre et l'on profitera de cette visite pour lui demander ce qu'elle a fait à Dieu pour être plus heureuse que l'indigent qu'elle vient de visiter et de soulager.

Il suffit d'indiquer ce qu'on peut dire en pareille circonstance ; mais alors une mère chrétienne est naturellement amenée à parler à son enfant de l'existence et de la nécessité d'une autre vie, de l'éternité des récompenses et des peines, et enfin à lui faire comprendre que cette vie ne nous est donnée que pour en mériter une meilleure !

O mères, remplissez vos devoirs et il ne vous restera guère de temps à sacrifier à vos plaisirs et à des connaissances futiles. Semez pour recueillir. Les vertus que vous ferez éclore dans le cœur de vos enfants ne seront pas sans fruit pour vous-mêmes. Dieu récompensera votre zèle ; et, si vous avez fait des fautes, les vertus de vos enfants crieront *merci* pour vous ! »

IV° Extraits du portrait de Zulmé.

« Ne me demandez pas quel est le genre de beauté de Zulmé ; car elle n'est pas même jolie ; mais, quand elle parle et qu'elle est animée, l'expression de sa physionomie est charmante : elle a tout ce que sa figure promet. Sa taille est au-dessous de la moyenne ; elle est bien proportionnée ; son caractère est enjoué ; son esprit cultivé ; son cœur sensible et même tendre, son âme élevée, son imagination brillante, ses manières simples et unies, son humeur égale.

Zulmé réunit beaucoup de contrastes, et voilà pourquoi, sans doute, elle réussit généralement auprès de tous les esprits. Voyez-la donc dans une société de jeunes gens de l'un et l'autre sexe, c'est la gaieté, la coquetterie personnifiée, et elle dit quelquefois de ces folies aimables qui, sans trop porter ombrage à la raison, en distraient agréablement. Qu'elle soit dans un cercle, elle y tiendra aussi sa place ; mais c'est peut-être, à mon avis, celle qu'elle remplit avec moins d'avantages, si ce n'est que l'on n'y traite quelque sujet intéressant, parce qu'alors elle se mêle à la conversation et discute d'une manière analogue au sujet. Elle raisonne assez généralement sur tout ce qui est du ressort d'une femme en qui une excellente éducation a perfectionné la nature. Il est impossible de la juger en peu de temps ; aussi craint-elle les demi-connaissances ; quelquefois on pourrait la croire fort sévère en principes, et d'autres fois extrêmement tolérante. Sûre d'avoir pour elle sa conscience, elle n'est peut-être pas toujours assez réservée dans ses propos, bien qu'il ne lui en échappe jamais de libres.

Son âme est forte et courageuse ; les malheurs ne peuvent l'abattre ni les succès l'émouvoir ; remplie d'amour-propre, jamais elle ne fut vaine, et sa confiance en elle-même ne tint jamais de la présomption ; elle réunit à une grande justesse dans les idées, une grande constance dans l'effort vers le but qu'elle se propose et joint au caractère de son esprit, l'esprit de son caractère. Elle ne connaît que deux sortes de bonheur en ce monde : celui d'aimer et

d'être aimé, et celui de faire le bien. Les honneurs
ne la touchent point et son âme est inaccessible à
l'intérêt. Elle désire plaire, en général, mais elle ne
fera jamais de frais particuliers pour y parvenir, à
moins qu'on ne lui plaise ou qu'elle s'aperçoive avoir
plu ; car alors elle met de l'amour-propre à justifier
et à entretenir la bonne oponion qu'on a conçue d'elle.
Autant que qui que ce soit elle apprécie les charmes
de l'amitié, et c'est à ce sentiment qu'elle doit son
bonheur le plus doux. Elle éprouve longtemps ses amis
avant de se livrer à eux, mais, une fois qu'elle les
connaît sous tous les rapports et qu'elle s'est assurée
qu'ils méritent sa confiance, ils lisent dans son âme
comme dans un livre. Elle préfère à la société des
jeunes gens celle des hommes d'un certain âge, leur
trouvant plus de ressources dans l'esprit et plus de
solidité dans le caractère. Elle est bien aise qu'on la
trouve aimable, mais elle cherche plus à plaire aux
personnes qu'elle voit habituellement qu'à celles qu'elle
ne rencontre que dans la société ; disant, avec raison
que, dans la société, c'est l'amour-propre qui est
flatté, et dans l'intimité c'est le cœur qui jouit. Par
dessus tout elle aime la liberté, mais, soumise entièrement à l'empire du devoir, elle n'est esclave que de
lui seul et remplit, avec une exactitude extrême, tout
ce que celui-ci semble lui prescrire ; elle pourra pécher
par extension, mais jamais par omission. Elle est bonne
épouse, bonne mère, bonne amie et jamais, dans la
société, elle ne se permet la plus légère plaisanterie
sur le compte de qui que ce soit, persuadée qu'il est
difficile de plaisanter les personnes présentes sans les
offenser et les absents sans médire. Toutes les femmes,

peut-être, ne l'aiment pas, mais elle eut toujours des amies et des amies vraies, même parmi les femmes de son âge qui pouvaient rivaliser avec elle en agréments. Elle préfère généralement la société des hommes et ne se cache pas de la préférence qu'elle accorde à ce sexe sur le sien ; elle prétend que toutes les femmes sont coquettes, du plus au moins, et même qu'elles doivent l'être pour être aimables. Elle s'avoue telle, et beaucoup assurent n'avoir pas besoin de son aveu pour la juger ainsi.

Elle a des principes qu'elle s'est faits à elle-même et dont elle ne s'écarte jamais, ou du moins bien rarement. Ne fait-elle que passer dans un lieu, les vieillards la louent de son extrême politesse comme les jeunes gens de son amabilité et les femmes, peut-être, de son imagination. Doit-elle séjourner, au contraire, elle ne se fait connaître que peu à peu ; c'est une politique qu'elle a adoptée et dont elle use même envers ceux qu'elle destine à devenir ses amis, persuadée que l'intérêt que l'on s'inspire mutuellement en société doit son existence aux charmes de la nouveauté, à une certaine curiosité de connaître ce qui nous est inconnu, et que, cette curiosité une fois satisfaite, l'intérêt diminue considérablement, à moins qu'on n'ait une tournure d'esprit et des moyens peu ordinaires.

On ne saurait être meilleure amie que Zulmé. Elle aime ses amies comme elle-même, et elle en est aimée éperduement ; une fois qu'on s'est attaché à elle c'est pour la vie ; on ne peut l'oublier, et il est plus facile de ne pas l'aimer du tout que de l'aimer médiocrement. Elle ne s'attache pas à la légère, et, pour gagner son affection, il faut réunir à un mérite solide un caractère doux et égal, un cœur sensible et ami de la vertu, un esprit juste et agréable, car elle veut avec son amie se plaire, s'instruire, s'intéresser et se distraire.

C'est un besoin pour son cœur de s'accuser quand sa conscience elle-même l'accuse ; c'est une sorte d'expiation nécessaire à son bonheur intérieur; et, dans le sein de l'amitié, elle dépose également ce qui pourrait l'humilier ou lui faire honneur. Si elle a des torts envers quelqu'un il faut qu'elle les reconnaisse, et cela avec la franchise de celui qui se repent. Elle déteste l'hommage des sentiments qu'elle ne mérite pas ; et on peut la croire dans le mal comme dans le bien qu'elle dit d'elle-même. Elle se rend justice sans y mettre aucune espèce de prétention, persuadée que l'on peut dire du bien ou du mal de soi sans raffinement d'amour-propre et sans vanité. Elle est plus sévère pour elle que pour les autres, ne doutant pas que l'indulgence est une des premières vertus sociales, et que, dans son propre intérêt, on ne doit pas être méchant à l'égard du prochain.

Elle a de la religion, et beaucoup : elle la professe et la pratique autant par sentiment que par devoir. En général son cœur est en action dans tout ce qu'elle fait et elle aime Dieu comme elle aime ses amis. C'est à l'entière observation de ses devoirs qu'elle a toujours dû son bonheur le plus vrai ; et, pour qu'elle soit bien heureuse, il faut qu'elle n'ait rien à se reprocher. Sincèrement attachée à la religion, elle ne croit pas plus au bonheur qu'à la perfection de celui qui n'en a pas. Dans les circonstances pénibles où elle s'est trouvée, elle a toujours joint au courage de la résistance le sentiment de la résignation. Elle affirme que la religion aide au bonheur de l'homme et peut seul l'en faire jouir, parce qu'elle seule peut le rendre parfait ; qu'ayant pour principe et pour fin un être infini en perfection, l'homme ne saurait être heureux qu'en raison des efforts qu'il fait pour pratiquer les vertus dont cet Être infini nous a donné l'exemple.

Elle est d'une délicatesse et d'une probité extrêmes et susceptible des procédés les plus généreux ; incapable de se venger jamais du mal qu'on lui aurait fait ou qu'on aurait voulu lui faire ; trop aimante pour être haineuse, vindicative, elle souffrirait la première du mal qu'elle ferait au prochain ; reconnaissante des services qu'on lui rend, elle se montre peu exigeante quand elle oblige elle-même, car, quand elle fait du bien, c'est, dit-elle, un besoin de son cœur qu'elle satisfait, et elle n'attend jamais de récompense de celui qui en est l'objet.

Elle préfère la sévérité qui blâme à la louange qui flatte, et dit que, pour bien recevoir un reproche, il faut non seulement un bon naturel, mais encore de l'esprit, car l'amour-propre est très chatouilleux. Jamais, en affaire grave, elle ne suivit son premier mouvement. Elle craint, et avec raison, son imagination si vive. Et, sachant que, quand on va vite, il est facile de trébucher, elle regarde toujours autour d'elle avant de prendre son élan. Si pourtant, par inadvertance, il lui arrive de tomber, elle se relève, se promettant bien que cette chute lui servira pour en prévenir d'autres.

Faite pour la société, elle l'aime ; mais elle y va rarement, convaincue que le grand art pour y être bien

vue est de s'y faire désirer, et qu'on y fait peu de cas
de ceux qui ne savent pas s'en passer ; on devine que
c'est leur ennui qu'ils promènent et quoi de moins
flatteur ?

Elle a beaucoup de ressources en elle-même, et
son caractère lui fournit infiniment de moyens d'indépendance. Elle aime à s'occuper, et n'est jamais oisive.
L'ouvrage, la promenade, sa plume et la société de
quelques amis choisis remplissent son temps de la
manière la plus uniforme et cependant la plus variée,
alors qu'elle a satisfait aux devoirs de son état. Elle
a beaucoup réfléchi dans sa vie, lu des livres parfaitement pensés, conversé avec des hommes fort
distingués, et elle possède, par suite, une grande connaissance du cœur humain. Confiante par caractère,
elle croit difficilement au mal, ne juge pas légèrement
et ne suspecte jamais les motifs des bonnes actions,
attendu que ce n'est pas à l'homme de scruter le
cœur de l'homme. Tant qu'elle estimera ceux qu'elle
aime, elle les défendra, si on les accuse ; et, si
elle s'aperçoit que c'est avec raison qu'on en parle
mal, elle s'abstiendra de rien dire sur leur compte ;
mais c'est une chose pénible pour elle que de refuser
son estime à qui elle l'a accordée une fois. La révolution l'a rendue plus défiante que le comportait son
caractère ; mais cette défiance ne méritera jamais que
le nom de prudence ; le caractère défiant étant trop
opposé au sien pour qu'on puisse lui en attribuer les
inconvénients.

Jamais elle n'a, croit-elle, été dupe de qui que ce
soit ; mais l'eût-elle été, le serait-elle, personne n'en
saurait rien, car, suivant une de ses maximes, il faut

savoir en imposer aux hommes, qui ne vous estiment qu'autant qu'ils vous croient heureux, et qui ne croient pas plus au bonheur existant sans adresse qu'au malheur existant sans maladresse. Que de politique pensera-t-on, dans une âme que l'on dit pourtant être si franche ! Eh bien, ce portrait est quand même très exact, et voilà pourquoi Zulmé est un être étonnant. Qu'on analyse son caractère et on lui trouvera les contrastes annoncés d'abord ; mais qu'un autre ne s'avise pas de la copier, car elle se perdrait sans retour ! Aussi ne désire-t-elle pas que ses enfants lui ressemblent, surtout ses filles. Elle craindrait trop pour elles et aurait trop à craindre !

Quoiqu'elle ait trente deux ans, et par devers elle huit ans de révolution, qu'elle ait souffert tout ce que les circonstances les plus pénibles peuvent occasionner de souffrances, son caractère est resté gai et enjoué comme par le passé. Il est à la fois ferme sans ténacité, égal sans monotonie, doux sans faiblesse et sans insouciance. Son esprit très flexible passe avec une grande facilité du sérieux à la gaîté, de la morale au sentiment. Son abord est des plus affectueux ; tout en évitant les compliments, elle sait dire les choses les plus flatteuses, et l'on voit de suite que sa politesse vient autant de la bonté de son cœur que de l'heureuse éducation qu'elle a reçue. Tous les caractères et les différents genres d'esprit ne lui conviennent pas au même degré, mais elle sait s'accorder à tous avec facilité !

La bonté enfin est son trait dominant et jamais on ne l'entendit faire d'épigrammes. Elle fait cas de l'esprit, mais elle lui préfère de beaucoup la bonté et veut

que toujours et partout le cœur joue le premier rôle.
Elle fut souvent l'objet de la jalousie, mais elle
méprisa toujours les mauvais propos qu'on pouvait
tenir contre elle.

Tel est le portrait réel de Zulmé[1]. »

[1]. Une amie, probablement Mademoiselle Artaud, à qui ce portrait avait été communiqué, le rendit en y joignant ces vers :

« Qui que tu sois, si tu lis ce « portrait »,
　　La vérité mérite ton hommage ;
　　Miroir fidèle, il offre trait pour trait
　　De ma Zulmé la plus parfaite image.
Voulant encor l'orner, ajoute, tu le peux,
L'éclat pur et brillant de la plus belle vie ;
Mais alors, si ton cœur ému par la copie
S'intéresse au modèle et fait pour lui des vœux,
Quand tu serais heureux parmi les plus heureux,
Sois jaloux de mon sort, car je suis son amie. »

APPENDICE

16

GÉNÉALOGIES

Familles MOUËSAN de la VILLIROUËT

DE LAMBILLY

GÉNÉALOGIE

FAMILLE MOUËSAN DE LA VILLIROUËT

I° HISTORIQUE

La famille **Mouësan** (**Moisan**, **Moysan** ou **Moaisan**)[1] est originaire de la paroisse de la Bouillye, située à 10 kilomètres au N.-E. de Lamballe ; nous la trouvons vivant noblement dans ce pays et dans les environs depuis le commencement du XIVe siècle jusqu'à nos jours. Elle compte donc près de six cents ans d'existence.

Elle a paru aux Montres de la Noblesse de l'Évêché de St-Brieuc en 1379, 1381, 1426, 1469, 1477 ; aux Réformations de 1426, 1448, 1451, 1479, 1480, 1513, 1536, 1570 et 1580

---

1. Les noms inscrits en grandes majuscules sont ceux des membres de la maison Mouësan, ceux en lettres grasses se rapportent aux familles alliées et l'astérique qui les précède signifie que nous avons dans nos dossiers des notes généalogiques sur elles.

sous la Bouillie, Ploherlin, Ruca, Saint-Potan, Yllifaut, Plaintel, Erréac ; elle produisit à la Réformation de 1670 sous le ressort de Lamballe, et fut maintenue, par arrêt du 9 août 1670, dans sa noblesse d'Ancienne extraction, avec qualité d'Écuyer. Cet arrêt fut confirmé le 29 juillet 1779 par les preuves de trente-deux quartiers de noblesse fournies par **Charles-Amateur Mouësan, chevalier de la Villirouët,** pour être reçu dans l'ordre de Malte.

Le chef de cette famille porte, depuis la première moitié du XVIIIe siècle, le titre de Comte ; et, depuis 1631, le nom de la Villirouët, terre principale de cette maison.

Nous remarquerons parmi ses membres : **Pierre Mouësan, écuyer, s^{gr} du Mirouër,** employé en 1379 dans l'association de la noblesse de l'Évêché de St-Brieuc pour la garde du duché de Bretagne ; **Pierre Mouësan, abbé de Pornic** de 1387 à 1427 ; **Guillemot Mouësan, écuyer, s^{gr} du Mirouër,** qui ratifia le traité de Guérande en 1381 ; **Jean Mouësan, s^{gr} de Ranlastre, officier de Jugon** en 1398, qui parut comme **écuyer** dans la montre de Guy de Gâvre, en 1426 ; **Mathurin Mouësan, s^{gr} du Mirouër, écuyer** à des Montres de 1477, et 1479 ; **Georges Mouësan, écuyer, s^{gr} de la Villirouët, lieutenant des gardes du château du Guildo** en 1665 ; **J. B. Mouësan, écuyer, s^{gr} de la Villirouët, sous-lieutenant de grenadiers** en 1709, **puis capitaine au régiment de Lannion** en 1711 ; **Charles-Amateur Mouësan, « chevalier de la Villirouët », chevalier de l'Ordre de Malte et page de S. A. E. Mgr Emmanuel de Rohan, grand-maître de l'Ordre,** en 1779 ; **J.-B. Mathurin Mouësan, comte de la Villirouët, officier au régiment de Condé et à l'armée des Princes, chevalier de Saint-Louis et du Lys,** qui, emprisonné pendant la Révolution, dut la vie au dévouement, à l'intelligence et au courage de sa femme, née *Victoire de Lambilly* ; **Charlemagne Mouësan, comte de la Villi-**

rouët, Inspecteur des Postes, démissionnaire en **1830** ;
**Paul Mouësan, comte de la Villirouët, châtelain de
Lemo,** maire d'Augan de 1871 à 1900, en la personne duquel
s'éteint de nos jours la famille Mouësan.

Cette famille s'est alliée entre autres aux maisons : *de la
Rivière* en 1420, *Félin de la Reigneraye* en 1459, *de Bréhant* 1508, *de la Chouë de la Mettrie* en 1521, *de Melesse*
vers 1550, *de Cornillet* 1570, *de Visdelou* 1611, *Herbert
du Chauchix* 1611, *Bische de la Villirouël* 1631 ; *de la
Guérande* 1680, *de la Motte* 1650, *de la Celle* 1679, *le
Normand de Lourmel* 1719, *de Fontlebon* 1703 et 1752,
du Chastel 1729, *de Lambilly* 1787, *le Doüarain de Lemo*
1824, *de la Haye-St-Hilaire* 1816, *de Baglion de la Dufferie* 1853 et 1886, *de la Rüe du Can* 1859, *Fournier de Bellevüe* 1852, *Libault de la Chevasnerie* 1895.

Par leurs alliances avec les *du Chastel, de Fontlebon, de
Lambilly, le Doüarain,* les **Mouësan** se rattachent aux
Maisons royales de Bretagne et d'Écosse et aux illustres
familles des Bréhan, d'Andigné, de Cornulier, de Tournemine,
de Coëtquen, de Trémereuc, de Belloüan, de Trécesson, de
Derval, de Quélen, de Beaumanoir, de Saint-Pern, Rogier,
etc.

La famille Mouësan porte pour armes :

**« D'azur à trois molettes d'argent, une fleur de lys de
même en abyme. »**

II° SEIGNEURIES

La famille **Mouësan** a possédé les seigneuries **du Mirouër**
en la Bouillie ; **de la Haye-Mouësan, de la Ville-Mouë-
san** en Yllifaut ; **de Saint-Quihouaye** en Plaintel ; **de
Ranlastre** en Plénée-Jugon ; **de la Reigneraye, de l'Escoublière** en Éréac ; **du Bourgneuf** en St-Potan ; **de la**

Costière, du **Crapon** en Planguenoual ; **de la Villirouët,
de Launay-Barthélémy, de Ménitte, de Chef du Bois,
de la Grand'Maison, de la Ville-ès-Guiheux** en Plédéliac ; **des Courtils-Jébert** en Saint-Igneuc ; **de la Ville-
Chevalier** en Pléhérel ; **du Mené, de la Gestière, de la
Tremblaye** en Landéhan ; **de la Martinais** en Meslin ; **du
Plat** en Bréhand-Moncontour ; **du Guécot, du Chastelet,**
en Saint-Glen ; **de la Villebasse** en Saint-Gilles-du-Mené ;
du Baslin, des Fresches, de la Villeneuve en Ruca ; **de
Beauregard** en Maroué ; **de Trébressan** en Hénanbihen ;
de la Villemorin en Saint-Trimoët ; **du Bignon, de la
Guyomarais** en Saint-Denoual ; **du Grenier, de la Ville-
bresset** en Saint-Alban ; **du Vauclair** en Moncontour ; **du
Moulin-Garnier** en Trémorel ; **de la Noë** en Gaël ; **du
Bignon, de la Renais** en Conquereul ; **de Quistinic, de
Kervéhel, de Kermadec, de la Motte** près de Locminé ;
des Abbayes, de la Renaudaye en Saint-Étienne-de-
Montluc ; **de la Cage** en Gévezé ; **de la Touraille, de Lemo,
de la Roche, de Coduent, du Charbon, de la Ville-
jégu, de la Busardière, de la Tenue, de la Rabine, de
la Bossardais, du Binio, de la Villerio** en Augan ; **des
Marchix, de la Marre, des Villelois,** en Campénéac.

Nous allons dire quelques mots des plus importantes de ces
seigneuries.

Le Mirouër : Moyenne justice dans la paroisse de la
Bouillie ; semble avoir été le premier chef-lieu de la famille
Mouësan, que nous y voyons depuis le commencement du
XIVe siècle jusqu'au commencement du XVIIe, époque où
elle le porta par alliance aux *Visdelou.*

La Villirouët : Seigneurie avec manoir, moyenne justice,
chapelle et enfeu, dans la paroisse de Plédéliac. Elle appartenait au XVe siècle aux *Rouxel* ; au XVIe à une famille
Mochet, qui la vendit, le 12 avril 1605, moyennant 1630 ^tt
tournois, aux *Bische,* déjà seigneurs de la Brousse en Plédé-

liac. Ceux-ci la portèrent par alliance en 1631 aux *Mouësan*.
Elle resta ensuite jusqu'à la Révolution, l'apanage de l'aîné de
cette famille, qui, depuis 1740, porta le titre de « comte de
la Villirouët ». Par suite d'un acquêt fait le 21 avril 1721 par
J.-B. Mouësan, écuyer, seigneur de la Villirouët, les châtelains de la Villirouët eurent dans l'église paroissiale de Plédéliac une chapelle avec enfeu prohibitif et banc seigneurial ;
cette chapelle, sous le vocable de Saint-Fiacre et de Notre-
Dame-de-Piété, dépendait précédemment de la seigneurie de
Ménitte ; ce fut là que furent inhumés plusieurs membres de
la famille Mouësan. A la mort de sa mère en 1793, Victor
Mouësan, bien que cadet, se fit attribuer la Villirouët, qui
vint à sa fille, Madame de *la Noë des Salles*, dont la petite-
fille l'a portée par son mariage en 1866 à Monsieur le vicomte
Jules *du Pontavice* qui l'habite encore aujourd'hui[1].

Trébressan : Seigneurie, manoir et métairie nobles en la
paroisse d'Hénan-Bihen, à 4 km au N. de ce bourg. Elle
avait droit d'enfeu et de prééminence dans l'église d'Hénan-
Bihen, et était un bailliage de la baronnie de la Hunaudaye.

Elle appartenait, en 1572, à François *des Cognets*,
s[gr] de l'Hôpital, époux de Louise de la Marre, qui s'armait :
« de sable à la croix potencée d'argent, cantonnée de quatre
molettes de même ».

Elle vint peu après aux *Bertho*, qui portaient : « d'or à
l'épervier de sable, accompagné de trois molettes de même ».
Jean IV Bertho, époux de Catherine Rouxel, était en 1580, s[gr]
de Trébressan et de Trémillac ; il eut : Hervé Bertho, s[gr] d[o],
qui fit aveu de Trébressan à la baronnie de la Hunaudaye, le
14 avril 1609, et eut de Jeanne Le Moyne : 1[o] Julien, s[gr] de
Trémillac, en Maroué, qui épousa Anne du Fay et continua la
descendance ; 2[o] Gillette, dame de la moitié de Trebressan et

---

1. Il y avait en Créhen une autre propriété, appelée également la
Villirouët, qui appartenait aux Nau au XVIe siècle.

de Houssemaine en 1629 ; 3° Jeanne, dame de l'autre moitié de Trébressan, en 1629, et épouse de François *Gaudin*, sᵉʳ de la Gaudraye, en Hénansal.

Trébressan vint, vers la fin du XVIIᵉ siècle, aux *Lessart*, qui s'armaient : « d'argent à la bande de gueules, côtoyée de deux cotices crénelées de même ». René Lessart, sᵉʳ de Trébressan et du Tertre en Plestan en 1720, eut : 1° Jean-Amaury, sᵉʳ de la moitié de Trébressan, qu'il vendit le 11 mars 1763 à Jacques Fermal, sᵉʳ de la Maisonneuve ; 2° Mathurin, sᵉʳ de l'autre moitié de Trébressan et du Tertre, dont deux filles, Élisabeth et Jeanne, laquelle épousa Sébastien Farault, sᵉʳ de la Villebœuve : 3° Jeanne, de de la Villerevault en Saint-Alban, morte fille en 1761.

Jacques *Fermal* recéda la moitié de Trébressan, deux mois après son acquisition, le 23 mai 1763, moyennant 4.300 ᵗᵗ, à Renée-Jeanne de Fontlebon, épouse séparée de biens de Félix *de Caradeuc, comte de Kéranroy*, laquelle racheta également en 1765 et 1772, moyennant 3.030ᵗᵗ, le reste de Trébressan à Elisabeth Lessart, qui devait continuer à en jouir à vie-durant et ne mourut qu'en 1792.

La comtesse de Kéranroy mourut en 1799 et eut pour héritier son neveu, Jean-Baptiste-Mathurin *Mouësan, comte de de la Villirouël*.

Trébressan est venu depuis à sa petite-fille, Aglaé de la Villirouët, épouse d'Édouard *Fournier, marquis de Bellevüe*, qui l'a cédée en 1883 à son fils, le comte Xavier de Bellevüe. Ce n'est plus qu'une métairie d'environ 29 hectares, de laquelle fait partie le champ où se trouvent les ruines de la Tour de Monbran.

Tour de Monbran : Cette tour est construite en blocs de granit reliés par un ciment excessivement dur, fait avec des débris de coquillages. Elle est de forme octogonale et semble contemporaine de la tour de Cesson, près de Saint-Brieuc. Les différents auteurs qui en ont parlé ne sont pas d'accord sur son origine. Les uns prétendent qu'elle fut bâtie au XIIᵉ

siècle par les Templiers sur l'emplacement d'un ancien château appartenant à une famille de Monbran qui possédait en
même temps le château de Pléboulle et qui produisit Jeanne
de Monbran prieure de l'abbaye de Tinténiac en 1575. Les
Templiers construisirent près de là une chapelle dite de
Sainte-Croix, dans laquelle fut passé en 1201 un acte de donation fait par Gillinus d'Ivias et Jordan le Rouge en faveur de
l'abbaye de Saint Jean-des-Bois. Cette chapelle, reconstruite
au XVe siècle par Pierre Duguesclin, existe encore de nos
jours... D'autres disent que Monbran aurait été bâtie par les
Bréhan, d'où son nom de « Mont-Bréhan ».... D'autres y
voient : « Mont-bran », « Mont du Corbeau », « bran » en
breton signifiant « corbeau »... Ogée, dans son « Dictionnaire
de Bretagne », désigne cette tour comme les ruines de l'ancien
donjon du château de Pléboulle... M. Habasque, dans
l' « Annuaire des Côtes-du-Nord », déclare que « ce ne peut
« être les ruines d'un château, mais bien une construction
« isolée, une de ces fortifications primitives décrites par
« M. de Caumont »... Dom Bernard de Montfaucon parle de
la tour dans « l'Antiquité expliquée », t. IV, p. 145 du Sup-
plément (écrit en 1702) : « Cette tour octogonale est placée au
« sommet d'un coteau rocheux et bâtie sur une plate-forme
« en terrasse, faite exprès, d'environ cent pieds de diamètre.
« Elle est construite à chaux et à sable. Octogone en dehors,
« les huit pans ne sont pas égaux ; quatre ont 10 pieds, et
« les quatre autres de 13 à 14 pieds. Dans l'un des pans, du
« côté du midi, il y a une ouverture irrégulière de 8 à 9 pieds
« de hauteur sur 6 à 7 pieds de largeur ; son assise est à
« 8 pieds au-dessus du terrain du dehors, et au niveau du
« terrain en dedans, sans trace d'escalier ou de perron qui
« pouvait y donner accès. Au-dessus de cette porte était une
« fenêtre de 4 pieds de haut au moins. La tour a environ
« 38 pieds de hauteur du côté du Nord, et elle semble n'en
« avoir jamais eu davantage ; il existe encore un parapet au
« sommet d'un des pans ; les murs ont une épaisseur de

« 9 pieds à leur base, et de 3 pieds seulement à leur couron-
« nement. La tour, ronde en dedans, n'a guère que 15 à 16
« pieds de diamètre; elle était divisée en deux étages séparés
« par des planchers en bois posés à 10 pieds l'un de l'autre. »
Enfin, nous lisons dans l' « Annuaire des Côtes-du-Nord »,
de 1848 : « La tour de Monbran, haute de dix mètres avec un
« diamètre de 9 m. 50, octogône à l'extérieur avec quatre des
« faces plus larges que les autres, et cylindrique à l'intérieur,
« est assise sur un rocher qui domine une courbe décrite par
« la rivière de Frémur. Le rez-de-chaussée était probable-
« ment recouvert par une motte, et il n'a pour ouverture
« qu'une espèce de barbacane de 2 m. 50 sur 0 m. 30, percée
« dans la face du Nord. A l'étage supérieur, une baie s'ou-
« vrait du côté de l'Ouest. Dans l'intérieur, entièrement
« délabré, on voit encore la place de l'escalier qui occupait
« l'angle N.-E. Cette construction est formée de moëllons
« largement noyés dans un mortier de chaux renfermant des
« coquilles presque entières. On y remarque l'absence com-
« plète de sculptures. »

Un aveu de 1570 cite : « une tourelle, place et mace de
moulin-à-vent, située près et sur le tertre de Montbran, à
présent ruineuse. »

M. Bizeul a reconnu jadis près de Monbran le passage de
la voie romaine allant de Carhaix à Aleth (Saint-Malo).

Tour ou château, nous voyons Monbran habité jusqu'au
milieu du XV⁰ siècle. Il appartenait en 1270 aux Montfort,
seigneurs de Plancoët, de Saint-Islan, de Saint-Denoual, qui
se fondirent au XIV⁰ siècle en Duguesclin, seigneurs du
Plessis-Bertrand. Thiphaine Duguesclin, héritière de ces
seigneuries, les porta en 1386 aux Tournemine[1], par son

1. Le P. du Paz déclare que Monbran vint aux Tournemine par
suite de la donation faite en 1362 par Pierre de Montfort, seigneur de
Plancoët, à son filleul, Pierre de Tournemine, de 100 ₶ de rentes, dont
il fit assiette sur la seigneurie de Montbran (« Histoire, généalogies »,
p. 154).

mariage avec Pierre de Tournemine, seigneur de la Hunaudaye, qui les rattacha à cette terre [1].

« Après la mort de Tiphaine Duguesclin, dame de Tour-
« nemine, une dame de Montbourcher et sa fille se déclarèrent
« ses héritières, et vinrent s'établir dans la Tour de Monbran.
« Elles y restèrent quelque temps grâce à la protection du
« duc Jean V ; mais à la mort de celui-ci, en 1442, le sire de
« la Hunaudaye se jugeant lésé fit visite à la dame de

---

1. *Baronnie de la Hunaudaye :* Vers 1160 le duc de Bretagne,
Conan IV, donna à sa sœur, Constance, épouse d'un chevalier anglais,
Édouard, dit « Tournemine », la vicomté de Pléhérel avec la terre de
Landébia et la forêt de Lanmur (Lamballe). Ce Tournemine avait déjà
reçu du duc les terres de Botloy en Ploudaniel, de Kermelin en
Trefflouénan, et de Lezhardré. Il s'armait : « Écartelé d'or et d'azur ».
La princesse Constance fut inhumée à l'abbaye de Saint-Aubin-des-
Bois, et son fils, Olivier I de Tournemine, fit construire en 1214 dans
la forêt de Lanmur un château fortifié qu'il appela « la Hunaudaye ».
Ce château se composait de cinq tours reliées par des murailles et
formant une enceinte pentagonale. Détruit en partie pendant la guerre
des deux Jeanne, il fut relevé à la fin du XIV° siècle. Lors de la Ligue,
son propriétaire, René de Tournemine, était un des principaux chefs
des Royaux, et la Hunaudaye renfermait une garnison de deux cents
hommes d'armes. Cette place forte survécut ensuite jusqu'à la révolution ; elle fut brûlée par ordre des administrateurs du district de
Lamballe, en octobre 1793, et elle ne fut pas reconstruite depuis, mais
ses ruines témoignent encore de sa splendeur et de son importance
passées.
La châtellenie de la Hunaudaye avait droits de haute justice, de
fondation dans l'église de Plédéliac et dans la chapelle du Saint-Esprit.
Elle fut érigée en Bannière en 1354, et en Baronnie le 6 septembre
1487. Elle ne comprenait primitivement que la vicomté de Pléhérel,
la Hunaudaye-en-Plédéliac, et la Chemin-Chaussée en Pléhérel ; elle
s'accrût par acquêts en 1541 et 1542 des seigneuries de Plancoët et
de Montafilan.
Elle appartint jusqu'en 1540 aux Tournemine qui la portèrent aux
d'Annebaud par le mariage de Françoise de Tournemine avec Claude
d'Annebaud, lequel acheta des Laval, en 1541, Plancoët et Montafilan,
et eut : Jean d'Annebaud, dont : Madeleine, qui épousa Jacques de
Silly, et eut pour héritière, en 1572, Renée de Tournemine, dont
hérita aussi, en 1609, Jeanne de la Motte-Vauclerc, épouse de
Sébastien de Rosmadec. Les Rosmadec la portèrent, en 1631, aux
Rieux d'Assérac, par le mariage de Catherine de Rosmadec avec Guy

« Montbourcher, et, la prenant par le bras, la mit à la porte
et depuis garda la tour... [1] ».

Des Tournemine Monbran vint avec la Hunaudaye aux
d'Annebaud, aux Rosmadec et aux Rieux.

En 1759, Jean Sévère, comte de Rieux, baron de la
Hunaudaye, donna en afféagement [2] le clos de la tour de
Monbran et les prés de Monbran à Renée de Fontlebon,
épouse du comte de Caradeuc de Kéranroy, qui, ayant acheté
en 1763 la terre de Trébressan, les réunit à cette seigneurie.

de Rieux, comte de Châteauneuf, vicomte de Donges, seigneur du
Plessis-Bertrand, etc. Les Rieux s'éteignirent avec Louis Charles,
marquis de Rieux, baron de la Hunaudaye, Montafilan, Plancoët,
fusillé à Quiberon en 1795 à l'âge de 26 ans.

Son père, Louis-François de Rieux, avait démembré en 1780 les fiefs
de la baronnie de la Hunaudaye : la vicomté de Pléhérel avait été
achetée par François de Gouyon du Vaurouault et Toussaint-Claude
des Cognets, moyennant 11.200 ₶ ; le bailliage de Monbran par Mme
de Lesquen, veuve de M. Thomas de la Reigneraye ; le château et la
forêt de la Hunaudaye par M. de la Moussaye, qui les revendit au
Cte de Talhouët. Les ruines de la Hunaudaye et une partie de la forêt
vinrent plus tard, par alliance avec les Talhouët, aux Gouvello, qui
les ont portées au comte Paul Fournier de Bellevûe, époux d'Adèle de
Gouvello.

Nous lisons dans un aveu de la Hunaudaye en 1570 : « ladite baronnie
comprenant quatre châteaux : le manoir de la Hunaudaye, en Pléhérel,
à présent ruineux ; un emplacement de château joignant la ville de
Plancoët où anciennement y avait place forte qui fut abattue par la
guerre des ennemis de ce pays ; une tourelle, place et mace de moulin
à vent, située sur le tertre de Montbran, à présent ruineuse ; le château
de la Motte-Coron, ancien chef-lieu de la seigneurie de Montafilan ;
et le château de la Motte-Islan en ruines ».

Plancoët et Montafilan, après avoir appartenu au XIVe siècle à
Thiphaine Duguesclin ; vinrent aux Dinan, qui les portèrent par alliance
en 1450 aux Laval, lesquels les vendirent en 1541 aux d'Annebaud,
déjà barons de la Hunaudaye.

Il y avait une autre seigneurie de la Hunaudaye, en Chantenay,
évêché de Nantes, qui, après avoir appartenu également aux Tournemine de 1460 à 1532, fut achetée par les Plédran.

1. « Archives des Côtes-du-Nord » ; et « Histoire des évêchés de
Bretagne », de Barthélémy et Geslin, T. V, p. 366.

2. « En afféagement », c'est-à-dire par aliénation de fief, moyennant
une redevance annuelle en argent ou en nature.

Mais il était stipulé dans l'acte de vente que « la vieille tour et forteresse de Monbran en était exceptée », ce qui fut également reconnu dans l'aveu rendu peu après par la comtesse de Kéranroy, qui déclare « posséder une pièce de terre noble en la ville de Monbran, sous la seigneurie de Plancoët, contenant douze journaux et dans laquelle est une vieille tour, laquelle n'est à la dite dame et appartient au dit seigneur, Jean Sévère, comte de Rieux ».

En 1780, Louis-François de Rieux vendit le bailliage de Monbran avec la tour à Mme de Lesquen, veuve de M. Thomas de la Reigneraye. Elle est venue par alliances des Thomas de la Reigneraye aux Lorgeril, et de ceux-ci aux Sagazan.

La célèbre foire, dite « Foire de Sainte-Croix de Monbran », se tient chaque année au mois de septembre autour de la tour. Cette foire a l'aspect d'un campement dans le désert. C'est une ville de tentes alignées et formant des rues, dites « rue de Lamballe », « rue de Saint-Brieuc », « rue de Paris », « rue de Castiglione », au milieu desquelles est une « place ». Des patrouilles y circulent pendant la durée de la foire. En 1846, on y comptait jusqu'à 137 tentes sans parler des boutiques en plein vent. On y voyait aussi 13 cabarets, dans un seul desquels on vendit environ quatre barriques, plus de 900 litres de café. Presque toutes les ventes s'y font par voie d'échange. On bat la retraite chaque soir, et des rondes ont lieu durant la nuit dans les « rues de la ville ». On dit en effet dans le pays « la ville de Monbran », nom donné aussi dans les anciens actes, bien que ce ne soit en réalité qu'un village.

La foire de Monbran existait de temps immémorial et bien avant les Templiers. Elle durait dix jours, comme aujourd'hui, du 14 au 24 septembre. Les transactions s'y font encore en nature, et cette foire est une des plus importantes de la contrée. Tant que les Templiers en eurent la police, tout s'y passait bien ; mais plus tard il s'y produisit de graves

désordres. Nous voyons en effet aux archives de l'abbaye de
Saint-Jacut, un mandement du duc Jean V au sénéchal de
Rennes, par lequel, à la date du 17 octobre 1409, « il lui
enjoint d'instruire contre Bertrand et Jacques de Dinan,
Guillaume Hue, capitaine du Guildo, Geoffroy Tournemine,
frère du sire de la Hunaudaye, Alain Bourdat, Olivier et
Roland la Vache, Thomas et Gilles Labbé, accusés entre
autres d'avoir battu les vassaux de l'abbaye de Saint-Jacut se
rendant à la foire de Monbran[1] ».

Un marché avait lieu également à Monbran, le « Lundi
Lardier » (Lundi gras).

Le Baslin : terre et métairie nobles situées dans la
paroisse de Ruca, à trois kilomètres au sud d'Hénanbihen.
Elle appartenait anciennement aux *Kergu*, et fut vendue le
12 septembre 1723 par François de Kergu, recteur de Plédéliac et prieur du Saint-Esprit, à Renée de Fontlebon, d[e] de la
Touche, qui épousa, vers 1731, Louis-René Marcel *Bodin*, s[gr]
du Boisorieux, de la Rosaye, professeur de droit civil et
canonique à Rennes. Il eurent pour héritière, en 1749, leur
nièce, Françoise de Fontlebon, qui épousa en 1752 Jean-
Augustin *Mouësan, comte de la Villirouël*. Elle appartient
aujourd'hui, avec et comme Trébressan, au *comte Xavier
de Bellevûe*.

Le Guécot : seigneurie avec droits de basse justice,
chapelle, banc seigneurial et enfeu, en la paroisse de Saint-
Glen. Elle appartenait en 1406 et jusqu'en 1569 à la famille
Ferragu, qui la porta, à cette date et par alliance, aux
Couespelle, d'où elle vint également par des alliances successives aux *du Bouilly* 1579, *de la Roüe* 1654, *du Chastel* 1722, *le Paige* 1729, puis aux *Mouësan* 1731. Elle
appartient actuellement, ainsi que **le Chastelet** en St-Glen,
au *marquis de Bellevûe*.

1. « Histoire de Bretagne » de dom Morice, t. II, col. 824. —
« Anciens Évêchés de Bretagne », t. IV, p. 293. — « Les Dinan et
leurs juveigneurs », p. 109.

Launay-Barthélémy, seigneurie en Plédéliac, qui appartenait très anciennement et jusqu'en 1586 aux *Barthélémy* ou *Berthélémer*, famille noble sous Plorec et St-Méloir, R. 1428 et 1445, qui la portèrent par alliance à cette date aux *Rouxel*, d'où elle vint par alliances successives aux *Lambray* 1665, aux *Glé* 1683 ; ceux-ci la vendirent en 1749, moyennant 10.690ℓ, aux *Mouësan de la Villirouet*. Elle appartient actuellement au comte de la Villirouët.

La Ville-Chevalier, seigneurie en Pléhérel, appartenait au xvie siècle aux *des Cognets* ; elle vint depuis aux *Bosquen,* qui la portèrent par alliance aux *Trémereuc* 1664, ceux-ci aux *Fontlebon* en 1727, qui la portèrent en 1799 aux *Mouësan de la Villirouët*. Elle est actuellement au comte de la Villirouët.

Le Chef-du-Bois (Pen-ar-Coët), seigneurie en Plédéliac, qui appartenait anciennement aux *Mochel*, ainsi que la Villirouët ; elle vint par alliances aux *Bische* en 1600, aux *du Coudray* en 1630, aux *Fontlebon* en 1663, puis aux *Mouësan* en 1799.

La Villemorin, seigneurie en St-Trimoël ; **La Villebasse,** seigneurie en Saint-Gilles du Méné ; et **le Plat**, terre en Bréhan-Moncontour, vinrent en 1729 aux *Mouësan* par alliance avec les *du Chastel*. La Villemorin et le Plat appartiennent actuellement au comte de la Villirouët.

Les Mouësan de la Villirouët possédèrent également une maison en Plédéliac, dite **la Grand'Maison,** un **hôtel** à Montcontour et deux **hôtels à Lamballe** : l'un, situé rue Basse, fut vendu en 1811 aux *Collas de la Baronnais ;* l'autre, dit « Hôtel Kéranroy », situé rue du Boulevard, fut vendu en 1852 par le comte de la Villirouët ; il appartient actuellement aux *Hougomar des Portes*.

Les seigneuries en Locminé, Moustoirac et Remungol, vinrent aux *la Villirouët* en 1787 des *Lambilly*.

Les seigneuries en Saint-Étienne-de-Montluc vinrent aux *la Villirouët* en 1824 des *Le Doüarain*, qui les tenaient des *Desgrées du Loû,* qui les avaient reçus des *Gaudin de la Bérillaye.*

Lemo, château et seigneurie, anciennement haute, basse et moyenne justice en Augan, avec chapelle, fuye, futaie, auditoire, cep et collier, fourches patibulaires à trois pôts, droits seigneuriaux, rôles et fief, chapelle, banc et enfeux prohibitifs dans l'église d'Augan, appartenait très anciennement à une famille de ce nom (*de Lemo:* « de sable à trois mains dextres d'argent »), qui se fondit en 1588 en *Lezenet* (« de sable à trois coquilles d'argent ») ; ceux-ci la portèrent par alliance en 1650 à René *de Kermeno,* marquis du Garo-Kermeno, qui le vendit le 16 juillet 1667 aux *le Doüarain.* Il vint aux la Villirouët, à la mort de la dernière demoiselle le Doüarain de Lemo, en 1872, par suite de l'alliance en 1824. Il appartient actuellement au comte *de la Villirouël,* qui y demeure avec sa fille et son gendre, le comte et la comtesse *Libault de la Chevasnerie.*

La Touraille, château, moyenne et basse justice en Augan, avec chapelle, futaye, fuye, banc et enfeu prohibitif dans l'église de cette paroisse, était anciennement et dès le XIVᵉ siècle le chef-lieu de la maison *Desgrées;* ruiné au moment des guerres de la Ligue, elle fut vendue en 1622 par le vicomte Jean Desgrées de la Touraille aux *le Doüarain,* qui la revendirent en 1709 aux *Liger de la Châteigneraye,* desquels elle fut achetée par les *Larcher* vers 1716. Un des membres de cette famille, Jean-Chrysostôme Larcher, comte de la Touraille, fut célèbre vers la fin du règne de Louis XV[1]. Il vendit la Touraille en 1765 aux *le Doüarain,* qui la portèrent par alliance en 1824 aux *la Villirouël;* elle est actuellement la demeure du *marquis et de la marquise de Bellevüe.*

Les Marchix, ancienne seigneurie en Campénéac, avec

---

1. « Le Comte de la Touraille, soldat, philosophe et poète au XVIIIᵉ siècle » Étude biographique et littéraire, par le comte X. de Bellevüe. Vannes. Lafolye. 1890).

chapelle et droits seigneuriaux, chapelle et enfeu prohibitif
dans l'église paroissiale de Campénéac, appartenait autrefois
à une famille de ce nom (*des Marchix*) qui la porta aux
Lezenet vers 1400, et ceux-ci par alliance au marquis *de
Kermeno* en 1627 ; les Kermeno la vendirent en 1667 aux
le Doñarain, desquels elle est venue en 1824 aux *la Villirouël*. C'est actuellement une ferme qui appartient au *marquis de Bellevüe*.

III° GÉNÉALOGIE

I° **Pierre Mouësan, écuyer, seigneur du
Mirouër**, vivait en 1350. Il fut employé dans
l'association de la noblesse de l'Évêché de Saint-Brieuc pour
la garde du duché de Bretagne en 1379[1].

Il semble avoir eu pour fils :

1° **Guillemot,** qui suit ;

2° **Roland Mouësan, seigneur de Saint-Quihouaye**
en Saint-Quihouët, qui tua en 1385 Jean, baron de Beaumanoir, qu'il soupçonnait d'avoir abusé d'une de ses
parentes[2]. Il n'eut qu'une fille : **Isabelle Mouësan, d° de
Saint-Quihouaye**, qui épousa vers 1415 *Eon de la Rivière*,
auquel elle porta Saint-Quihouaye[3].

3° **Jean Mouësan, écuyer, seigneur de Ranlastre,
officier de Jugon** en 1398 ; il parut comme **écuyer**, et
l'un des cent quarante six hommes d'armes **de la Compagnie du sire de Gâvre,** à la montre de Guy de Gâvre faite

---

1. D'Argentré, histoire de Bretagne. 593. B. — Dom Morice. Pr. II.
col. 216.

2. Dom Morice. Pr. I. 53. 55. 1624. 1635. II. 214. 236. 276. 484.

3. Réf. paroisse de Plaintel, 1426. et « Annuaire des Côtes-du-Nord »
ann. 1859. — *de la Rivière :* anc. ext. chev. « d'azur à la croix engrêlée
d'or ». La branche des la Rivière de Saint-Quihouaye se fondit en 1754
en La Fayette.

le 22 mars 1426. Il avait reçu, le 4 mars 1398, des lettres de Jean, duc de Bretagne et comte de Richemont, « lui signifiant « que l'abbaye de Bosquen étant de fondation ducale, ses « vassaux du village de Ranlastre, en Plessis-Jugon, étaient « exempts du guet au château de Jugon[1] ».

4° Pierre II Mouësan, abbé de Pornic du 1er mars 1387 à sa mort en octobre 1427[2].

5° Alain Mouësan, qui rendit hommage au vicomte de Rohan, pour terres en Loudéac en 1396[3].

6° Renaud Mouësan, qui vivait en 1420, père de :

> **A. Guillaume Mouësan,** qui possédait une terre noble en Pluherlin, dont il fit aveu en 1451 à Jamet de Talhouët, seigneur de Talhouët ;

> **B. Guillemette Mouësan,** citée dans cet aveu de 1451.

7° Dom Guillaume Moysan, abbé, tabellion de la Cour de Dol en 1389.

II°
GUILLEMOT MOUË-
SAN, S^{gr} DU MI-
ROUËR.

II° Guillemot Mouësan, écuyer, seigneur du Mirouër. Il ratifia à Lamballe, le 28 avril 1381, le traité de Guérande, en même temps que soixante-dix gentilshommes de l'Évêché de Saint-Brieuc, entre autres Olivier de Vauclerc, Jean de Trémereuc, Bertrand de Goyon, etc.[4]. Il fut fait prisonnier en 1391. Il parut comme seigneur du Mirouër, en la Bouillye R. 1426.

Il eut :

1. Archives et chartres de l'Abbaye de Bosquen.
2. Cart. de Pornic et nobilaire de Courcy.
3. Dom Morice. Pr. T. II.
4. Dom Morice. Pr. T. II.

III° Guillaume II Mouësan, écuyer, seigneur du Mirouër.

III°
GUILLAUME II
MOUËSAN, S^r DU
MIROUËR.

Il fut représenté par son fils Mathurin Mouësan, à une Montre des Nobles de l'Évêché de St-Brieuc, sous la Bouillye, en 1479.

Il eut :

1° Mathurin Mouësan, écuyer, seigneur du Mirouër, qui parut comme écuyer à des Montres. en 1469, 1477 et 1469 ; et comme seigneur du Mirouër, en la Bouillye, Réf. 1480. Il ne semble pas avoir eu de postérité.

2° Olivier qui suit :

IV° Olivier Mouësan, écuyer, seigneur du Mirouër, de la Haye-Mouësan, de la Reigneraye, du Moulin-Garnier.

IV°
OLIVIER MOUËSAN,
S^r DU MIROUËR
époux de *Thomine Félin*.

Il épousa vers 1460 *Thomine Félin*, fille de feu *Thomas Félin*, s^gr de la Reigneraye, de la Haye, du Grand-Jouan, en Éréac, qui lui porta la Reigneraye, où son fils parut R. 1513. Il fit bâtir en Trémorel une maison dite le Moulin-Garnier, où il parut R. 1513. « Olivier Mouësan, s^gr de la Haye-Mouësan, en Yllifaut, et natif de Plancoët, demeurant à la maison du Moulin-Garnier qu'il a fait bâtir ».

Cette famille *Félin* s'éteignit au commencement du XVIe siècle, fondue en Mouësan, Grignon et de la Palluelle. Thomas Félin avait été anobli par le duc de Bretagne vers 1445 ; il avait épousé D^lle le Chevré, D^me du Chastellier.

Olivier Mouësan parut comme écuyer en 1469, à une Montre sous Pludune.

Il mourut en 1513, laissant :

1° Gilles, qui suit ;

2° Isabelle Mouësan, qui épousa vers 1508 *Jean de Bréhant*, s^gr *de la Plesse*, de l'illustre famille de ce nom, et veuf en premières noces de *Jeanne Collas*, dont : *Bertranne de Bréhant, d^e de la Plesse*, qui signe aux Régistres paroissiaux de la Bouillye en 1523 et 1539.

Vᵒ Gilles Mouësan, écuyer, seigneur du Mirouër, de la Reigneraye, de la Haye.

Il parut sous la Bouillye et sous Éréac, à la Réformation de 1513 : « Gilles Mouësan, qui dit être nob. à raison de feu « Olivier Mouësan, son père, qui fut marié à Thomine Félin, « laquelle estait de bas estat ; et en est fils ledit Gilles ; et était « ledit Olivier natif de Plancoët, et se disait nob. — Le dit « Gilles s'est toujours tenu exempt ». Il eut :

1ᵒ Jean II Mouësan, écuyer, seigneur du Mirouër, des Fresches, de la Villeneuve, qui parut sous la Bouillye, avec son père, en 1513, sous Ruca en 1534 et en 1560, sous Guingamp en 1535[1]. Il fut parrain à la Bouillye, le 11 octobre 1545 de Jacques de la Motte, fils de Julien et de Marguerite de Bréhant, sᵍʳ et dᵉ du Saint-Esprit[2], (Marguerite de Bréhant, fille du premier lit de Jean, sᵍʳ de la Plesse, et demi-sœur de Bertranne de Bréhant, nièce de Jean Mouësan).

Il épousa *Olive de la Fruglaye, dame des Fresches et de la Villeneuve,* en Ruca ; dont il eut :

> **A. Jean III Mouësan, écuyer, sᵍʳ du Mirouër,** qui épousa *Mathurine, dame du Bignon* en Saint-Denoual, dont : **Clément Mouësan, écuyer, sᵍʳ du Mirouër, du Bignon,** en 1569, mort sans postérité en 1610 ;
>
> **B. Hélène Mouësan, dame de la Villeneuve,** qui épousa vers 1555 *Guillaume Martin, sᵍʳ de la Villemaugier,* dont : *a. Guillaume Martin, sᵍʳ de la Villemaugier,* et *b. Ruellan Martin, sᵍʳ du Mirouër,* qui épousa, vers 1580, *Louise de Visdelou,* fille de *Jean, chevalier, sᵍʳ de la Goublaye, de l'Hostellerie, de la Ville-Théard,* dont postérité.

1. Dom Morice, Pr. t. III.
2. Généalogie de la maison de Bréhant, I. p. 202.

C. D^{elle} **Mousëan, d**^e **du Fresche**, qui épousa,
vers 1550, *N... de Bédée*, dont postérité.

2° **Bertrand Mouësan,** qui suit :

<table>
<tr><td>

VIe **Bertrand Mouësan, écuyer, seigneur du Bourgneuf, de la Costière.**

C'est à lui que remontent les cinq générations nobles reconnues par la Réformation de 1670.

Il était, en 1521, époux de *Marie de la Chouë*[1]. *d*^e *du Bourgneuf,* fille de *Jean, s*^{gr} *de la Villeaufray, du Bourgneuf,* et de *Marguerite de Lenclos,* qui lui avait porté le Bourgneuf en Saint-Potan, où elle mourut en 1563.

Il passa un acte en 1538 ; parut aux montres de la noblesse du ressort de Lamballe en 1570 et en 1580 ; et mourut vers 1582.

Il eut :

1° **Michel Mouësan, s**^{gr} **de la Costière, du Bourgneuf,** qui partagea noblement son frère puîné, à la mort de leur mère en 1573, et lui donna la Costière. Il est déclaré dans ce partage « que leurs ancêtres avaient toujours partagé noblement, suivant l'assise du comte Geoffroy ». (Tit. de la famille). Il épousa *Christophe de Melesse,* d'une ancienne famille de l'Évêché de Rennes, qui produisit un chevalier croisé en 1248, et portait : « D'or à la bande fuselée de sable ». Il ne laissa pas de postérité.

2° **Morice Mouësan,** qui suit :

</td><td>

VIe
BERTRAND MOUË-
SAN , SEIGNEUR
DU BOURGNEUF,
époux de *Marie de la Chouë*
« d'argent à trois
« chouettes de
« sable. »

</td></tr>
</table>

---

1. *De la Chouë :* « d'argent à trois chouettes de sable » ; famille d'Anc. Ext. que l'on trouve, dès le commencement du XIIIe siècle, dans l'Évêché de Saint-Malo, où elle est encore représentée par les la Chouë, comtes et vicomtes de la Mettrie.

VIIe Morice Mouësan, écuyer, seigneur de la Costière.

Il fut partagé par son frère, en 1563, de la Costière, en Planguenoual, où il demeura ; il y passa
des actes en 1566, 1576, 1586 et 1588 ; et il y mourut en 1610.

Il avait épousé, 1° vers 1570, *Marie-Jeanne de
Cornillé*, d^e de la *Motte*, en Torcé, fille de *Antoine de
Cornillé*[1], écuyer, s^{gr} *de la Bichelière*, et de *Geffeline de
Champagné*[2] ; 2° Jacquemine Poulain.

Il eut sept enfants :

1° **Amaury Mouësan, écuyer, seigneur de la Costière** qui parut dans un acte en 1583 et mourut sans alliance ;

2° **François**, qui suit ;

3° **Jean IV Mouësan**, qui fut partagé par son frère aîné,
François, en 1611, et reçut de lui un prêt de 50 ₶ en 1624 ; il
mourut sans postérité ;

4° **Pierre Mouësan**, qui demeurait au Grenier, en St-
Alban, chez son frère, François, lors du partage de 1611 ; il ne
laissa pas de postérité ;

5° **Jeanne Mouësan**, qui était, en 1611, épouse de *Jean
VI de Visdelou*[3], écuyer, s^{gr} *de la Villethéard*, en la
Bouillye, dont elle ne semble pas avoir eu de postérité ;

1. *De Cornillé :* très ancienne famille qui remonte à Hamelin Cornillé, chevalier, vivant au XIe siècle, et dont une des branches prit,
en 1381, le nom de Cornulier, et fut la tige de l'illustre maison de ce
nom, encore noblement représentée. Antoine de Cornillé était fils de
Pierre, et de Guyonne Brillet, d^e de la Vallée ; petit-fils de Amaury,
et de Isabeau de la Touchardière, d^e de la Motte de Torcé ; arrière-
petit-fils de Jean, et de Jeanne du Hallay (généalogie de Cornulier).

2. *De Champagné :* Ancienne famille bretonne, originaire de la
paroisse de Gévezé, évêché de Rennes, où elle vivait dès le XIIe
siècle ; elle a produit deux chevaliers croisés, l'un en 1190, l'autre en
1248, des connétables de Rennes en 1536 et en 1573 ; elle s'est éteinte,
fondue en Montbourcher 1400, de Beaucé 1609, et Hay.
Elle portait : « d'hermines au chef de gueules ».

3. *De Visdelou :* famille d'Ext. de chevalerie bretonne, qui a produit un chevalier croisé en 1248, et qui est encore noblement repré-

6° **Marie Mouësan,** épouse en 1611 de *Julien Hallenaut, écuyer, sgr de la Ville-Colvé*[1], en Plélo; nous ignorons sa postérité;

7° **Françoise Mouësan**, épouse en 1611 de *François Pansart.*

VIII° François Ier Mouësan, écuyer, seigneur de la Costière, du Grenier.

Après la mort de son père, il partagea noblement en 1611 ses frères et ses sœurs. Il demeurait alors au Grenier, en Saint-Alban, qui lui avait été apporté par sa femme, *Isabelle Herbert, d^e du Grenier, du Chauchix*[2], en St Alban, qu'il avait épousée en 1603.

Il mourut en 1631, laissant:

1° **François II,** qui suit;

2° **Catherine Mouësan,** qui épousa *René de la Motte,* écuyer, *sgr de Kerdavy*[3], fils de *Louis sgr du Saint-Esprit,* de Ménitte, et de *Raoulette de la Celle*[4]. Ils demeurèrent à

VIII°
FRANÇOIS MOUËSAN
s^{gr} DU GRENIER,
époux de *Isabelle Herbert,*
« d'argent à deux léopards de sable ».

---

sentée. Armes : « D'argent à trois têtes de loup de sable, arrachées et lampassées de gueules ». (sceau de 1276).

1. *Hallenaut*: famille d'Anc. Ext. sous l'Évêché de St-Brieuc, où elle parut en Plélo, Réf. 1423 à 1535. Armes: « De gueules à dix billettes d'argent ».

2. *Herbert :* famille noble originaire d'Angleterre, dont les membres vivaient en St-Alban au XVIe siècle ; elle est actuellement représentée par les Herbert de la Portbarré. Armes : « D'argent à deux léopards de sable, posés l'un sur l'autre » ; l'écu timbré d'un casque de fasce orné de ses lambrequins.

3. *De la Motte :* ramage des Dinan, et très ancienne famille du pays Lamballe, encore représentée par les la Motte-Rouge : armes : « De sable fretté d'or de six pièces ». René de la Motte, s^{gr} de Kerdavy. était fils de Louis et de Raoulette de la Celle, et frère cadet de Pierre, s^{gr} du Saint-Esprit. épouse de Catherine Bosquen.

4. *De la Celle :* famille d'Anc. Ext. qui est encore représentée par les comtes de Châteaubourg. Armes : « De sable au croissant d'or, accompagné de trois quintefeuilles de même. 2.1. »

la Houëgnardière, en la Mézière, où ils moururent, elle, en 1677, et lui le 10 septembre 1695, laissant postérité.

3° **Marguerite Mouësan**, qui épousa, vers 1635, *Jean Bertho, écuyer, s^{gr} de Vauvert*, fils de *Jean, s^{gr} de Vauvert, et de Marguerite Cottes, d^e de la Barre*, dont *Jean Bertho, s^{gr} de l'Escoublière*, maintenu R. 1669.

IX°
FRANÇOIS II MOUË-
SAN, S^{gr} DE LA
VILLIROUËT,
époux de *Renée-
Anne Bische*,
« d'azur à la
bische passant
d'argent. »

IX° François II Mouësan, écuyer, seigneur de la Costière, du Grenier, de la Villirouët, de la Grand'Maison, de la Ville-ès-Guiheux.

Né en 1605, il passa bail pour le Grenier en 1641 ; il fit, en 1647, un échange avec Jean du Coudray, seigneur de Chef-du-Bois et de l'Epine. Il mourut avant 1663.

Il avait épousé, le 16 janvier 1631, *Renée-Anne Bische, d^e de la Villirouët*[1], fille de *Gilles, écuyer, s^{gr} de la Villirouët, de la Brosse*, et de *Marguerite Mochet, d^e de Chef-du-Bois*[2] : qui lui porta la seigneurie de la Villirouët en Plédéliac, où il alla demeurer.

Ils eurent cinq enfants :

1° **Georges Mouësan**, écuyer, seigneur de la Villirouët, de la Costière, lieutenant des gardes du château du Guildo, en 1665[3] ; née à la Villirouët en 1633, il épousa en novembre 1680, *Jacquemine de la Guérande*, fille et héritière de feu *Marc de la Guérande, écuyer, s^{gr} de la Guyomarais, du Quengo*[4], et de *Marguerite de la Fruglaye*. Il mourut en juillet 1684.

1. *Bische :* famille noble du ressort de Lamballe, où nous la trouvons au XVe siècle, et qui s'éteignit au commencement du XVIIIe, fondue en Bréhant.

2. *Mochet :*

3. Annuaire des Côtes-du-Nord.

4. *De la Guérande :* famille d'Anc. Ext. sous le ressort de Lamballe, encore représentée. Armes : « D'argent à aigle éployée de

Il n'eut que deux filles : **Jacquemine** et **Marguerite,** qui moururent sans alliances. Sa veuve épousa, en secondes noces, *Louis Le Normand, ecuyer, sgr des Naux,* mort en 1686, et en troisièmes noces, *J.-B. Brunet, sgr du Guillier, de la Morinais.* mort en 1689.

Il parut à la Réformation et fut maintenu par arrêt du 10 juillet 1670: M. le Jacobin, rapporteur: « Georges Moué-« san, sgr de la Ville-Irouez, demeurant au bourg de Plédé-« liac, évêché de St-Brieux. déclaré noble d'extraction sous « Rennes ; porte « d'azur à la fleur de lys d'argent et trois « molettes d'éperon de même, deux en chef et une en « pointe. »

2º Anne Mouësan, dame du Closneuf, qui épousa 1º *François Volance*[1], *écuyer, sgr de la Coste,* en Maroué, dont postérité ; 2º (?) *Alain Guisnel,* sgr de l'Espine, en Ruca. dont: *Guillaume G.,* né à St-Malo. le 1er mars 1681, (Alain Guisnel épousa en secondes noces, à Châteauneuf, en 1690, Madeleine Paré).

3º Françoise Mouësan, dame du Val, de la Ville-ès-Guiheux, qui épousa *Ambroise Fournier.* écuyer, sgr des Granges, dont elle était veuve en 1691 ;

4º Jean V, qui suit ;

5º Toussainte Mouësan, qui épousa *Bernard Martin*[2]. *écuyer,* et parut, comme sa veuve, en 1723.

---

sable, tenant en sa serre dextre un rameau de laurier de sinople. » Devise : « *Virtute, fideque probata* ». Jacquemine de la Guérande était nièce de Melchior de la Guérande, époux de Anne Bosquen, et père de Hélène de la Guérande, mineure dans un acte de 1702.

1. *Volance :* famille noble sous l'Évêché de Saint-Brieuc, portant « D'argent à 7 molettes de sable. 3.3.1. »

2. *Martin :* famille d'Anc. Ext. sous les Évêchés de Saint-Malo et de Saint-Brieuc. Armes : « D'azur semé de billettes d'argent, au franc quartier de gueules, chargé de trois rustres (lances) d'or. »

Xº Jean V Mouësan, écuyer, seigneur de la Costière, de la Villirouët.

Né au château de la Villirouët, en Plédéliac, le 14 avril 1654, il hérita de son frère aîné, Georges, en 1684.

Il parut à la Réformation et fut maintenu par arrêt du 9 août 1670, M. Huart, rapporteur : « Jean « Moisan, fils mineur de feu François, sʳ de la « Costière, et de Renée Biche, demeurant paroisse de Plédé- « liac, évêché de Saint-Brieuc, déclaré noble d'extraction « sous Rennes ; porte « d'azur à la fleur de lys d'argent et « trois molettes d'éperon de même, deux en chef et une en « pointe. »

Il épousa, le 16 mai 1679, *Anne-Françoise 'de la Celle'*, fille de *Jean-Baptiste*, écuyer, sʳ *de la Mellrie, de Ménitle*, et de *Catherine-Bertranne 'de la Motte*, dᵉ du *Saint-Esprit*, petite-fille de *Pierre de la Celle*, sʳ de la *Sécardais*, et de *Julienne Léziart*.

Ils eurent :

1º **Jacquemine Mouësan, dame de la Martinais**, née le 16 mars 1680, elle épousa le 20 octobre 1703, son cousin, *Pélasge-François 'de Fontlebon²*, écuyer, sʳ de *Chef-du-Bois, de la Lande, du Fay*, fils de *Jacques*, sʳ de la *Lande, de la Touche, de Caragat, de Chef-du-Bois* et de

1. *De la Celle :* famille noble originaire d'Anjou, où nous la trouvons dès le XIᵉ siècle ; une de ses branches vint se fixer en Bretagne en 1430, par suite du mariage de Pierre avec Mˡˡᵉ de Ferron ; héritiers de Châteaubourg par suite d'alliance avec les Denyau en 1703 ; ils furent titrés comtes de Châteaubourg en 1709. Armes : « De sable au croissant d'or, accompagné de trois quintefeuilles de même. ».

2. *De Fontlebon :* Famille d'Anc. Ext. chev. originaire du Poitou, où elle vivait dès le XIIᵉ siècle ; une de ses branches se fixa en Bretagne au commencement du XVIᵉ siècle ; elle s'est éteinte à la fin du XVIIIᵉ siècle, fondue en Mouësan de la Villirouët et en de Guéheneuc. Armes : « D'argent à trois aiglettes de sable. »

Françoise du Coudray [1] (celle-ci fille de *Jean*, s[r] *de l'Es-pine*, et de *Anne Bische*, d° *de Chef-du-Bois*, qui, elle-même, était fille de *Gilles Bische*, s[r] *de la Villirouët*, et de *Marguerite Mochet*). Son mari mourut en 1717, laissant quatre enfants. Sa veuve mourut en 1757 ;

2° Jean VI Mouësan, écuyer, seigneur de la Villi-rouët, de la Costière, né en 1682, **sous-lieutenant de Grenadiers au Régiment de Carman,** en 1709, puis **capitaine au Régiment de Lannion** par brevet du 10 septembre 1711, démissionnaire en 1715.

Il était, en 1709, en garnison à l'île d'Oléron, et en 1713 à Abbeville ; ce fut là qu'il épousa, le 18 mai 1713, *Margue-rite Bruant*, veuve de *Adrien de Lenclerc* ; elle mourut sans postérité le 16 juillet 1714. Il donna alors sa démission et alla demeurer à la Villirouët et à Moncontour. Il épousa en secondes noces, en 1720, *Marguerite le Normand*, d° *de Lourmel* [2].

Il acheta des la Motte, le 28 avril 1721, une chapelle avec enfeu prohibitif, située dans l'église paroissiale de Plédéliac. et dite « chapelle de Ménitte », placée sous le patronage de St-Fiacre et de N.-D. de Pitié. Ce fut là qu'il fut inhumé le 23 décembre 1751. Il ne laissait pas de postérité. Sa veuve lui survécut longtemps, et ne mourut qu'en 1793 ;

3° Jacques-Louis-Marie, qui suit ;

4° François Mouësan, écuyer, seigneur de la Cos-tière, qui mourut avant 1731, ne laissant pas de postérité de son mariage avec D[lle] *Doudart* [3] ;

1. *Du Coudray :* Famille d'Anc. Ext. sous Mauron et Plédéliac, portant : « D'or à la bande de gueules, chargée de trois coquilles d'ar-gent, et accostées de deux cotices (bandes plus petites) d'azur. »

2. *Le Normand :* Famille noble originaire d'Anjou, qui vint s'établir en Bretagne au XVII° siècle, et qui est encore représentée par les bran-ches de Lourmel et du Hourmelin. Armes : « D'azur au lion léopardé d'or, au chef de gueules, soutenu d'argent, chargé d'un léopard d'or. »

3. *Doudart :* Famille d'Anc. Ext. originaire de la paroisse de Gué-guon, près de Josselin. Armes : « D'argent à la bande de gueules, char-gée de trois coquilles d'or. »

5° Thomasse Mouësan, née à la Villirouët. le 29 août 1693, qui épousa vers 1720, *Jacques Volance*[1], *écuyer, s^{gr}* *de la Pénière,* dont elle n'eut qu'une fille : *Anne Volance, d^e de la Pénière,* qui épousa : 1° vers 1746. *Louis-Toussaint de Launay, écuyer, s^{gr} de la Salle;* 2° en 1753, *François de la Planche, écuyer.* Elle ne laissa pas de postérité.

XI°
Jacques Mouësan s^{gr} du Guécot, époux de *Charlotte-Renée du Chastel.* « de gueules au chastel sommé de trois tours crénelées, supporté par deux lions au naturel, le tout d'or. »

XI° Jacques-Louis-Marie Mouësan, écuyer, seigneur de la Villemorin, de la Villebasse, du Guécot, du Chastelet, de la Martinais.

Né le 9 février 1687, il épousa à St-Glen, le 20 janvier 1729, *Charlotte-Renée du Chastel*[2], fille aînée de feu *François, chevalier, s^{gr} de la Villebasse, de la Martinais. de Frémeur,* et de *Fleurianne de la Rouë*[3], *d^e du Guécot, du Chastelet.* Elle était veuve de *Jean-Marie le Paige, écuyer, s^{gr} des Aulneaux,* qui était mort en Mars 1726, ne laissant qu'une fille, *Charlotte-Françoise le Paige,* qui meurut fille au Guécot le 4 septembre 1790, et dont les Mouësan de la Villirouët héritèrent.

1. * *Volance :* Famille noble originaire de l'Évêché de Saint-Brieuc, où elle vivait dès le XIIIe siècle, et où elle posséda entre autres la Coste, en Maroué, le Tertre-Volance et Saint-Mirel en Plénée-Jugon. Armes : « D'argent à sept molettes de sable. 3. 3. 1. »

2. *Du Chastel :* très ancienne famille de chevalerie bretonne, qui prouva des générations nobles en 1670 ; elle s'éteignit à la fin du XVIIIe siècle. Armes : « De gueules au chastel, sommé de trois tours crénelées, supporté par deux lions au naturel, le tout d'or ».

3. *De la Rouë :* famille bretonne d'Anc. Ext. fondue en la Fruglaye en 1730. Armes : « D'azur à la roue de six rayons d'or ». – Fleurianne de la Roue était fille de Charles, écuyer, s^{gr} de la Bégassière, et de Marguerite *du Bouilly, d^e du Guécot. (Les du Bouilly sont originaires du ressort de Lamballe et nobles d'An. Ext. ; ils ont contracté de brillantes alliances et sont encore représentés par les du Bouilly du Fretay. Ils ont été titrés Marquis de Resnon, Comtes de la Morandaye et d'Aubeterre. Armes : « D'azur à la bande d'argent, accompagnée de deux croissants de même ».

Cette alliance en porta de fort illustres aux Mouësan, Charlotte-Renée du Chastel étant petite-fille de Jeanne d'Estuer, dame de la Villebasse, qui descendait directement des Stuart, Maison royale d'Écosse, dont les d'Estuer portaient les armes.

Ce fut également par suite de ce mariage que les Mouësan reçurent les seigneuries ou terres nobles de la Villebasse, de la Villemorin, de la Martinais, du Guécot et de Peillac.

Jacques Mouësan habita avec sa femme à Collinée et au Guécot où il mourut le 3 septembre 1745 ; il fut inhumé dans l'Église de St-Glen. Sa veuve fut inhumée dans le même enfeu en 1756.

Leurs enfants furent :

1° **Jeanne-Claude Mouësan de la Martinais,** née au Guécot, le 7 mars 1730, morte fille en 1778 ;

2° **Jean-Augustin,** qui suit ;

3° **Marie-Louise Mouësan de la Villebasse et du Chastelet,** née au Guécot en 1735, elle ne se maria pas ; elle fut emprisonnée à Lamballe, avec sa nièce la comtesse de la Villirouët, en 1793 ; elle mourut à Lamballe, le 26 décembre 1814, âgée de quatre-vingts ans. Elle avait servi, pour ainsi dire de mère à son neveu et à ses petits-neveux et petites-nièces.

XII° Jean-Augustin Mouësan, chevalier et comte de la Villirouët, seigneur de Launay-Barthélémy, de Ménitte, de la Villechevalier, du Mené, du Guécot, de Beauregard, du Peillac, de la Guyomarais, de la Villemorin, des Courtus-Gébert, du Baslin, du Crapon, du Grenier, de la Villebrosset.

Né au Guécot, le 11 mars 1734 ; à la mort de son oncle, Jean VI Mouësan de la Villirouët, en 1751, il hérita de la seigneurie de la Villirouët, devint « chef de nom et d'armes », et porta le titre de « comte », qui lui est donné dans son contrat de mariage en 1752, et dans son acte de décès en 1773 ; ce titre est également rappelé dans le contrat de mariage de son fils, en 1787. Il acheta, le 29 novembre 1745, la Guyomarais en Plédéliac, des demoiselles de la Motte.

Il habita le château de la Villirouët, où il mourut, n'étant âgé que de quarante ans, le 5 mai 1773, il fut inhumé dans la chapelle et enfeu de la seigneurie de la Villirouët, dans l'église de Plédéliac.

Il avait épousé, le 4 juillet 1752, *Françoise de Fontlebon*[1], *d*[e] *de la Villechevalier, du Fay*, sa cousine, fille de *Jean-Baptiste François*, écuyer, *s*[gr] *du Chef-du-Bois, de la Lande, Fay*, et de *Françoise-Marguerite-Marie de Trémereuc, d*[e] *de la Villechevalier, de la Villeneuve, de la Villecochard*, laquelle avait épousé en secondes noces, en 1740, François Urvoy, chevalier, s[gr] de Closmadeuc. Elle était petite-fille de Jacquemine Mouësan de la Martinais, et née en Plédéliac le 8 février 1732.

Elle porta à son mari la seigneurie de la Villechevalier.

La comtesse de la Villirouët, devenue veuve, le 5 mai 1773, continua à habiter avec ses enfants le château de la Villirouët, où elle mourut, le 29 février 1793 ; elle fut inhumée

---

1. * *De Fontlebon :* très ancienne famille de l'Évêché de Saint-Brieuc, dont la généalogie remonte à Guillaume Fontlebon, fils de Pierre, et qualifié de « Miles » (chevalier), dans un acte de 1197. Elle a contracté d'illustres alliances, et a produit entre autres : Jacques de Fontlebon, chevalier de Malte, qui fut l'héroïque défenseur de Rhodes, en 1522. Elle s'est éteinte, fondue à la fin du XVIIIe siècle en Mouësan de la Villirouët, et de Guéhéneuc. Armes: « D'argent à trois aiglettes de sable ». — Françoise de Fontlebon n'avait qu'une sœur aînée, Renée-Jeanne, qui épousa, à Dinan, le 14 février 1743, Félix-Sixte de Caradeuc, comte de Keranroix, conseiller au Parlement de Bretagne, frère du fameux procureur général la Chalotais, littérateur et poète distingué, qui mourut sans postérité le 9 décembre 1786 ; sa veuve mourut à Lamballe le 23 juillet 1793, et ses terres de Trébressan, du Baslin, avec l'hôtel de Lamballe vinrent par héritage à son neveu, le comte de la Villirouët.

près de son mari dans l'enfeu de la Villirouët, en l'église de Plédéliac. Ses biens et ceux de son mari, estimés rapporter 5.740tt de rentes, furent partagés le 2 Frimaire an III (22 novembre 1794), entre ses deux fils survivants.

Ils avaient eu quatre enfants :

1° **Jean-Baptiste-Mathurin-Marie**, qui suit ;

2° **Françoise Mouësan de la Villirouët**, née à la Villirouët, en 1757, elle y mourut fille en 1773 ;

3° **Victor-Sévère-Joseph-Marie Mouësan de la Villirouët, châtelain de la Villirouët**, né à la Villirouët, le 4 mars 1760. il épousa, au château de Pendenhouët, en Broons, en 1787, *Françoise-Emilie Julienne Béchu de Lohéac*[1], née en 1761, fille de *Bertrand-Emile Béchu, sgr de Lohéac, conseiller au Parlement, maître des Eaux et Forêt de Bosquen*, et de *Antoinette Rouault*[2], de *de la Vallais et du Moulinroûl*. A la mort de Bertrand Béchu, en 1791, ses terres furent partagées entre ses trois enfants survivants : le Moulinroûl, en Soudan, évêché de Nantes, échut à son fils, Bertrand-René, grand-père de Madame Regnault de Bouttemont, née Varin de la Brunelière ; Lohéac. à son autre fils Jérôme ; Mme de la Villirouët reçut le Bignon et la Renais, en Conquereul, la Noë, en Gaël, et l'Escoublière,

---

1. * *Béchu :* ancienne famille bretonne de l'Évêché de Saint-Malo, où elle vivait dès la fin du XVe siècle ; elle s'est éteinte, fondue de nos jours en Arnaud, Bésuchet et Varin de la Brunelière. Armes : « D'azur à six coquilles d'argent. 3. 2. 1. » La seigneurie du Moulinroûl, en Soudan, appartint anciennement aux Guischart, puis aux Rouault, aux Gallinier et aux Hamel qui la portèrent par alliance en 1734 aux Rouault de la Vallais, et ceux-ci aux Béchu en 1756.

2. * *Rouault :* ancienne famille de l'Évêché de Saint-Brieuc, où elle vivait dès le XIIIe siècle, et qui s'est éteinte, fondue en Béchu à la fin du XVIIIe siècle. Armes : « D'argent au sautoir de gueules, accompagné en chef d'une moucheture d'hermine, et en pointe d'une rose de même. »

18

en Éréac. À la mort de sa mère, en 1793, Victor de la Villirouët se fit attribuer la seigneurie de la Villirouët, qui jus-
là avait toujours appartenu, par préciput et hors-part, à
l'aîné de la famille : il eut également Launay-Barthélémy, le
Haut-Ménitte, le Crapon, le Grenier et la Villebresset. Il
mourut à la Villirouët en 1805, et sa veuve en 1833. Ils ne
laissèrent que deux filles ;

A. Marie-Anne Mouësan de la Villirouët, née en
1788, elle épousa, en 1812, *Charles-Marie-Jean-Baptiste
Le Vicomte de la Villegourio*[1], qui périt dans la retraite de
Russie peu après son mariage. Sa veuve mourut à la Villirouët en 1868. Elle n'avait eu qu'une fille : *Anne-Marie Le
Vicomte,* née en 1813, qui épousa, en 1834, *René-Baltha-
sard de Ricouard, comte d'Hérouville*[2], né à Paris, le
30 mai 1803, fils d'Alexandre, comte d'Hérouville, mousquetaire en 1773, officier de cavalerie au Régiment de Brisse,
jusqu'en 1791, officier à l'armée des Princes de 1792 à 1794,
puis lieutenant-colonel de la division de Hédé à l'armée
royale de Bretagne, chevalier de Saint-Louis, et de Marie-
Jacquette de la Haye-Saint-Hilaire. Madame d'Hérouville
mourut, veuve, en 1875, laissant trois enfants :

1° *Alexandre de Ricouard, comte d'Hérouville,* né

---

1. *Le Vicomte :* famille d'anc. Ext. chev. originaire de l'Évêché de
Saint-Brieuc, ramage des la Roche-Suhart et des Penthièvre, qui a
produit un chevalier croisé en 1248, un maréchal de camp en 1748.
Quatre de ses membres ont été fusillés à Quiberon en 1795. Elle est
encore représentée par la branche des comtes de la Houssaye. Armes :
« D'azur au croissant d'or ». Charles, qui épousa Marie-Anne de la
Villirouët en avril 1812, était né à la Villegourio, en Morieux, le
30 décembre 1769, second fils de Jean-Baptiste, comte de la Houssaye
et de la Villegourio, président à mortier au Parlement de Bretagne, et
de Céleste de Saint-Pern du Lattay. Il périt au passage de la Bérézina
le 28 novembre 1812. Son frère aîné, J.-M., comte de la Houssaye, fut
fusillé à Quiberon.

2. *De Ricouart d'Hérouville :* famille originaire de Flandre, qui se
fixa en France au XVI° siècle. Elle s'arme : « D'azur au soleil d'or,
au chef d'argent, chargé d'un lion léopardé de sable. »

en 1836, il a épousé, en 1864, Louise d'Auxais, qui est veuve et habite le château de la Vicomté, en Plédéliac, avec ses deux enfants ; *Marie*, née en 1868, et *Louis*, né en 1872 ;

2° *Marie-Caroline de R. d'Hérouville*, née en 1839, qui a épousé, vers 1862, *Paul-Armand Maufras du Chastellier*, avec lequel elle demeure au château de Kernuz (Finistère). Ils ont trois enfants : *a. Pauline* ; *b. Armand.* officier d'infanterie, qui a épousé, à Poitiers, le 20 octobre 1897, Laurence de Marne ; *c. Anna*, qui a épousé, le 15 février 1897, le baron Pierre de Lacger-Camplong, officier d'infanterie ;

3° *Louise-Anne-Marie de R. d'Hérouville*, née en 1843, qui a épousé, en 1866, *Amédée Rolland, comte de Rengervé*, mort en 1879, dont : *a. René*, né en 1868 ; *b. Marie*, née en 1873 ; *c. Eugène*, né en 1876 ; *d. Yvon*, né en 1879.

B. Victoire Mouësan de la Villirouët, née en 1790, elle eut en lot, à la mort de sa mère. en 1833, le manoir de la Villirouët. Elle épousa vers 1806, *César de la Noë des Salles* [1], fils de Jules-César Félix, et de Rose-Amélie de Langan. Il était né en Éréac, en 1767. Sa mère était fille de J.-B. de Langan, Mis du Bois-Février et de Jeanne-Michelle Larcher, d^e du Bois-du-Loup, en Augan. César de la Noë mourut en février 1837 ; sa veuve mourut en 1875. Ils laissaient deux fils et une fille :

1° *César de la Noë des Salles*, né en 1807, qui épousa en 1848, Cécile Bouan de la Ville-Éven ; il est mort en 1857 ; sa femme est morte en 1860, laissant : *César*, né en 1855, qui a épousé, en 1879, Marguerite de Petitville, dont : *Ernest* et *Marie-Antoinette* ;

2° *Alix de la Noë des Salles*, qui a épousé, en 1838, *Eugène Rolland de Rengervé, châtelain de la Pommeraye*, en Messac, où elle mourut trois mois après son mariage. Son mari épousa, en secondes noces, Mlle du Gaspern, dont il n'eut pas de postérité. La Pommeraye appartient actuellement à ses neveux, fils du Cte Amédée de Rengervé et de Louise d'Hérouville.

3° *Auguste de la Noë des Salles*, né en 1815, il épousa, en 1842, Amélie Bésuchet, née en 1815, fils d'Aimé et de Émilie Béchu de Lohéac, et morte au château de Basse-Ardenne en St-Maugan, le 20 juin 1897. Son mari était mort en 1855, ne laissant qu'une fille : *Alice de la Noë des Salles*, née en 1843, qui épousa en 1866, *Jules, vicomte du Pontavice* ; elle mourut en 1868. Son mari hérita, en 1875, du manoir de la Villirouët, où il demeure avec son fils unique : *Roger, Vte du Pontavice*, né en 1867, qui a épousé en 1893 Anne Rolland du Noday, dont : *a. Alice*, née en 1893, *b. Jean*, né en 1895.

4° Charles-François-Jean-Amateur Mouësan dit « **le Chevalier de la Villirouët** », **Chevalier de Saint-Jean-de Jérusalem, Page de S. A. E. Grand-Maître de l'Ordre, Mgr Emmanuel de Rohan, puis Cadet-Gentilhomme dans le régiment d'Infanterie de Marine du Vicomte de Boisse :** né au château de la Villirouët le 30 mars 1763, il fournit, le 29 juillet 1779, les preuves de trente-deux quartiers de noblesse, dites « Preuves rigoureuses », réclamées pour être proposé comme Chevalier de Malte, et il fut admis dans l'Ordre par brevet du 18 septembre 1779. Reçu, le 20 avril 1781, comme Cadet-Gentilhomme dans le régiment d'Infanterie de Marine commandé par le Vicomte de Boisse, il périt, noyé, à Angers en 1784.

XIIIe
J.-B. MATHURIN
MOUËSAN Cte DE
LA VILLIROUËT,
CHEVALIER DES St-

XII°   Jean - Baptiste - Mathurin - Marie Mouësan, Comte de la Villirouët, chevalier, chef de nom et d'armes, châtelain et seigneur de la Villirouët, du Guécot, de la Villebasse,

de Trébressan, du Baslin, du Châstelet, de la Villechevalier, de la Villemorin, de Beauregard, du Plat, de Maradan, de Quistinic, de Kermadec, de Kervéhel, officier au régiment de Condé-Infanterie, capitaine à l'Armée Royale, chevalier de Saint-Louis et du Lys.

Louis, époux de *Marie-Victoire de Lambilly* : « d'azur à six quinte - feuilles d'argent ».

Né au château de la Villirouët, il fut baptisé dans l'Église de Plédéliac le 13 novembre 1754. Il fut nommé, le 1er mai 1773, lieutenant au régiment provincial de Rennes, puis, le 13 octobre 1776, sous-lieutenant au régiment de Condé-Infanterie. Lors de la Révolution, il émigra, en 1792, à l'Armée des Princes, et fit la campagne des Pays-Bas. Puis, à la dissolution de l'armée des Princes, en 1793, il vint à Jersey, comme capitaine de l'Armée Royale. Rentré en France, en 1797, il se cacha à Nantouillet et à Paris ; arrêté le 14 janvier 1799 sous inculpation d'émigration, il fut emprisonné à l'Abbaye ; jugé par une Commission Militaire, le 23 mars 1799, ce fut sa femme qui présenta elle-même sa défense et obtint son acquittement. Il revint alors habiter Nantouillet jusqu'en 1810, époque à laquelle il retourna à Lamballe.

Il fut nommé chevalier de l'Ordre du Lys, et chevalier de la Légion d'Honneur, par brevet du 13 juillet 1813.

Il mourut à Lamballe, le 12 mars 1845, âgé de 90 ans.

Il avait épousé, en l'église Toussaint de Rennes, le 12 juin 1787, *Marie-Victoire de Lambilly*[1], née le 27 avril 1767, fille de *Pierre-Laurent, marquis de Lambilly, ricomte du Broutay, baron de Kergroix*, et de *Jacquetle-Françoise de la Forest d'Armaillé*. Après une existence dont nous avons raconté les douloureux et glorieux épisodes, la comtesse de la Villirouët mourut à Lamballe, le 12 juillet 1813.

Elle avait eu trois enfants :

1° Charlemagne, qui suit ;

1. Pour la famille de Lambilly, voir la généalogie ci-après.

2° Victoire-Renée-Gabrielle Mouësan de la Villi-rouët, née le 7 octobre 1790, elle fut connue, étant petite, sous le surnom de « Poupomne ». Elle demeura avec sa mère à Lamballe, puis, pendant la Révolution à Nantouillet jusqu'en 1810; elle revint alors à Lamballe, où elle eut la douleur de perdre sa mère en 1813, et, où elle épousa, le 21 octobre 1816, *Henry-Anne-Christophe-Simon, comte de la Haye-Saint-Hilaire*[1], né à la Haye-Saint-

---

1. *De la Haye de Saint-Hilaire :* famille d'Anc. Ext. chev., originaire de Saint-Hilaire-des-Landes, diocèse de Rennes, où elle vivait de temps immémorial, et qui s'arme : « D'argent au lion de sable ». — Louis-François, comte de la Haye-Saint-Hilaire, qui épousa Mlle de Gasté, mourut à Rennes, en 1801, et sa veuve, en 1817, il eurent :

1° *Louis*-Joseph-Benigne de la Haye-Saint-Hilaire, né à Saint-Hilaire, le 12 décembre 1766, officier au régiment de Penthièvre lors de la Révolution, il devait commander comme colonel le régiment de hussards que voulait former le marquis de la Rouërie lors de sa conjuration, d'où son surnom de « Hulan ». Après avoir commandé la division royaliste de la Guerche de 1794 à 1796, il émigra en Angleterre, puis en Espagne, où il était capitaine de dragons en 1807.

2° *Henry,* né vers 1769, qui épousa en 1816, Victoire de la Villi-rouët.

3° *Anne,* qui épousa M. de Saint-Thomas, et obtint un passeport pour aller voir son frère Edouard dans sa prison à Vannes, en 1807.

4° *Marie-Jacquette-Philippine-Michelle*, née en 1773, qui épousa en 1798 Alexandre de Ricouard, comte d'Hérouville, dont postérité. Elle demeurait à Meaux en 1807, quand elle se rendit à Paris, au commencement d'octobre, et y sollicita en vain dans une audience la grâce de son frère Edouard.

5° *Clotilde*-Bazile-Agathe, née en 1774, qui épousa, en 1804, Louis-Armand-François du Pontavice de Heussey.

6° *Edouard,* « chevalier de Saint-Hilaire », né à Saint-Hilaire, en 1775, était officier d'infanterie lors de la Révolution; il fut l'un des chefs les plus intrépides de la chouannerie. Passé en Angleterre avec Cadoudal, en 1800, il en revint, en 1804, et prépara l'attaque à main armée contre le Premier Consul. Cadoudal fut arrêté et fusillé, mais Saint-Hilaire put regagner Londres. Rentré en Bretagne, le 27 juin 1806, avec MM. de Bar, de Sécillon, de Porcaro, etc., il fut surpris par trahison dans une maison près d'Elven, le 23 septembre 1807; blessé dans la lutte qu'il soutint contre 28 gendarmes sous les ordres du capitaine Michelot, il fut pris, et emprisonné à Vannes. Jugé le 7 octobre, il fut fusillé le même jour sur la place de la Garenne.

7° *Charles,* qui a continué la descendance.

Hilaire vers 1769, fils de Louis-François, comte de la Haye-Saint-Hilaire, et de Marie-Thérèze-Elisabeth de Gasté.

Peu de temps après leur mariage, le comte et la comtesse de Saint-Hilaire achetèrent le château de Chaudebœuf, en Saint-Sauveur-des-Landes, où ils se fixèrent. Cette seigneurie, haute-justice et châtellenie, appartint primitivement aux Pinel, qui y paraissent dès le IXe siècle ; elle fut érigée en châtellenie en leur faveur, en 1595 ; des Pinel elle vint aux Porée du Parc, en 1650, puis, par acquèt, aux Saint-Hilaire en 1819. L'enfeu de cette seigneurie était dans l'église de Saint-Sauveur des Landes, où l'on voit encore plusieurs pierres tombales aux armes des Pinel et portant les millésimes de M.CC et 1574: près du château était aussi une chapelle privée sous le vocable de Saint-Joseph.

Le comte de Saint-Hilaire mourut à Rennes, le 7 avril 1825, sans laisser de postérité. Sa veuve continua d'habiter le château de Chaudebœuf ; puis elle vécut les dernières années de sa vie à Rennes, où elle mourut, le 28 octobre 1869, âgée de 78 ans.

Elle avait, à la mort de son père, en 1845, hérité des terres du Guécot, du Chastelet, et des fermes en Locminé.

Par son testament, en date de 1863, elle laissait toutes les propriétés et les valeurs mobilières qui lui venaient de son mari à son neveu, le comte Louis de Saint-Hilaire ; le Chastelet vint à sa sœur Césarine, le Guécot et les fermes en Locminé à son frère Charlemagne. Elle fondait dans son château de Chaudebœuf un hospice libre de vieillards, sous la direction de neuf religieuses de l'ordre de Rillé[1], hospice qui abrite aujourd'hui une centaine de malades.

Elle fut inhumée dans la chapelle de Chaudebœuf.

3° Césarine-Marie-Mouësan de la Villirouët, née à Lamballe le 10 avril 1792, elle fut connue étant petite sous

1. De l'ordre des Sœurs adoratrices de la Justice de Dieu, fondé en 1827.

le surnom de « Mimi ». Elle ne se maria pas et demeura constamment avec son père.

A la mort de celui-ci, en 1845, elle hérita de la Villechevalier, de Trébressan, du Baslin ; puis à la mort de sa sœur, en 1869, du Chastelet. Elle demeura à la Villechevalier et à Lamballe. Elle fit bâtir près de cette ville une maison de campagne qu'elle appela « l'Hermitage » ; cette maison fut vendue en 1873 ; et, suivant ses volontés, le produit de cette vente, 12.000ᵗ, fut porté par son neveu, Paul de la Villirouët, à Notre Saint-Père le Pape Pie IX. Elle passa à Rennes les dernières années de sa vie ; elle y mourut le 22 octobre 1875, et fut inhumée dans le cimetière de cette ville.

XIVᵉ
CHARLEMAGNE
MOUËSAN, COMTE
DE LA VILLI-
ROUËT, époux de
*Aglaé Le Doüa-
rain de Lemo.*
« D'azur au pal
d'argent, chargé
de trois her-
mines de sable. »

XIVᵉ Charlemagne-François-Jean-Baptiste-Marie Mouësan, comte de la Villirouët, châtelain de la Touraille, élève, puis professeur au collège de Juilly, inspecteur des Postes, démissionnaire en 1830.

Né à Lamballe, le 24 juin 1789, il demeura dans cette ville jusqu'en 1797, époque à laquelle il rejoignit son père (le citoyen Guenier) à Nantouillet. Il entra au mois de novembre 1798 comme élève au collège de Juilly, sous la direction des Oratoriens ; de 1809 à 1818, il fut professeur d'histoire, puis de langues et de mathématiques, à ce collège ; en 1810, il avait été inscrit comme auditeur au Conseil d'État, mais il n'en remplit pas les fonctions. En 1818, il fut choisi comme secrétaire particulier par M. Le Bouthillier de Rancé, alors préfet de Strasbourg. En octobre 1820, il fut nommé contrôleur des Postes à St-Brieuc ; et, le 21 février 1823, il fut attaché à l'armée d'Espagne comme inspecteur des Postes. Il fit, à ce titre, toute cette glorieuse campagne qui rétablit sur son trône le roi Ferdinand VII; puis il fut nommé inspecteur des Postes de seconde classe avec 6500ᵗᵗ d'appointements. Il occupait ce poste quand survint la Révolution de 1830; il n'hésita pas alors à faire tout son devoir, et il donna sa démission, abandonnant à l'âge de quarante ans une position honorable et avantageuse. Il revint en Bretagne, où il habita alternativement, avec sa femme et ses enfants, le château de la Touraille, en Augan, Rennes et Lamballe.

Il avait épousé, en l'église Saint-Sauveur de Rennes, le 28 avril 1824, *Aglaé-Marie-Auguste Le Doüarain de Lemo*[1], née à Vannes le 6 novembre 1799, fille unique de *Jacques-Marie-Joseph le Doüarain, comte le Doüarain de Lemo, ex-page du roi, ex-colonel à l'armée catholique et royale de Bretagne, conseiller général du Morbihan, maire d'Augan, châtelain de Lemo et de la Touraille,*

---

1. * *Le Doüarain :* famille d'Anc. Ext. chev.; issue de Dérien, dit « Douasroen », vivant au XIIIᵉ siècle et descendant du duc de Bretagne Alain le Grand (Cart. de l'abbaye de la Joye). Elle posséda dès le XIVᵉ siècle les seigneuries du Cambrigo, en Plaudren; de la Tieulais, en Campénéac; puis le Chesnoran, en Ploërmel; Lemo, la Touraille, en Augan; Trévelec, en Plaudren; le Val-Néant, au Roc-St-André, etc. Elle produisit entre autres : Jean, écuyer sous Duguesclin M. 1370; Eon, écuyer M. 1421; François, célèbre jurisconsulte, 1536; des pages, des officiers, des chevaliers de Malte, de Saint-Louis, de la Légion d'Honneur. La branche aînée s'est éteinte en 1872, fondue en Mouësan de la Villirouët; la branche de Trévelec, seule existante, s'éteint avec les deux dernières demoiselles le Doüarain, qui demeurent en Iffendic. Par leur alliance avec les De Quéjau, 1501; Picault, 1631; Derval, 1666; Desgrées 1715 et 1798, les Doüarain se rattachaient, par seize côtés différents, à la famille souveraine de Bretagne. Les ascendants de la comtesse de la Villirouët, née le Doüarain de Lemo, étaient : du côté paternel: le Doüarain de Lemo, Beaugeard, de la Fresnays de la Villefief, Desgrées du Loû, de Couëssin de la Béraye, de Derval. Picaud de Morfoüace, Lucas du Boisbas, du Tertre, de l'Escu, de Quéjau, Jouchet de la Béraudais, du Boisbérard; du côté maternel : Desgrées du Loû, Gaudin de la Bérillais, le Malliaud de Kerhoarno, Hervy du Plessis, Judes du Boschet, Avril du Loû, d'Angoulevent, de Quéjau, Voisin de Jerguy, de Trieuc, Guillaume de Botquidé, de Belloñan. — Les Doüarain portaient pour armes : « D'azur au pal d'argent, chargé de trois hermines de sable ».

chevalier de Saint-Louis, et de feue *Aglaé-Sophie-Marie-Victoire Desgrées du Loû* [1]. Cette alliance en apporta de fort illustres à la famille Mouësan, les Doüarain descendant de la famille souveraine de Bretagne.

Le comte de la Villirouët posséda, par suite d'héritages successifs : la Villechevalier, la Villemorin, le Peillac, le Bastin, Trébressan, le Guécot, le Chastelet, dans les Côtes-du-Nord ; l'hôtel Kéranroy à Lamballe, qu'il vendit en 1852 ; Kermadec, Kervéhel et Quistinic, dans le pays de Locminé. La comtesse de la Villirouët reçut également par héritages : les châteaux de la Touraille et de Lemo, les fermes des Marchix, de Coduent, du Charbon, de la Villejégu, de la Marre, du Binio, de la Rabine, de la Bossardais, de la Petite-Roche, en Augan et en Campénéac ; des Abbayes et de la Renaudaye, en St-Etienne-de-Montluc.

La comtesse de la Villirouët mourut à Rennes le 8 décembre 1872, âgée de 73 ans, et elle fut inhumée dans le cimetière d'Augan ; son mari mourut également à Rennes le 26 juillet 1874, âgé de 85 ans, et fut inhumé près de sa femme. Nous avons dit ce qu'il fut au point de vue de la science, de la société, de la religion et de la famille.

---

1. * *Desgrées :* famille d'ext. chev. originaire d'Ecosse, que nous trouvons en Bretagne depuis le XIV⁰ siècle et qui compte encore dans ce pays de nombreux représentants. Les Desgrées portent depuis 1560 le titre de vicomte, et, depuis 1660, celui de comte. Ils ont possédé, du commencement du XIV⁰ siècle jusqu'en 1620, la seigneurie de la Touraille, en Augan ; de 1567 à 1656, celle de Lesné, en Gaël ; de 1656 à 1829, celle du Loû, en St-Léry. Cette famille a produit entre autres : Marin, sᵉʳ de la Touraille, écuyer sous Duguesclin M. 1373 ; Jean, sᵉʳ dº, capitaine du duc de Bretagne 1463 ; Julien, capitaine royaliste sous la Ligue, avec son fils Jean, dit le « Vicomte Desgrées » ; Bertrand, comte du Loû, sénéchal de Ploërmel 1724 ; Jacques-Bertrand Colomban, comte Desgrées du Loû, président de l'Ordre de la Noblesse aux Etats de Bretagne de 1769 et de 1772 (nous nous réservons de faire sa biographie) ; Jean-Marie, vicomte Desgrées du Loû, lieutenant-colonel d'infanterie, chevalier de St-Louis 1766 ; Henry, lieutenant de dragons, décoré de la Légion d'Honneur en 1870. Armes : « D'azur à la fasce d'hermines, accompagnée de trois étoiles d'argent. »

Il laissait trois enfants :

1° Maria-Joséphine-Jeanne Mouësan de la Villirouët, née à Rennes, le 27 février 1825. Elle ne se maria pas et se consacra entièrement à ses parents. Elle fut vice-présidente des « Filles de Marie » et présidente de la « Congrégation des Demoiselles » de Rennes. Après une vie, toute de bonnes œuvres et de vertu, elle mourut à Rennes le 2 décembre 1889, âgée de 65 ans, et laissant une réputation universelle de sainteté ; elle fut inhumée dans le cimetière d'Augan.

2° Aglaé-Marie-Victoire-Pauline Mouësan de la Villirouët.

Née à Rennes le 6 janvier 1827, elle fut élevée par ses parents qu'elle ne quitta jamais. Elle a épousé en l'église Saint-Sauveur de Rennes, le 28 avril 1852, *Edouard-Jean-Fournier de Bellevüe*[1]. plus tard *comte* et *marquis de*

---

1. * *Fournier de Bellevüe :* la famille des Fournier, marquis et comtes de Bellevüe, est noble d'anc. ext. chev. et originaire du Berry, où nous la trouvons dès le XIIIᵉ siècle et jusqu'à la Révolution ; une de ses branches alla se fixer, à la fin du XVIIᵉ siècle, à St-Domingue, où elle posséda de nombreux domaines. Chassée de cette colonie lors de la Révolte des nègres en 1793, elle vint demeurer en Bretagne où elle habite de nos jours. Elle a possédé entre autres les seigneuries de la Noüe, de la Lande, de Villary, de la Chapelle, des Allioux, de Monteltier, de Montifault, de la Pinardière, de Boismarnin, des Chézeaux, de Varennes, de Bellevüe dans le Berry et l'Orléanais ; de Limonade, du Limbé, à St-Domingue ; de Beaumarchais, en Pleudihen ; de la Villeder, au Roc-Saint-André ; des Aulnais, en Lanouée ; du Domaine, en St-Méloir-des-Ondes ; de la Touraille, en Augan. Elle a produit un Prieur de St-Taurin de la Ferté-Imbault en 1380 ; un maître d'hôtel de Jean, duc de Berry, en 1416; un secrétaire des guerres en 1484; des capitaines de cavalerie en 1643, 1674, 1702, 1732, 1743, 1813, 1887 ; un commissaire à la Réformation de 1669; des pages du duc d'Orléans 1767 et 1789 ; un mestre de camp de cavalerie 1788; un lieutenant-colonel au Régiment de Pardieu, 1713 ; des Conseillers supérieurs du Conseil général du Cap à St-Domingue ; un procureur à ce Conseil en 1760 ; un lieutenant de vaisseau tué à un combat naval en 1781 ; un lieutenant d'infanterie tué à Eylau en 1806; un capitaine aux zouaves pontificaux, tué à Loigny, 11 janvier 1871 ; quatre chevaliers de Saint-Louis; deux chevaliers de la Légion d'Honneur. Les

Bellevüe, né au Domaine, en St-Méloir-des-Ondes, le 5 février 1821, troisième fils de *Jean-Jacques-Louis, comte de Bellevüe, conseiller général d'Ille-et-Vilaine et maire de St-Méloir-des-Ondes*, mort au château de la Chipaudière en Paramé, le 8 novembre 1869, âgé de 92 ans ; et de feue *Louise-Blaize de Maisonneure*, belle-sœur du fameux corsaire Robert Surcouf.

Après leur mariage, M^r et Mme de Bellevüe habitèrent avec leurs parents, tantôt le château de la Touraille, tantôt Rennes. À la mort du comte de la Villirouët, en 1874, ils eurent en lot le château de la Touraille, où ils demeurent.

Ils ont eu huit enfants, dont quatre seulement vivent encore :

1° *François-Xavier-Marie-Anne-Joseph Fournier*,

Fournier de Boismarmin firent leurs « Preuves de Cour » en 1787. Cette famille a formé : la branche du Boismarmin, fondue en Thomas des Colombiers en 1805 ; la branche de Varennes, éteinte en 1794, fondue en Montholon ; et la branche de Bellevüe seule existante. Nous remarquons parmi les alliances des Fournier, les familles Prévost 1320, Rabault 1370, de Braye 1380, de Chamferré 1414, Fontboucher 1452, de Luynes 1465 ; d'Orléans de Rère 1480 ; de Moncelard 1540 ; de Malleret 1604 ; de Boislinard 1644 ; de Barville 1683 ; de Goyon 1743 ; de Savary 1752 ; de Fermey 1780 ; des Sables 1720, de Castellane 1745 ; de Montholon 1766 ; de Cheylus 1785 ; du Gats 1732 ; de Ferron de la Ferronnays 1771 ; de la Courcière 1773 ; Pierrès de la Touche 1798 ; David de la Tour 1763 ; le Poitevin de la Villenoël 1799 ; Blaise de Maisonneuve 1799 ; de la Fruglaye 1842 ; de Gohin de Montreuil 1830 ; de la Tour du Breuil 1849, Hubert de la Port-Barré 1845, de Saint-Germain 1847 ; Huchet de Cintré 1850, Mouësan de la Villirouët 1852 ; de Gouvello 1865, Regnault de Bouttemont 1883. — Les ascendants directs d'Edouard Fournier de Bellevüe étaient : Blaize de Maisonneuve, Renaud de la Courcière, du Gast, le Febvre, de Malleret, de Signy, de Roquemaure, de Foyal d'Herbault, d'Orléans de Rère, de Fontboucher, de Champferré, de Braye, Rabault et Prévost. Les Fournier portent depuis 1743 les titres de marquis et de comte. Edouard de Bellevüe, époux de Mademoiselle de la Villirouët, hérita du titre de comte à la mort de son père en 1869, et du titre de marquis à la mort de son frère aîné en 1894.

Armes : « De sable au chevron d'argent. » Devise : « Ne furori ».

comte de Bellevüe, capitaine de dragons territoriaux, conseiller général de la Loire-Inférieure, né à la Touraille. le 4 juillet 1854, élève au collège de St-Vincent de Rennes, bachelier ès-lettres en 1872, entré avec le nº 1 comme cavalier-élève à l'École de cavalerie de Saumur, le 27 septembre 1874, sorti de cette École avec le nº 1, comme maréchal-des-logis au 24e Dragons, le 27 mai 1876 ; nommé sous-lieutenant au 25e Dragons, le 5 mai 1881, démissionnaire le 20 juillet 1883, capitaine de cavalerie territoriale au 11e corps en avril 1887, conseiller municipal de Soudan en 1893, conseiller général du canton de Châteaubriant, le 28 juillet 1895 et le 21 juillet 1901. Il a épousé. en l'église Saint-Germain de Rennes, le 19 juin 1883, *Gabrielle-Marie-Léopoldine Regnault de Bouttemont*[1], née à Rennes, le 3 mars 1861, fille unique de feu *Léopold Regnault de Bouttemont*. et de *Pauline Varin de la Brunelière*[2]. Ils demeurent tantôt au

---

1. * *Regnault de Bouttemont:* famille noble d'Ext. originaire de Normandie, où elle possède depuis le XVe siècle la seigneurie de Bouttemont, en Domjean, canton de Tessy-sur-Vire, arrondissement de St-Lô. Ils étaient prééminenciers dans l'église de Tessy et dans celle de Domjean ; ils occupèrent des charges importantes à la Cour des Princes de Matignon, seigneur de Thorigny, ils produisirent plusieurs officiers des Gardes du Corps du Roi et des baillis de Tessy. Ils se sont alliés aux Le Marchand d'Hauterive, Rignouf de Chantepie, de Fincel, du Moulin, Pasquet de la Valerie, Potier de Glatigny, Varin de la Brunelière, de Miette de Laubrie, de St-Pol. Cette famille est encore représentée au château de Bouttemont. Elle fut maintenue comme noble d'Extraction en 1795, et porte pour armes : « D'argent à la croix ancrée de sable. »

2. * *Varin de la Brunelière :* ancienne famille originaire de Normandie, dont une des branches vint s'établir en Bretagne au milieu du XVIIe siècle et reçut des Lettres d'anoblissement dans cette province en 1775 ; elle y possède encore les seigneuries de la Brunelière et de la Galmandière, en Châteaubourg ; du Moulinroûl, en Soudan ; elle s'est alliée entre autres aux Gault de la Galmandière en 1749 ; de Lannux dé la Chaume 1779 ; Bruté de Rémur 1777 ; Béchu du Moulinroûl 1820 : Regnault de Bouttemont 1851 ; Esmengard de Bournonville de St-Maurice 1853 ; De Chivré 1877 ; De Gibon 1886. Elle a produit, entre

château de la Touraille, tantôt au château du Moulinroül, en Soudan, tantôt à Rennes ;

2° *Marie Fournier de Bellevüe, religieuse Augustine Hospitalière à l'hôpital Saint-Yves de Rennes*, « **Mère Anne-de-Jésus** », née à la Touraille, le 6 janvier 1856, elle est entrée à la communauté des Augustines en 1884 ;

3° *Jean Fournier de Bellevüe, prêtre*, licencié en théologie, *directeur au Grand Séminaire de Vannes*, né à la Touraille, le 8 avril 1861, ordonné prêtre le 26 décembre 1885, professeur de philosophie aux Carmes de Ploërmel en 1886, professeur de dogme au Grand Séminaire de Vannes, depuis 1889 ;

4° *Claire Fournier de Bellevüe*, née le 5 août 1865, à la Touraille, où elle demeure avec ses parents.

3° **Paul-Marie-Joseph,** qui suit :

XV°
PAUL MOUËSAN,
COMTE DE LA
VILLIROUËT,
époux de 1° *Angèle de Baglion*,
« D'azur au lion léopardé d'or, accompagné en

XV° Paul-Marie-Joseph Mouësau, comte de la Villirouët, châtelain de Lemo.

Né à Rennes, le 27 janvier 1829 ; il a fait ses études au collège de Redon, tenu par les P. Eudistes.

Il a épousé : 1° à Grazay (Mayenne), le 9 octobre 1853, *Angèle de Baglion de la Dufferie*[1], née à Aubigné (Sarthe), le 4 novembre 1832, fille de

autres, sous la Restauration, un Procureur général à la Cour de Rennes, chevalier de la Légion d'Honneur ; ses représentants habitent à Saint-Lô et au château de Marcambye, en Cerisy-la-Salle, arrondissement de Coutances.

Armes : « D'or au chevron d'azur, accompagné de trois étoiles de même ».

1. * *De Baglion :* illustre famille originaire d'Italie, ramage des ducs de Souabe et de Bavière, dont les membres furent ducs de Souabe, souverains de Pérouse, podestats de Florence, de Spolette et de Lucques, marquis de Morcone en Italie ; marquis et comtes de la Salle, à

Charles, *comte de Baglion de la Dufferie* et de Euphémie de Sarcé.

Elle mourut au château de Grazay (Mayenne). le 15 octobre 1852, ne laissant qu'une fille, dont l'article viendra.

Il épousa en secondes noces, au château de Castel-Launay, en Touraine, le 12 septembre 1859, *Anne-Marie de la Rüe du Can*, née à Nantes en 1838, fille de *Octave, baron de la Rüe du Can*[1]. et de *Antoinette Espivent de Perran*[2], et qui était sa cousine issue de germains, sa grand'mère maternelle étant Anne-Marie Desgrées du Loû.

chef de trois fleurs de lys d'or, surmontées d'un lambel à quatre pendants du même ». 2° *Anne-Marie de la Rüe du Can*, « D'azur au chevron d'or, accompagné en pointe d'un cerf passant d'argent et en chef de deux quintefeuilles de même ».

Lyon, barons de Jons en Dauphiné ; comtes de la Dufferie, de la Motte-Usson, de Martigné, de Grazay, au Maine. Elle a produit entre autres ; Ludovico Baglioni, duc de Souabe, investi de la souveraineté de Pérouse en 1154 ; Braccio Baglioni, souverain de Pérouse, capitaine célèbre par sa valeur et sa piété, protecteur éclairé des lettres et des arts, 1479 ; Jean-Paul Baglioni, dit Malatesta (mauvaise tête), fameux condottière, 1531, Astorre Baglioni, poète italien et lieutenant de Bragadino au siège de Famagouste en 1572 ; François-Ignace de Baglion de Saillans, évêque de Tréguier en 1679, puis de Poitiers en 1686 ; François de Baglion de la Salle, évêque d'Arras en 1725. — La branche de la Dufferie est établie au Maine dès 1384, elle y est encore noblement représentée. — Armes : « D'azur au lion léopardé d'or, la patte dextre posée sur un tronc écotté de même, accompagné en chef de trois fleurs de lys, surmontées d'un lambel à quatre pendants, le tout d'or. Devise : « Omne solum forti patria est ». Cri : « Baglioni ».

1. *De la Rüe du Can :* famille que nous trouvons en Touraine depuis le commencement du XVIIe siècle, qui s'est alliée entre autres aux Quérohent, Chalus d'Auvergne, d'Eyssautier, Desgrés du Loû, Espivent de Perran, Brossaud de Juigné, Allenou des Clos de la Fonchais.

Armes : « D'azur au chevron d'or, accompagné en pointe d'un cerf passant d'argent et en chef de deux quintefeuilles de même ».

2. * *Espivent de Perran et de la Villeboisnet :* famille noble, originaire de l'Évêché de Saint-Brieuc, où elle vivait dès le XIVe siècle ; elle est encore représentée par les branches de la Villeboisnet et de Perran, cette dernière remonte à Antoine Guillaume Espivent. né en 1720, second fils de Antoine, sr de la Villeboisnet, échevin de Nantes ;

Elle mourut à Rennes le 17 juillet 1865, en donnant le jour à sa seconde fille.

En 1867, après la bataille de Mentana, Monsieur Paul de la Villirouët, entraîné par son dévouement au Saint-Siège, partit pour Rome et s'engagea comme **zouave pontifical.** Il passa six mois dans cette armée d'élite.

Après la mort de ses parents, il eut, en lot, en 1874, le château de Lemo, avec les métairies qui l'entourent.

En 1876, il fit faire des réparations considérables au vieux château de Lemo, où il vint se fixer avec ses trois filles en 1877.

Il a été nommé en 1871, maire de la commune d'Augan ; révoqué en 1880 pour causes politiques, il fut réélu en 1882, et il occupa cette place jusqu'en 1900.

Le comte de la Villirouët habite le château de Lemo avec sa fille et son gendre M. et M{{me}} de la Chevasnerie ; en lui s'éteint le nom des Mouësan de la Villirouët, après plus de six siècles d'existence.

De son premier mariage avec Mademoiselle de Baglion de la Dufferie, il n'a eu qu'une fille :

Angèle-Marie-Thérèse Mouësan de la Villirouët, née au château de Grazay (Mayenne), le 9 octobre 1854 ; elle a épousé au château de Lemo, le 6 juillet 1886, son cousin issu de germains, *Henry, vicomte de Baglion de la Dufferie,* né en 1855, fils de Octave, *Comte de Baglion de la Dufferie, châtelain de la Motte-Usson,* en Martigné (Mayenne), et de Dorothée de Longueval d'Haraucourt.

Après leur mariage, le vicomte et la vicomtesse de Baglion allèrent habiter leur château de Grazay, où il demeurent avec leurs enfants :

Antoinette Espivent de Perran, qui épousa le baron de la Rûe du Can, était fille d'Antoine, capitaine de frégate et chevalier de Saint-Louis, et de Anne-Marie-Joséphe Desgrées du Loû ; elle est morte en 1888, le 30 avril. Armes : « d'azur à une molette d'or, accompagnée de trois croissants de même. »

1º *Thérèse* de Baglion de la Dufferie, née au château de Lemo, le 28 avril 1888 ;

2º *Madeleine* de Baglion, née au château de la Cour de Grazay, le 2 octobre 1890 ;

3º *Henry* de Baglion, né — dº — le 15 octobre 1891.

Le comte de la Villirouët a eu, de son second mariage avec mademoiselle de la Rüe du Can, deux filles :

1º **Anne-Marie Mouësan de la Villirouët,** née au château de la Touraille, le 20 septembre 1861 ; elle a épousé au château de Lemo, le 10 janvier 1895, *Pierre Libault de la Chevasnerie*[1], né au château de Kerdavy, en Herbignac, le 12 avril 1863, fils de feu *Arthur*, chevalier de Saint-Ferdinand d'Espagne, et de *demoiselle Adèle de Chomart de Kerdavy*[2], celle-ci fille de *Gustave de Chomart*, et de

---

1. *Libault de la Chevasnerie* : famille ancienne de l'Évêché de Nantes, anoblie par échevinage en 1645. Elle a produit des échevins et des maires de Nantes, un Maître des Comptes, un secrétaire du Roi.

Elle s'est alliée entre autres aux la Bouëxière, Becdelièvre, Charette de Boisfoucault, Pimodan, de Boisnet, O'Kolly, le Meignan de l'Écorce, de Maistre, Meunier de Saffré, Cornulier, etc.

Lors de l'insurrection légitimiste de 1832, un Libault de la Chevasnerie, grand-père de Pierre, fut secrétaire des Commandements de la duchesse de Berry, et s'illustra par son dévouement à cette princesse.

Lors aussi de la revendication du trône d'Espagne par Don Carlos, le comte Libault de la Chevasnerie, époux de Mademoiselle de Boisnet, expédia, à ses risques et périls, aux Carlistes, un approvisionnement de fusils, lesquels furent saisis à la frontière et déposés au château de Nantes. Le même se dévoua au service de Pie IX et procura à l'armée pontificale plusieurs pièces de canons, ce qui lui valut, à Rome, le surnom d' « Artilleur du Pape ». Son fils, veuf de Mademoiselle de Maistre, est mort commandant de l'Ecole de cavalerie de Saumur, en 1900.

Les Libault s'arment : « d'argent à six fleurs de lys de gueules 3. 2. 1 ; au chef de même, chargé de trois fers de piques d'argent, les pointes en haut ». Devise : " Pro Deo, rege et patria ".

2. *Chomart* : famille d'ancienne Ext. chev. de l'Évêché de Nantes, fondue de nos jours en Libault de la Chevasnerie et de Kersauson.

Armes : " d'or à la bande de gueules, chargée de deux molettes et de deux gantelets d'argent, rangés une molette et un gantelet ".

19

Emilie de Tréméac. Ils demeurent au château de Lemo avec leur fille : *Marie-Thérèse*, née à Augan, le 10 juin 1896.

2° Jeanne Mouësan de la Villirouët, née à Rennes, le 6 juillet 1865, elle est morte célibataire au château de Grazay, le 4 Mai 1894, et est inhumée dans le cimetière d'Augan.

GÉNÉALOGIE

FAMILLE DE LAMBILLY

I° HISTORIQUE

La famille **de Lambilly** est originaire de la seigneurie de ce nom, dans la paroisse de Taupont, près de Ploërmel, où nous la trouvons depuis le XII° siècle, et qu'elle habite encore aujourd'hui.

Elle a paru à toutes les Montres de l'Évêché de Saint-Malo ; aux Réformations de 1427, 1448, 1454, 1479, 1513, 1536 ; elle produisit à celle de 1668, et fut maintenue dans sa noblesse d'Ancienne Extraction, avec qualité de Chevaliers, par arrêt du 17 novembre 1668. Les Lambilly sont « barons de Kergroix », par acquêt de cette baronnie en 1651 ; « vicomtes du Broutay », par acquêt en 1710 ; « marquis de Baud-Kerveno », par acquêt en 1724.

Nous remarquerons parmi les membres de cette illustre famille : **Payen. sire de Lambilly,** signataire d'une charte à Rennes en 1179 : un Chevalier Croisé en 1248 ; **Jean de Lambilly, Capitaine du Comte de Montfort** dans les guerres des deux Jeanne. **Grand Chambellan** et **Premier Gentilhomme de la Maison du Duc Jean V,** en 1415 ; **Jean de Lambilly,** l'un des seigneurs Bretons associés contre Landais en 1484 ; **Robert de Lambilly, Capitaine des Francs-Archers et Arbalétriers de l'Évêché de Vannes** en 1484 ; **Jacques de Lambilly,** homme d'armes de la garde du Duc François II, tué au siège de Brest en 1489 ; **François de Lambilly,** tué à Pavie en 1655 ; **Guillaume de Lambilly, président, par élection, de l'Ordre de la noblesse aux États de Bretagne,** tenus à Saint Brieuc en 1687 ; **Pierre, baron de Kergroix, lieutenant des Maréchaux de France** en 1672 ; **Pierre-Joseph, baron de Kergroix, vicomte du Broutay, marquis de Baud-Kerveno, page du Roi** en 1695, **conseiller au Parlement de Bretagne** en 1707, intendant et trésorier général de l'Association des Gentilhommes bretons conjurés en 1717 pour défendre les libertés de leur province, condamné à mort par contumace en 1720, il dut s'exiler en Espagne, où il devint **premier gentilhomme de la chambre du Roi ; Jean-Louis, vicomte du Broutay, page** en 1720 ; **lieutenant aux gardes françaises,** tué à Dettingen, en 1743 ; **Pierre-Laurent, marquis de Lambilly, page** puis **officier du roi d'Espagne,** en 1725 ; **Pierre-Gabriel-François, marquis de Lambilly, lieutenant aux gardes-françaises,** en 1784 ; **chef du bataillon de Ploërmel,** dans les guerres de la chouannerie ; **Auguste, chevalier de Kerveno, officier royaliste,** tué dans les guerres de la chouannerie ; **Victoire de Lambilly, comtesse de la Villirouët,** dont nous avons raconté la vie ; **Thomas-Hippolyte marquis de Lambilly, capitaine des**

chouans de Taupont en 1815 ; Charles, vicomte de
Lambilly, chef de bataillon aux zouaves pontificaux
à Rome, en 1866, commandeur de l'ordre de Saint-
Sylvestre ; Humbert, comte de Lambilly, lieutenant-colonel d'état-major, tué au combat de Ponthieu,
en 1871 ; Gabriel, comte de Lambilly, lieutenant
de chasseurs à pied, lieutenant-colonel des mobiles
du Morbihan en 1870, chevalier de la Légion d'Honneur, conseiller général, puis président du conseil
général et du comité royaliste du Morbihan, mort à
Lambilly, le 21 mars 1896.

Les Lambilly se sont alliés entre autres aux maisons :
de la Motte, 1369 ; *de Saint-Brieuc*, 1415 ; *de la Soraye*,
1420 ; *de Beaumanoir*, 1444 ; *de Castel*, 1470 ; *de Boisjagu*, 1482 ; *de Quélen*, 1490 ; *Giffart*, 1509 ; *du Houx*,
1548 ; *Henry*, 1580 ; *de Bréhault*, 1565 ; *Gâtechair*, 1609 ;
Rogier, 1644 ; *de Rollée*, 1666 ; *Magon de la Lande*, 1698 ;
Le Pennec, 1725 ; *Ruellan du Tiercent*, 1733 ; *Magon de
la Balue*, 1734 ; *de la Forest d'Armaillé*, 1753 ; *de Rosily*,
1786 ; *le Valois de Séréac*, 1773 ; *Mouësan de la Villirouët*, 1787 ; *de la Vigne-Dampierre*, 1788 ; *de Langle*,
1804 ; *de Ferron*, 1818 ; *Robiou de Troguindy*, 1810 ; *de
Roquefeuil*, 1814 ; *Harscouët de Saint-Georges*, 1825
et 1891 ; *de la Motte-Rouge*, 1846 ; *du Boulay*, 1857 ;
Gobbé de la Gaudinaye, 1859 ; *Desgrées du Loû*, 1873 ;
de Sesmaisons, 1832 ; *de Montebise*, 1863 ; *de Cornulier*,
1863 ; *Carré de Kéranflec'h*, 1860 ; *Guillet de Chastelux*,
1857 ; *de Ravinel*, 1888 ; *de Villers*, 1892 ; *de Montagu*, 1891.

La famille de Lambilly porte pour armes :

« D'azur à six quintefeuilles d'argent ».

Devise : **« Point gesné, point gesnant »**. Cimier : **« Une
hermine au naturel »**.

Sa généalogie existe dans l'« Armorial général de France »
de d'Hozier, 2e registre, 2e partie p. 577.

Elle fut admise aux « honneurs de la cour » en 1780) et en 1786.

IIe SEIGNEURIES

La famille **de Lambilly** a possédé les seigneuries : **de Lambilly, de Créménan, de la Rivière-Bréhault, du Bois-Hélio, du Chesnoran, de Morgan, de la Villebouquais, de la Villedenaché,** en Taupont et en Ploërmel ; **de Penhoët** en la Croix-Helléan ; **de la Motte** en Loutchel ; **de la Soraye** en Campel ; **de la Grande-Touche** en Néant ; **du Plessis, du Val** en Trémorel ; **du Quengo-Briand** en Bréhan-Loudéac : **de Keraron** en Plumelin ; **de la Garoulais** en St-Étienne de Rennes : **du Quélenec** en Lanouée ; **de Quistinic** en Moustoirac ; **de la Villevoisin, de Rohallaire, du Rufflé** en Augan ; **du Ménéguen** en Melrand ; le **marquisat de Baud-Kerveno** et **la baronnie de Kergroix** en Remungol ; **la vicomté du Broutay** en Guillac.

Nous allons dire quelques mots des plus importantes de ces seigneuries.

Lambilly : châtellenie en la paroisse de Taupont, haute, basse et moyenne justice ; manoir avec chapelle, colombier, futaie, jardins et parc ; droits de fondation, de prééminences, de banc et d'enfeu prohibitif dans l'église de Taupont, dont la maîtresse vitre porte les écussons des Lambilly ; droits au quart du droit de coutume qui se percevait à Ploërmel le jour de la Foire Fleurie (la veille du dimanche des Rameaux) : moulins à eau de la Ville-des-Naschés ou des Moulins neufs, de Bodiel, de Hugo, et de Bernéan ; moulins à vent de Créménan, de la Villedanne, de Bernéan, de la Villegoyat, de la Villebuo et de Beaumont ; dixmes à la 12e gerbe ; rôles et baillages de Lambilly, de la Ville-des-Naschés, de Caslo, de Créménan, du Boisjagu, de la Villedanne, du Crévix, de la Rivière-Bréhault, de Bernéan, de la Villegoyat, de Kerboclion, de Kerhuic, de la Chabocière, en Taupont et en Ploërmel. Le seigneur de Lambilly devait recevoir, chaque année le jour de la fête de St Goulven[1] (1er juillet) patron de l'église de Taupont, des mains du prieur-recteur de cette paroisse, un coq enrubanné.

Lambilly devait être autrefois la demeure des Bili, machtierns du pays de Ploërmel du VIIe au XIIe siècle, parmi lesquels nous remarquons deux évêques : Bily, évêque d'Aleth (St Malo) en 668 ; et saint Bili, évêque de Vannes de 892 à 913. Lambilly signifie en effet en breton : « seigneurie ou monastère de Bily » : (Lan-Bily) ; « Bily » n'est également qu'un surnom signifiant « puissant », « suzerain », d'où l'on a fait « Bailli ».

La seigneurie de Lambilly appartenait dès le XIIe siècle aux seigneurs de ce nom, et elle est toujours depuis restée dans cette famille.

Kergrois : *baronnie* d'ancienneté et juveigneurie de la maison de Rohan, située en la paroisse de Remungol ; elle comprenait autrefois : le manoir, avec cour, portail, chapelle, prison, fuye, jardin, futaie, forges, trois viviers, deux étangs, droits de chasse et de pêche ; haute justice avec fourches patibulaires à quatre pôts (piliers), sept et collier ; prééminences, enfeu, banc, lizière armoriée et écussons dans l'église de Remungol ; droits de quatre foires annuelles dans ce bourg, au lieu dit « du Bâtiment », les 28 avril, 16 juin, 27 août et 12 novembre ; rôle, tenues, baillages et dixmes à la onzième gerbe.

Elle appartenait primitivement à la puissante maison de Rohan, et elle vint aux d'Avaugour en 1280, par le mariage de Catherine de Léon avec Juhaël d'Avaugour. Ceux-ci la conservèrent jusqu'en 1651 ; et, le 27 avril 1651, Gabriel de Machecoul, époux de Renée d'Avaugour, la vendit à François

---

1. Saint Goulven, évêque de Léon, 602, mort en 616.

de Lambilly. Les Lambilly en firent déclaration, le 4 mai 1679. lors de la réformation du domaine royal de Ploërmel. Ils l'ont toujours conservée depuis.

Le Broutay : seigneurie en la Croix-Helléan, qui appartenait anciennement à une famille Herbaud du Broutay, laquelle portait : « d'azur à l'aigle éployée d'or ». Elle vint, par alliance, aux Quélen en 1340, et fut érigée en **Vicomté** en leur faveur en 1656. Les Quélen la vendirent peu après aux Faverolles. qui la revendirent en 1710 aux Lambilly ; ceux-ci la portèrent par alliance aux Le Pennec en 1725.

Cette seigneurie avait un enfeu prohibitif dans l'église de la Croix-Helléan, où on voit encore deux tombeaux du commencement du XIV⁰ siècle, ornés de deux statues et de quatre écussons : le premier, aux armes des du Broutay ; le second, équartelé : au 1, du Broutay, au 2, de « trois croissants » (du Coëtuhan), au 3, de Bahuno, au 4, « trois têtes d'oiseaux » (Chauchart ?) ; le troisième, écartelé : au 1, du Broutay, au 2, « un arbre issant d'un croissant » (?), au 3, de Bahuno, au 4, « une fasce accompagnée de trois merlettes » (Gombert) ; le quatrième, écartelé : au 1, du Broutay ; au 2, « losangé au chef chargé », (Guébriant ou Géebert) ; au 3, de Bahuno ; au 4 « palé » (du Chastellier ?).

La Rivière-Bréhault : ancienne seigneurie en Taupont, dont le vieux manoir existe encore en partie, renfermé dans une cour murée, avec porche et poterne en granit. On voit encore, sur la façade sud, au-dessus d'une fenêtre de style Renaissance, un écusson aux armes des Bréhault : « trois épées les pointes en bas ». On remarque aussi au-dessus du porche d'entrée deux écussons, l'un aux armes des Bréhault ; l'autre portant en alliance les armes des Bréhault et des Boisjagu. — Cette seigneurie avait droit de juridiction et comprenait, lors de la réformation du domaine royal de Ploërmel, en 1682, les rôles de la Rivière, du Boisjagu, de Cancouët, du Chesnot et du Clos-Havart. — Elle appartenaît très anciennement aux la Rivière, qui la portèrent par alliance, en 1360, aux Bréhault, dont elle prit le nom ; leur héritier, Gabriel de Boisgeslin, marquis de Cucé, époux de Renée de Bourgneuf, la vendit, le 19 mai 1677, aux Lambilly. Ceux-ci la portèrent, par alliance, vers 1843, au marquis de Piré, qui la vendit aux Berruyer ; elle appartient actuellement à madame de Corvoisier, née Berruyer.

Baud-Kerveno : baronnie d'ancienneté, puis marquisat, en Pluméliau et en Remungol. Baud appartenait très anciennement à une famille de ce nom, qui la porta au XIVe siècle aux Rohan, lesquels la vendirent, en 1562, aux Kerveno, qui la réunirent à leurs seigneuries de Kerveno et du Menéguen, en Plumeliau. Ces trois seigneuries, sous le nom « Baud-Kerveno », furent érigées en leur faveur en baronnie en 1572, puis en marquisat en 1624. Par suite d'une alliance en 1588 et d'acquêts faits en 1667, ce marquisat vint aux Rogier, qui le vendirent en 1724, ou en 1734, aux Lambilly.

Morgan : Seigneurie et juridiction en Taupont, qui appartenait très anciennement aux la Rivière, desquels elle vint, par alliance, vers 1420, aux Picaud, qui la vendirent, vers 1760, aux Lambilly, auxquels elle appartient encore aujourd'hui.

La Villebouquais : Seigneurie en Ploërmel, qui, ainsi qu'une autre seigneurie du même nom en Guégon, appartint aux Bonin. Ceux-ci la vendirent vers le milieu du XVIIIe siècle aux Lambilly ; Françoise-Isidore de Lambilly la porta par alliances, en 1804, aux de Langle, et, en 1818, aux de Ferron du Quengo ; Mme de Ferron mourut sans postérité et son mari fit don de la Villebouquais à une de ses nièces, Mme Péan de Pontfilly, qui la vendit, en 1860, aux Frères de Ploërmel, lesquels l'ont revendue au colonel Maurice de Poulpiquet du Halgouët, député de Redon.

Nays : ou Naye, terre et seigneurie avec droit de haute justice en la paroisse de Sucé, diocèse de Nantes. Elle appartenait, dès le XIVe siècle, à une famille de Nays, qui la porta par alliance, vers 1480, aux Hémery, desquels elle vint aux Héligon, puis aux Gérard, qui la vendirent, en 1716, à René le Texier, dont la fille épousa, la même année, M. du Pé d'Orvault et reçu Nays en dot ; des du Pé, elle fut portée, par alliance, vers 1780, aux Ménardeau. Elle devint, au XIXe siècle, la propriété des Cornulier-Lucinière, puis des Lambilly par le mariage, en 1865, de Marie de Cornulier avec le vicomte Rogatien de Lambilly.

IIIe GÉNÉALOGIE

La généalogie de la Maison de Lambilly remonte, d'une façon suivie, au milieu du XIVe siècle. Nous trouvons antérieurement : **Payen, sire de Lambilly,** qui parut en 1160 et qui signa une charte à Rennes, en 1179 ; et **N..., sire de Lambilly, chevalier Croisé,** en 1248 (Cab. Courtois).

1

GUILLAUME DE LAMBILLY, époux de *Margot de la Motte* : « de gueules à trois bandes engreslées d'argent. »

I° Guillaume de Lambilly, chevalier seigneur de Lambilly, de Crémenan, de la Motte, du Breil.

Il épousa, en 1369, *Margot de la Motte* [1], d^e *de la Motte, du Breil,* en Loutehel, qui lui porta ces seigneuries.

Il scelle de son sceau (d'azur à six quintefeuilles d'argent), un acte de 1412.

1. *De la Motte* : famille d'Anc. Ext. chev. originaire de Loutehel, près de Guer, qui posséda également la vicomté de Maugrémieux, en Guégon ; elle s'est alliée aux du Boisguéhenneuc, de la Châsse, de Montauban. La branche aînée se fondit en Lambilly en 1369, celle de Maugrémieux en le Sénéchal en 1543, et celle de Vauclerc en Rosmadec en 1600. Armes : « de gueules à trois bandes engreslées d'argent. » (sceau de 1381).

Il eut pour enfants :

1° **Jean I,** qui suit ;

2° **Ollivier de Lambilly, seigneur de la Motte, gentilhomme de la Maison du Duc,** qui accompagna, en 1419,
Richard de Bretagne lors de son premier voyage en France ;
il est cité par Dom Morice, (Preuves de l'Histoire de Bretagne),
comme faisant partie de la Maison du Duc en 1421 ;

3° **Marguerite de Lambilly,** qui épousa *Bertrand de
Saint-Brieuc*[1], dont l'arrière-petit-fils, *François de Saint-
Brieuc*, épousa, en 1577, *Roberte de Porcaro.*

*

**II° Jean I de Lambilly, chevalier, seigneur
de Lambilly, de Crémenan, de la Motte, du
Breil, de la Soraye, de la Touche, de Penhoët,
du Val, grand chambellan, grand écuyer et
premier gentilhomme de la Maison du Duc
en 1415,**

II
JEAN I DE LAM-
BILLY, époux de
*Olive de la So-
raye :* « d'her-
mines à deux
haches d'armes
de gueules, ados-
sées en pal.»

Il partagea noblement son frère, Olivier, du
manoir et domaine de la Motte, en Loutehel.

Il suivit le parti de Jean, comte de Montfort, pendant la
guerre des Deux-Jeanne ; et le duc de Bretagne Jean V le
nomma grand chambellan et premier gentilhomme de sa
chambre, par lettres patentes du 16 décembre 1415, « déli-
« vrées au chastel de la Tour Neuve, pour les louables plai-
« sirs et honneurs qu'il lui avait faits dans les dernières
« guerres, et moultes actions dignes de mémoire. »[2]

1. * *De Saint-Brieuc* : famille d'Anc. Ext. originaire de Saint-Brieuc
de Mauron et qui se fondit, 1681, en Huchet de la Bédoyère ; elle s'est
alliée entre autres aux du Guern, 1410, de Marzein, 1430, de Brénéan,
1426, du Breil, 1481, de Vitré, 1487, de Saint-Pern, 1640. Armes :
« d'azur au dextrochère d'or tenant une fleur de lys. »
2 Arrêt de maintenue de 1668.

Il reçut encore du duc Jean V, par lettres datées de Sérent, le 14 mars 1434, « l'arrentement, moyennant 60 sols, de « rente, des terres, de la garenne et du manoir de Saint-Malo, « près de l'Étang-au-Duc, et contenant environ 12 journaux. »[1]

Il parut à la Motte, en Loutehel, en 1444, à Lambilly et à Crémenan, en Taupont, en 1426, sa veuve parut en Néant, en 1459.

Il avait épousé *Olive de la Soraye*[2], d[e] *héritière de la Soraye*, en Campel, qui lui porta cette seigneurie et celle de *la Touche*, en Néant ; elle était fille aînée de *Macé, chevalier, s[gr] de la Soraye et de la Touche*.

Leurs enfants furent :

1° **Catherine de Lambilly, dame de la Motte-du-Val,** qui épousa, en 1444, *Geoffroy de Beaumanoir*, de l'illustre famille qui produisit le héros du Combat des Trente. Elle en eut postérité ; et parut veuve, R. 1479, à Trémorel où son mari avait paru R. 1455 ; et en St-Launeuc, R. 1513.

2° **Jean II,** qui suit ;

3° **Jeanne de Lambilly, dame de Penhouët,** qui épousa, en 1459, *Jean Regnault, conseiller du duc,* auquel elle porta Penhouët, en la Croix-Hélléan ; elle laissa postérité, et son mari épousa, en secondes noces, *Guillemette de Cancoët ;*

4° **Guillaume de Lambilly,** nommé avec son frère, Philippe, dans une sentence du 12 juin 1475 ; il parut comme noble, en Merdrignac R. 1479. Il eut pour fils : **Caro de Lambilly,** qui parut également en Merdrignac, R. 1513 :

---

1. Lettres et mandements du duc Jean V.

2. *De la Soraye* : famille d'Anc. Ext. chev. qui produisit un Croisé en 1248 ; ses différentes branches se fondirent en Lambilly vers 1415, en Malestroit en 1479, en Sorel en 1560. La branche fondue en Lambilly portait : « d'hermines à deux haches d'armes de gueules adossées en pal. » (Sceaux de 1381).

« Karo de Lambilli a un hébergement exempt depuis plus de soixante ans » ;

5° **Philippe de Lambilly,** qui parut avec son frère, dans une sentence du 12 juin 1475, et qui passa un acte à Ploërmel, en 1484.

III° Jean II de Lambilly, chevalier, seigneur de Lambilly, de Crémenan, de la Touche, de la Ville-de-Nasché, chambellan du duc Jean V.

III°
JEAN II DE LAMBILLY, époux de *Isabeau de Castel* : « Coupé d'hermines et de gueules, au lion de l'un dans l'autre couronné d'or ».

Il prit avec son fils aîné, Jacques, une part active à la conspiration faite par plusieurs gentilshommes bretons, contre Landais ; il reçut des lettres de blâme du duc, qui confisqua ses biens par arrêt du 2 mars 1484, en même temps que ceux de son beau-frère Guillaume de Castel, et les donna à Olivier de Quélen, alors gouverneur de Ploërmel. Mais celui-ci ne voulut point les en déposséder et les leur rendit gratuitement[1]. Après le procès de Landais, le duc, rendant justice à Jean de Lambilly et à son fils, leur envoya des Lettres de réhabilitation, le 12 août 1485, et nomma Jean de Lambilly son chambellan.

Celui-ci mourut au château de Lambilly en 1490, et fut inhumé le 24 avril, dans l'église de Taupont.

Il avait épousé, vers 1450, *Isabeau* (alias : *Tiphaine*) *de Castel, d° de la Ville-de-Nasché*[2] (anciennement « Ville-ès-Vaches ») en Taupont, fille de *Jean* (alias *Guillaume*), et

1. Dom Morice, Preuves t. II.

2. * *De Castel :* famille bretonne d'Anc. Ext. chev., originaire de la seigneurie de ce nom en Quily, près de Ploërmel, où nous la trouvons depuis le XIII° siècle et qui y demeure encore de nos jours ; elle porte depuis le XVIII° siècle le titre de comte. Armes : « Coupé d'hermines et de gueules, au lion de l'un dans l'autre couronné d'or ». (Sceau de 1402).

de *Jeanne de Bernéan*[1], fille elle-même de *Jean de Bernéan* et de *Marie de Raguenel*, sœur de Tiphaine de Raguenel, épouse de Bertrand Duguesclin.

Ils eurent pour enfants :

1° **Jacques de Lambilly, gentilhomme de la maison du duc 1479, Archer 1480** ; il fut l'un des vingt-sept seigneurs bretons ligués contre Landais ; rentré en grâce en 1485, nous le voyons comme **Archer** à la Montre de Jean de Launay, en octobre 1585, puis comme **homme d'armes de la compagnie du sieur de Rieux** ; il fut tué au siège de Brest, et inhumé dans l'église du Folgoët ;

2° **Robert**, qui suit ;

3° **Pierre de Lambilly**, qui parut sous Taupont R. 1479.

IV° Robert I de Lambilly, chevalier, seigneur de Lambilly, de Créménan, de la Ville-de-Nasché, de la Motte, de la Touche, du Val, capitaine des Francs-Archers et Arbalétiers de Vannes, en 1484.

Il reçut, du duc de Bretagne François II, des Lettres du 28 mai 1484, par lesquelles il lui ordonnait d'aller abattre les châteaux de ceux qui s'étaient révoltés contre Landais. On voit aussi une ordonnance de la duchesse Anne à Robert de Lambilly, lui enjoignant d'amener à Redon, où elle se trouvait, cent Francs-Archers de sa compagnie (1489). Le 26 sep-

1. * *De Bernéan :* famille d'Anc. Ext. chev., originaire de la seigneurie de ce nom en Campénéac, où nous la trouvons au XIV° siècle, et qui s'éteignit, fondue en Giffart de la Marzelière en 1480. Armes : « D'argent à trois fasces de gueules ».

tembre 1489, il reçut des États de Bretagne le commandement de quatre cents arbalétiers à cheval.

Il mourut en 1501.

Il avait épousé : 1°, vers 1476, *Catherine du Boisjagu*[1],
fille de *Jean, sᵍʳ du Boisjagu*, en Mauron, *de Téléhan*, en
Mauron, dont il n'eut pas de postérité ; 2° le 26 juin 1484,
Hélène de Quélen[2], *d° de Kermené*, fille de feu *Jean, sᵍʳ
du Broutay, de la Villebouquais*, et de *Marie* (ou *Marguerite) de Kermené* (ou *de Carmené*).

Il y eut deux fils de ce second mariage :

1° Yvon, qui suit :

2° Jean III de Lambilly, qui parut en 1502, et n'eut pas
de postérité.

---

1. * *Du Boisjagu :* famille d'Anc. Ext. sous le ressort de Ploërmel,
qui produisit un chevalier croisé en 1248 ; elle posséda le Boisjagu en
Mauron, le Bouëxic en Néant, le Boishellio sous Ploërmel ; elle
s'éteignit en 1620, fondue en Guéhennec. Armes : « D'argent à trois
pins de sinople » ; devise : « toujours vert » ; cimier : « une tête de
cerf ». Olivier de Boisjagu porte « trois aigles de gueules », sur un
sceau de 1409.

2. * *De Quélen :* ancienne bannière de Bretagne, qui *descend des
rois d'Angleterre et des ducs de Bretagne*, et que nous trouvons
dans ce pays dès le VIᵉ siècle. Elle produisit huit chevaliers croisés
en 1248. La branche aînée s'éteignit en Boiséon en 1573 ; la branche
du Broutay, séparée de la précédente au XIIIᵉ siècle s'éteignit en Cornouailles au XIXᵉ siècle. Les Quélen furent titrés barons de Vieux-
chastel 1409, de Quélen 1512, vicomtes du Broutay 1656, comtes de la
Vauguyon, princes de Bourbon-Carency, marquis de St-Mégrin,
vicomtes de Calvaignac. Cette illustre maison est encore représentée
par les comtes de Quélen en Plouagat, et en Seine-et-Marne. —
Armes en bannière : « Burelé d'argent et de gueules de dix pièces ».
(Sceau 1732) ; et pour la branche du Broutay : « D'argent à trois
feuilles de houx de sinople ». (Sceau de 1380). Devise : « En tout
temps Quélen ».

V° Yvon de Lambilly, chevallier, seigneur de Lambilly, de Crémenan, de la Ville-de-Nasché, de la Touche, du Val, de Kermené, de la Soraye, de la Motte, du Plessis ; archer et gentilhomme de la duchesse Anne en 1499.

Etant encore mineur, lors de la mort de son père en 1501, il fut placé sous la tutelle de Pierre de la Marzelière, s^{gr} du dit lieu et du Fretay, fils de Arthur et de Marie de Bernéan, son oncle, qui rendit, au nom d'Yvon de Lambilly et de Jean, son frère, aveu à la Chambre des Comptes de Bretagne en 1502, pour Lambilly, la Ville-de-Nasché et la Soraye.

Il parut à la réformation de 1513, sous Taupont, Néant, Loutehel et Trémorel.

Il mourut en janvier 1531.

Il avait épousé, par contrat du 17 septembre 1509, *Jeanne Giffart*[1], fille de *Robert, chevalier s^{gr} du Fail*, et de *Julienne de Kermelec*, et nièce de Pierre (Giffart) de la Marzelière, son tuteur : elle mourut en 1539. Il eut :

1° Pierre II de Lambilly, écuyer, s^{gr} de Lambilly, de la Ville-de-Nasché, du Boishélio, de la Soraye, il partagea noblement ses frères et sœurs en 1532 ; il fit aveu au roi François 1er, en février 1540, de ses seigneuries de Lambilly, de la Ville-de-Nasché et du Boishélio ; le 1er avril de la même année, il fit réduire le nombre des notaires de ses juridictions : à trois notaires pour Lambilly et la Ville-de-Nasché, et à deux pour la Soraye. Il avait épousé, en 1537,

---

1. * *Giffart* : famille d'Anc. Ext. et chev. bretonne, que nous trouvons dès le XIIe siècle au Plessis-Giffart en Irodouër et à la Roche-Giffart en Saint-Sulpice-des-Landes ; elle était *issue en ramage des barons de Fougères ;* elle produisit un chevalier Croisé, en 1248. Une des branches prit, par alliance, en 1472, le nom et les armes de la Marzelière. Elle s'éteignit, fondue en Conigan, en 1608 et, en Coëtquen en 1680. Armes : « Palé d'or et de gueules de six pièces » ; alias : « une fasce surmontée de deux étoiles » (sceau de 1380) ; alias : « d'argent à la bande de sable chargée de trois mâcles d'argent » (sceau de 1516).

Jeanne Henry[1], fille de *Jean* s^gr, *de Morgan* et de *Jeanne du Fau*. Il mourut sans postérité en 1543 et ses seigneuries vinrent à son frère :

2° **René**, qui suit ;

3° **Olivier de Lambilly**, cité dans le partage des biens de son père fait en 1532 ;

4° **Françoise de Lambilly, d^e de la Motte**, qui épousa *Jacques Couyer*, s^gr *de la Chastaigneraye*, en St-Jacut ;

5° **Jeanne de Lambilly** ;

6° **Marguerite de Lambilly**, marraine de son neveu, Pierre de Lambilly, à Taupont, en 1534.

VI° **René I de Lambilly, chevalier, seigneur de Lambilly, de Crémenan, de la Ville de Nasché, de la Soraye.**

Il hérita de son frère aîné en 1543, et partagea ses sœurs les 2 mars 1543, 10 et 16 novembre 1561.

Il mourut en 1580.

Il avait épousé, en 1543, *Rolande du Houx*[2], *dame de Trébulan* en Guer, fille de *François*, s^r *de Bodel, de*

VI°

RENÉ I DE LAMBILLY époux de *Rolande du Houx:* « d'argent à six feuilles de houx de sinople ».

---

1. * *Henry :* famille d'anc. ext. chev., qui produisit un Croisé en 1248, posséda entre autres les seigneuries du Quengo en Saint-Samson, près de Rohan, d'Hardoin, en Augan, du Boishélio, de la Vieillecour, de Morgan, en Ploërmel, de Bohal en Bohal. Elle se fondit, en 1784, en Talhouët-Bellon, et en 1840 en Guyot de Salins. Armes : de gueules à trois épées d'argent en pal, les pointes en bas ».

2. *Du Houx:* famille d'anc. ext. chev., qui produisit un croisé en 1248, et porta les titres de barons et de comtes de la Gacilly ; elle posséda également plusieurs seigneuries en Guer, Caro, Tréal, etc. elle s'éteignit en 1708. Armes : « D'argent à six feuilles de houx de sinople » ; alias : « Une croix cantonnée de quatre feuilles de houx » (sceau de 1381). Devise : « Fou qui s'y frotte. »

20

Trébulan, et de *Renée de Mauléon*[1]. Elle mourut à Lambilly, en mai 1587.

Ils eurent pour enfants :

1º **Claude**, qui suit :

2º **Pierre III de Lambilly**, sʳ de la Soraye, du **Chesnoran**, né à Lambilly, 3 juin 1554 ; il acheta en 1618 la seigneurie du Chesnoran, en Ploërmel, de Michelle Lucas, veuve de Jean-Marie le Doüarain de la Tieulaie. Il mourut en 1620, et fut inhumé le 29 avril, en son enfeu, dans l'Église de Taupont ;

3º **Louis de Lambilly**, baptisé à Taupont, 11 avril 1556, mort sans postérité ;

4º **Julienne de Lambilly**, qui épousa *Raoul le Tort*, sᵏʳ *de la Vallée*, dont elle eut postérité. Elle vivait encore en 1617.

VIIº
CLAUDE DE LAM-
BILLY, époux de
*Renée-Anne de
Bréhault.* « De
gueules à trois
épées d'argent
en pal, surmon-
tées chacunes
d'un besant
d'or. »

VIIº Claude de Lambilly, chevalier, sᵍʳ de Lambilly, de Crémenan, de la Soraye, du Quengo-Bréhant, de la Ville-de-Nasché.

Il signe comme parrain à Taupont en 1562 ; il fit aveu au Roi pour Lambilly et la Soraye le 17 juin 1578. Il mourut à Lambilly, et fut inhumé dans l'église de Taupont le 3 janvier 1621.

Il avait épousé, vers 1566, *Renée-Anne de*

---

1. *Mauléon :* ramage de Thouars, famille d'anc. ext. chev. originaire du Poitou, où elle produisit un croisé en 1248 ; une de ses branches s'établit en Bretagne, sous Ploërmel et Soudan au XVIᵉ siècle. Armes : « de gueules au lion d'argent » (sceaux de 1225 et de 1420).

Bréhault[1], *dame de la Rivière-Bréhault, de Vaucou-leurs*, fille de *Pierre*, s^gr *de la Rivière, de Malleville*, et de *Marthe Picaud*[2], fille elle-même de *Julien Picaud*, s^gr *de Morgan*, et de *Françoise Gaultro*, d° *de Malleville*.

Ils eurent pour enfants :

1° **Julien de Lambilly**, baptisé à Taupont, le 4 juin 1570 ;

2° **Jean IV de Lambilly**, qui signe au château de Lemo en Augan, en 1615 ;

3° **François**, qui suit ;

4° **Claude II de Lambilly**, s^gr **du Quengo-Bréhant**, mort sans postérité vers 1616.

VIII° François de Lambilly, chevalier, seigneur de Lambilly, de Crémenan, de la Soraye, de la Ville-de-Nasché, du Quengo-Bréhant.

Né au château de Lambilly, il fut baptisé à Taupont le 15 janvier 1584.

VIII° FRANÇOIS DE LAMBILLY, époux de *Jeanne Gaste-chair* : « de gueules à trois fusées d'or de fasce ».

1. * *De Bréhault* : famille d'Anc. Ext. sous le ressort de Ploërmel, où elle posséda la Rivière-Bréhault en Taupont ; Malleville, la Tousche et la Garoulaye, en Ploërmel ; le Boissernier, en Campénéac. Elle s'est alliée aux la Rivière 1360, Jouchet 1450, Budes 1460, Picaud 1540, Rogier 1555, de Bourgneuf 1595, Polluche 1620, du Boisjagu 1621, de la Bouëxière 1624, Fabrony 1630 ; elle s'éteignit en 1666. Armes : « De gueules à trois épées d'argent un pal, les pointes en haut (alias : en bas), surmontées chacunes d'un besant d'or ».

2. * *Picaud* : famille d'anc. ext. chev. sous le ressort de Ploërmel, où elle possédait dès le XIII° siècle la seigneurie de Morfouace : elle descendait des sires d'Hennebont. Elle a produit entre autre le fameux « capitaine Morfouace », vaillant homme de guerre du temps de Duguesclin ; les dernières de ses branches se sont éteintes au commencement de notre siècle, fondues en Poulpiquet du Halgouët, du Breil de Pontbriand, Rolland de Rengervé, de Tanouarn, le Chauff de Léhellec et Bréhier. — Armes : « Fretté d'argent et de gueules de six pièces, au chef d'argent chargé de trois trèfles d'or ».

Il partagea noblement ses frères par acte du 31 octobre 1615.

Il avait épousé par contrat du 2 février 1609 *Jeanne Gastechair*[1], *dame de Lezerneau, de Vauguais, fille de feu Jean-François, sᵍʳ de Kersalio, sénéchal de Vannes, et de Jeanne Marcadé, dᵉ de la Villeglé*[2].

Elle mourut à Lambilly en 1647, et fut inhumée le 16 juillet 1647, dans l'église de Taupont.

Leurs enfants furent :

1° **Jeanne de Lambilly,** baptisée à Taupont le 4 mars 1610 ;

2° **Pierre IV de Lambilly,** baptisé à Taupont le 4 août 1613, mort sans postérité ;

3° **Guillaume,** qui suit ;

4° **François II de Lambilly, officier,** tué au siège de Pavie, en septembre 1656 ; il avait acheté, le 27 avril 1651, la **baronnie de Kergrois** de Renée d'Avaugour, épouse de Gabriel de Machecoul ; après sa mort cette baronnie vint à son frère Guillaume.

---

1. * *Gastechair :* famille originaire de l'évêché de Vannes, anoblie par échevinage en 1552 : elle a possédé Sabrahan, en Guillac, Roblin en Ploërmel, Kerambartz en Guéhenno ; elle s'est alliée entre autres aux La Chasse 1558, de la Houlle 1564, Bernard 1550, de Quervasic 1606, de Livoudray 1608, Picaud de Quéhéon 1636, de Coëtlogon 1664, Ermar 1687, le Doñarain de la Touraille 1698, etc. Elle s'est éteinte vers 1785 fondue en Julienne et le Gouësbe. Armes : « De gueules à trois fusées d'or de fasce ».

2. *Marcadé :* famille d'Anc. Ext. sous les évêchés de Nantes, de Vannes et de Saint-Malo. Armes : « d'argent à trois lions mornés de gueules ».

IX° Guillaume de Lambilly, chevalier, baron de Kergrois, seigneur de Lambilly, de Crémenan, de la Ville-de-Nasché ; Président par élection de l'Ordre de la noblesse aux États de 1687.

Né à Lambilly, il fut baptisé à Taupont le 12 avril 1621.

Il hérita de la baronnie de Kergrois, à la mort de son frère, François, en 1655. Il fut témoin cette même année du mariage de François le Doüarain avec Anne de Derval. Il fit aveu au roi, le 7 décembre 1657, de sa seigneurie de Kergrois, à cause de laquelle le roi, par lettres patentes du 20 novembre 1666, l'autorisa à établir au bourg de Remungol un marché tous les mardis, et deux foires par an, les 28 avril et 27 août. Il fut maintenu, lors de la Réformation de 1668, avec son fils Pierre, par arrêt du 17 novembre 1668, M. de Bréhand rapporteur : « Guillaume de Lam-« billi, s^{gr} du dit lieu, et Pierre de Lambilli, s^{gr} de Cargroix, « déclarés nobles d'ancienne extraction, et maintenus cheva-« liers sous Vannes, avec dix générations ; portent : d'azur « à six quintefeuilles d'argent. 3. 2. 1 ».

Il acheta, en 1676, les fiefs et droits des seigneuries de Kerboclion, de Beaumont et de la Chabossière, en Taupont, de demoiselle Françoise Cado.

Lors des troubles, qui eurent lieu en Bretagne en 1675, à l'occasion des nouveaux impôts dont Louis XIV voulait frapper illégalement le tabac et le papier timbré, Guillaume de Lambilly signala son zèle et sa fidélité au service du roi, et le duc de Chaulnes, commandant de Bretagne, lui écrivit le 15 octobre 1687, pour le féliciter de sa conduite et lui promettre d'exempter ses paroisses du logement des gens de guerre.

Cette même année (1687) les États de Bretagne, réunis à Morlaix, le nommèrent Président de l'Ordre de la noblesse, en l'absence des barons ; et il reçut des États 1.000^{tt} de gratification, en 1691. Après la mort de sa femme, il fit, le 15 décembre 1692, un partage de ses biens entre ses enfants.

Il mourut à Kergrois, en 1693.

Il avait épousé, au château du Crévy, en 1644, *demoiselle Suzanne Rogier*[1], fille de *Pierre Rogier, sᵉʳ du Créry, comte des Chapelles, gouverneur de Malestroit*, et de *Jeanne des Cartes* ; celle-ci fille de *Joachim des Cartes*[2], sᵉʳ *de Kerleau, conseiller au Parlement* et de *Jeanne Brochard, dame du Perron* et sœur de *René des Cartes*, le célèbre philosophe. Elle mourut en 1691.

Leurs enfants furent :

1º **Pierre V,** qui suit ;

2º **François III de Lambilly,** mort avant 1692 ;

3º **Claude II de Lambilly,** mort avant 1692 ;

4º **René Guillaume de Lambilly,** né à Lambilly, il fut baptisé à Taupont, le 2 avril 1651 ; il se fit **jésuite** et fut **professeur d'hydrographie au collège de Nantes;** il fit paraître, en 1690, une carte fort complète de l'évêché de Nantes, publiée à Paris chez Jailliot, géographe du Roi ;

5º **Joachim de Lambilly,** mort avant 1692 ;

6º **Augustin de Lambilly,** mort avant 1692 ;

---

1. * *Rogier :* famille d'Anc. Ext. chev., originaire de Trans, évêché de Nantes, où elle vivait dès le XIIᵉ siècle, et qui vint se fixer sous Ploërmel à la fin du XIVᵉ siècle ; elle y posséda entre autres le Cleyo, en Campénéac, Quéhéon, en Ploërmel, le Crévy, en la Chapelle-sous-Ploërmel, Callac en Plumelec, la Villeneuve en Pleucadeuc. Les Rogier furent titrés comtes des Chapelles en 1639, comtes de Villeneuve en 1640, barons de Callac en 1645, comtes du Crévy en 1697 ; ils se sont alliés aux Tournemine 1180, Derval 1226, d'Argentré 1630, de Bourgneuf 1645, de Bréhault 1563, des Cartes 1614, de Foucaud 1642, de Coëtanscours 1714 ; ils se sont fondus en 1741 et 1747 en Brilhac et du Breil de Ponthriand. — Armes : « D'argent au greslier (cor de chasse) de sable, accompagné de cinq hermines de sable. 2. 2. 1 ».

2. * *Des Cartes :* armes : « d'argent au sautoir de sable, cantonné de quatre palmes de sinople ».

7° Françoise de Lambilly, religieuse Ursuline à Ploërmel, née à Lambilly, le 3 février 1654, elle entra aux Ursulines de Ploërmel. en 1671, sous le nom de **M. S**te **Suzanne,** elle y mourut en 1688 ;

8° Anne de Lambilly, religieuse Ursuline à Ploërmel, née à Lambilly, le 3 mai 1657, elle rejoignit sa sœur aux Ursulines de Ploërmel en 1674, sous le nom de **M. de la Visitation,** elle y mourut aussi en 1688 ;

9° Jean V de Lambilly, enseigne de vaisseau, né à Kergrois, le 28 février 1663, il était enseigne de vaisseau en 1687, et mort avant 1692 ;

10° Suzanne de Lambilly, religieuse Ursuline à Ploërmel, née à Rennes en 1664, elle rejoignit ses deux sœurs aux Ursulines de Ploërmel en 1682, sous le nom de **M. St-Charles,** elle y mourut en 1687 ;

11° Marie de Lambilly, qui était, en 1692, épouse de *Jacques Le Febvre,* sgr *de Pengréal, lieutenant-colonel du Régiment de Carman.* (Armes: « D'azur à trois croissants d'argent, au chef de gueules. chargé d'une molette d'argent »).

X° Pierre V de Lambilly, chevalier, baron de Kergrois, seigneur de Lambilly, de Crémenan, de la Ville-de-Nasché, de la Rivière-Bréhault, de Quistinic, lieutenant des Maréchaux de France.

Né à Lambilly en 1645 ; il habita le plus ordinairement le château de Kergrois. Il parut et fut maintenu avec son père à la Réformation, le 17 novembre 1668. Il acheta, le 19 mai 1677, de Gabriel de Boisgeslin, héritier de Charles Bréhault, la seigneurie de la Rivière-Bréhault, en Taupont. dont il fit aveu le 1er décembre 1681, lors de la Réformation du Domaine royal de Ploërmel. Il avait eu, en 1671, un procès avec M. de Boisgeslin pour droits de prééminences en l'église de Taupont. Il acheta en 1688, moyennant 140^{tt} de rente les Moulins au Duc, sur la chaussée de l'étang de ce nom, près de Ploërmel ;

Il épousa, par contrat du 11 août 1666, *Jeanne de Rollée*[1], d^e *de Coëtbasson* en Pluméliau, fille mineure et héritière de *Thomas de Rollée, sg^r de la Moinerie, conseiller du roi, maître de la Chambre des Comptes de Bretagne* en 1650, et de *Suzanne Jan*. Elle mourut à Vannes et fut inhumée dans l'église St-Pierre, le 6 avril 1715.

Ils eurent pour enfants :

1° **Suzanne de Lambilly, religieuse Ursuline à Ploërmel,** né à Kergrois, baptisée à Remungol, le 28 février 1670 ; elle rentra aux Ursulines de Ploërmel en 1694, et y mourut en 1735 ; elle porta en religion le nom de **M. Ste-Ursule.**

2° **Guillaume III de Lambilly,** né à Lambilly, baptisé à Taupont le 25 octobre 1673 ; mort jeune ;

3° **Pierre-Joseph,** qui suit ;

XI° Pierre-Joseph de Lambilly, chevalier, baron de Kergrois, vicomte du Broutay, marquis de Baud-Kerveno, seigneur comte de Lambilly, de Crémenan, de la Rivière-

---

1. *De Rollée:* famille de l'évêché de Nantes, anoblie par échevinage en 1588, qui produisit deux Référendaires et trois Maîtres des Comptes, de 1588 à 1658 et un gouverneur de Fougères, en 1636. Elle s'éteignit, en 1721, fondue en le Meneust de Bréquigny. Armes : « D'azur à la licorne rampante d'argent ».

Bréhault, de la Ville-de-Nasché, de la Ville-morin, du Ruffé, de Rohallaire, de Quistinic, conseiller au Parlement de Bretagne, gentilhomme de la Chambre du roi d'Espagne.

Né à Kergrois, le 15 octobre 1679, il fut reçu **page du roi,** dans sa Grande Écurie, le 20 mars 1695 ; il fut nommé **conseiller au Parlement de Bretagne** en 1707, et **conseiller du roi** en 1713.

Il acheta, en 1701, les seigneuries de Rohallaire, de la Villevoisin et du Rufflé, en Augan, des Madaillan, comtes de Chauvigny ; en 1710, la vicomté du Broutay, des Faverolles, qui la tenaient des Quélen ; et, en 1724 le marquisat de Baud-Kerveno, des Rogier.

Il fut l'un des principaux chefs en Bretagne, de la conspiration dite de Cellamarre ; et l'importance du rôle qu'il joua dans cette conjuration nous détermine à en rappeler les causes et les principaux épisodes.

CONSPIRATION DE CELLAMARE

Après la mort de Louis XIV, en 1715, la Bretagne, qui n'avait qu'impatiemment supporté sous le règne de ce prince les atteintes continuelles portées à ses privilèges, voulut essayer de défendre ses droits et de s'affranchir d'une partie des impôts arbitraires dont elle était accablée. Les Etats réunis à Dinan en 1717 refusèrent de voter le « Don gratuit », ou « de joyeux avènement », que le pouvoir royal voulait leur imposer alors qu'il « ne devait émaner que d'eux seuls, spontanément et volontairement » ; et ils déclarèrent ne pas vouloir reconnaître et payer les dépenses faites par le Gouvernement, sans avoir été préalablement autorisées par les États. Ils ne faisaient en cela que revendiquer les privilèges et les franchises de leur province qui avaient été solennellement proclamés lors de la réunion de la Bretagne à la France, et

que les rois Charles IX, Henry IV et Louis XIII avaient depuis reconnus et confirmés.

Le pouvoir royal était alors représenté en Bretagne par le
maréchal de Montesquiou (Pierre d'Artagnan), qui crut
effrayer et soumettre les États et le Parlement en exilant par
Lettres de Cachet les principaux chefs de mouvement, entre
autres MM. de Lambilly et de Coëtlogon.

Monsieur de Lambilly (Pierre-Joseph, baron de Kergrois,
comte de Lambilly), qui, sous le surnom de « Maître Pierre »,
allait être l'âme de la conjuration, était alors âgé de 37 ans ;
il avait été reçu page du roi en 1695 ; puis, ayant quitté
l'épée pour la toge, il avait été nommé conseiller au Parlement en 1707, conseiller du roi en 1713. Il avait épousé en
1701 Hélène-Céleste Magon de la Lande, d'une noble et riche
famille du pays de Saint-Malo, dont il avait cinq enfants.
Homme actif, intelligent et influent. « il réunissait à l'audace du
« mousquetaire l'énergie du magistrat, et il fut la bête noire
« du maréchal de Montesquiou, dès l'arrivée de celui-ci en
« Bretagne. A chaque page de sa correspondance, Montes-
« quiou le signale aux ministres comme un brandon de
« discorde, un boute-feu puissant dans sa compagnie par son
« activité et son influence, un esprit dangereux qui met le
« trouble dans tout le Parlement », et il réclame son exil[1]. Il
l'obtint enfin en 1718 ; et Lambilly fut exilé avec sa femme.
Mais il rentra en grâce peu de temps après ; et le 9 août
1719, il reçut une députation envoyée par les États pour le
complimenter.

Les mêmes Lettres de Cachet avaient frappé un autre
gentilhomme du pays de Ploërmel, Monsieur de Coëtlogon,
conseiller aux Enquêtes et procureur syndic des États de
Bretagne[2], ardent défenseur des libertés bretonnes.

---

1. « *États de Bretagne* », par le comte de Carné, t. ii, p. 17.
2. Louis de Coëtlogon, vicomte de Loyat, sʳ de la Gaudinaye, de la
Villemoisan, de la Burlière, sous Ploërmel et Loyat.

Ces mesures violentes ne firent qu'exaspérer les esprits et provoquer la résistance ; et, à la fin de 1718, plus de cinq cents gentilshommes bretons se réunirent à Dinan et formèrent une conjuration ayant pour but de transformer le mouvement séditieux en insurrection. Les conjurés s'engagaient sur l'honneur à « garder un secret inviolable ; à soutenir les droits et les privilèges de la Bretagne ; à défendre. même au péril de leur vie, ceux qui seraient poursuivis et à les indemniser des pertes qu'ils pourraient subir ; enfin à ne se dissoudre que lorsque le pouvoir royal aurait reconnu à nouveau les franchises de leur province et accordé aux États la liberté de leurs votes et de leurs actes ». C'était une déclaration de guerre ; mais que pouvaient quelques bretons isolés en face de la puissance et de l'autorité du Régent ! Les conjurés comprirent bientôt le danger de leur situation, et ils cherchèrent un appui près de la cour d'Espagne. Le roi de ce pays, Philippe V, était petit-fils de Louis XIV, et il avait protesté contre le choix du duc d'Orléans comme Régent du royaume de France. Il avait, par les soins de son ministre, le cardinal Alberoni, secondé par son ambassadeur à Paris. le prince de Cellamare, et par le duc et la duchesse du Maine, organisé un complot ayant pour but d'enlever la Régence au duc d'Orléans et d'en investir le duc du Maine. Plusieurs provinces étaient déjà entrées dans cette conspiration, quand les bretons révoltés cherchèrent à profiter des projets du roi d'Espagne pour l'intéresser à leur cause ; et envoyèrent à Madrid, en décembre 1718, Monsieur Hervieu de Mellac, ami et voisin de campagne du comte de Lambilly, avec mission de savoir quelle serait l'attitude du Gouvernement espagnol en cas d'insurrection de la Bretagne.

Ce Monsieur Hervieu de Mellac[1], que le maréchal de Mon-

---

1. *Hervieu* Bonaventure-Olivier-Joseph, seigneur de Mellac, était né en 1678 à Taupont, au petit manoir de Kerboquelion, appartenant à sa mère, Thérèse Bruban, qui, veuve, en premières noces de Gilles Cado, seigneur de Kerboclion, avait épousé, le 20 juillet 1669, Guillaume Her-

tesquiou dans sa correspondance dit « gentilhomme du pays de Ploërmel et bon officier », avait alors quarante ans.

Il fut reçu en Espagne par le cardinal Alberoni, qui s'engagea à soutenir les Bretons et à envoyer des troupes pour appuyer l'insurrection, et qui lui remit comme à-compte une somme de 30.000 piastres d'or. Porteur de cet argent et de ces promesses, Mellac revint en Bretagne. Il débarqua à Saint-Malo en février 1719, et alla rendre compte du résultat de sa mission aux chefs de la conjuration réunis dans ce but au château de Lambilly, dont l'une des chambres a depuis lors gardé le nom de « salle des conjurés ». Il fut décidé dans ce Conseil qu'une grande assemblée aurait lieu, le 8 avril suivant, dans la forêt de Lanvaux. Une grande quantité de gentilshommes se rendit à cette réunion. Ils « entraient dans la forêt », déguisés au moyen de faux nez ou de moustaches postiches, se faisant reconnaître en tirant deux coups de pistolet et en échangeant le mot de passe ; ils pénétraient alors dans le bois, laissant leurs valets à garder la lisière. Presque tous ces conjurés avaient en outre pris un nom de guerre, comme plus tard pendant la Chouannerie ; ainsi Lambilly était connu sous le surnom de « Maître Pierre », et Mellac sous celui de « Le Calme ».

Beaucoup de châtelains des environs de Ploërmel assis-

---

vieu, seigneur de Montmény, de Mellac, en Mohon, veuf lui-même de Anne Rabinard, d° de Tanhouët. Il avait d'abord suivi la carrière des armes, et il était capitaine d'infanterie quand il fut entraîné par son voisin et ami, le comte de Lambilly, à faire partie de la conjuration dont il devint bientôt l'un des principaux meneurs. Il avait épousé à Bohal, en 1703, Gillonne Henry de Bohal, d° de la Nouée. Il mourut en Espagne, où il avait dû s'exiler, à la fin de l'année 1719.

La famille Hervieu est originaire de Normandie, évêché de Coutances ; une de ses branches, établie en la Chapelle-sous-Ploërmel au commencement du XVe siècle, fut anoblie par le duc de Bretagne, François II, en 1477. Elle s'est alliée entre autres aux Rolland 1590 et 1612, de Coëtlagat 1615, de Langourla 1610, Picaud 1661, le Moyne de Talhouët 1625, le Lardeux 1715 ; elle s'est éteinte en 1785. — Armes : « D'azur au chef d'argent, chargé d'un lion léopardé de gueules ».

tèrent à cette assemblée, entre autres ceux du Bouëxic de la Lardais, du Rox, de Trécesson, de la Béraye, de Loyat, de la Haute-Touche, de Kerguehennec, du Quengo, du Gué de l'Isle, du Reste, de la Chàssse, de Belloüan, etc.

Ce fut à cette réunion que le comte de Lambilly fut élu trésorier de l'association ; il y fut également décidé que des dépots d'armes seraient faits dans les châteaux de Pontcalec, du Bodeuc, de Kergrois, de Loyat ; que tout allait être préparé pour l'insurrection, et que M. de Mellac repartirait pour l'Espagne, portant l'acquiescement des conjurés aux offres du roi Philippe V.

D'autres assemblées eurent lieu postérieurement : à Pontivy, en mai ; à Guérande, en juin ; au bois de Kerlin, en Priziac, en août : là se trouvèrent réunis quatorze conjurés, qui nommèrent général en chef un espagnol, le duc d'Ormont ; colonel, le marquis de Pontcalec ; lieutenant-colonel, M. du Couëdic ; capitaines : MM. Le Moyne de Talhouët, de Montlouis et de Mellac, et qui maintinrent Lambilly comme trésorier général et intendant. Le 30 octobre, une autre réunion eut lieu au château de Pontcalec, en Berné, où les quinze membres présents décidèrent qu'une assemblée générale se tiendrait, le 6 novembre, dans la forêt de la Nouée. Dans cette dernière assemblée, on rédigea une adresse au Régent et au maréchal de Montesquiou « réclamant le rétablissement des privilèges de la province, anéantis par la tyrannie des gens d'affaire », adresse qui devait d'abord être présentée au Parlement de Bretagne par le comte de Lambilly, conseiller à ce corps.

Cependant, ainsi qu'il avait été convenu à l'assemblée de Lanvaux, M. de Mellac avait regagné Madrid en juin 1719, et il en était revenu, rapportant une lettre du roi Philippe V qui promettait l'envoi prochain de secours en hommes et en argent. A la fin de juillet, le comte de Lambilly partit à son tour pour l'Espagne afin d'activer le départ des troupes promises. Il pressa l'armement et la mise à la voile des vaisseaux ; et, à la fin de septembre, une flotte ou « armada » (en espagnol : « armée navale »), composée de sept navires, quitta la Corogne, amenant en Bretagne une armée de trois mille soldats. Mais, à hauteur de l'île d'Oléron, ces bâtiments furent assaillis et dispersés par une tempête et, un seul d'entre eux parvint à gagner la côte bretonne. Il aborda, vers le 15 octobre et débarqua 300 soldats sur cette presqu'île de Quiberon qui, quelques années plus tard devait être également le tombeau d'une autre glorieuse expédition. Les espagnols, ne trouvant là personne pour les recevoir et inquiets de se trouver en si petit nombre dans un pays inconnu, se rembarquèrent presque aussitôt et regagnèrent l'Espagne, emportant avec eux l'avenir de la Conjuration.

Celle-ci d'ailleurs semblait vouée déjà à l'impuissance, les populations rurales n'ayant pas compris les généreuses intentions des conjurés et n'ayant pas répondu à leur appel. Le départ des troupes espagnoles anéantissait tout espoir d'une insurrection qui mourait avant d'avoir vécu. Beaucoup des gentilshommes compromis durent se cacher ou s'enfuir à l'étranger. MM. de Lambilly, de Mellac, de Rohan-Pouldu, de Couëssin de la Béraye, de Talhouët-Bonamour et plusieurs autres parvinrent à s'embarquer sur un navire espagnol, qui stationnait en vue de la presqu'île de Rhuys et se réfugièrent en Espagne.

La victoire restait au maréchal de Montesquiou et au Régent : victoire facile et peu glorieuse, qui, cependant, fut suivie de représailles sanglantes et de rigueurs aussi injustes qu'inutiles.

Montesquiou ordonna en effet à des détachements de dragons de battre tout le pays de Vannes et de Cornouailles, pour assurer la perception régulière des impôts et s'emparer des anciens conjurés. Ces dragons, commandés par M. de Langey, colonel d'un régiment de cavalerie, alors stationné à Ploërmel, mirent à arrêter environ deux cents malheureux avec une ardeur sauvage et une férocité dont le souvenir n'a pas vieilli. Ce

fut le cruel pendant des Dragonnades des Cévennes, en 1679
et des massacres de Bretagne, en 1675.

Quatre seulement des anciens chefs du complot furent
saisis, et, encore, ils ne purent être arrêtés que par la trahison
d'un juif, dont l'un de nos plus beaux chants bretons a maudit et flétri la mémoire[1]. Messieurs le marquis de Pontcalec,
Le Moyne de Talhouët, de Montlouis et du Couëdic[1] furent
arrêtés en décembre 1719, emprisonnés à Nantes, jugés par
une sorte de cour martiale, composée d'étrangers choisis

1. « La mort de Pontcalec », chant breton du dialecte de Cornouailles, publié dans la « Barzaz-Breiz » : et dont le refrain est :
« Que le lâche qui le vendit, sois maudit, qu'il soit maudit ! » —
Pontcalec, ainsi que le Moyne de Talhouët, Montlouis et du Couëdic,
étaient parents des Doñarain de Lemo.

* De Guer-Malestroit, marquis de Pontcallec (Clément-Chryso-
gone) : né en 1679, fils de Charles-René et de Bonne-Louise le Voyer :
il était issu d'une noble famille, originaire de Guer, et alliée dans ce
pays aux Doñarain de Lemo, de Kermeno, de Cosnoal, de Rosmadec.
Il servit d'abord dans les mousquetaires du Roi, puis, ayant donné sa
démission, il se retira à son château de Pontcalec, en Berné : il prit
courageusement la défense des franchises bretonnes et fut l'un des
principaux fauteurs de la Conjuration. Arrêté par trahison au pres-
bytère de Lignol, le 15 décembre 1719, il fut exécuté à Nantes, le 26
mars 1720. Il ne s'était pas marié.

Le Moyne, sⁱ de Talhouët (Laurent), né en 1691, fils de François,
écuyer, sⁱ de Talhouët en Ploërdut et de Mathurine Protict. Il servit
comme capitaine au régiment de Senneterre et épousa, en 1713,
Françoise-Mauricette Guiller, dᵉ de Guermelin. Il prit une part active
à la conspiration et fut exécuté le 26 mars 1720. Il laissa trois enfants
et sa femme enceinte. Sa postérité s'est fondue, en 1807, en Julliot du
Plessis.

De Montlouis (Thomas-Siméon) écuyer, sⁱ de Plascaër, en Priziac ;
né à Priziac en 1682, fils de Philippe-Emmanuel et de Françoise-
Guillemette Symon, dᵉ de Kerbringal ; décapité à Nantes, avec les
précédents, il laissait, de son mariage avec Marie-Thérèse Hugonier,
une fille : Marie-Élisabeth de Montlouis, née en 1718, demoiselle à
Sⁱ-Cyr, en 1735, qui épousa, en 1737, François-Anne Louvart de Pontigny, et fut mère de madame Le Doñarain de la Touraille, et de
Joseph Louvart de Pontigny, qui, sous le surnom de « Candide »,
fut l'un des chefs de la chouannerie dans le Morbihan.

Du Couëdic (François), né en Cornouailles en 1664, servit comme
officier de dragons et fut lieutenant-colonel des conjurés.

par le Régent pour cette besogne, comdamnés à mort et décapités sur la place du Bouffay, le mardi-saint, 26 mars 1720. Le même arrêt prononça la peine de mort contre seize autres accusés qu'on n'avait pu saisir et qui furent décapités en effigie, le 27 mars, sur l'échafaud encore fumant du sang versé la veille. Parmi ces condamnés par contumace étaient MM. de Lambilly, de Mellac, de Rohan-Pouldu, de Talhouët.

La plupart des exilés vécurent et périrent misérablement à l'étranger ; quelques-uns, comme MM. de Lambilly et de Talhouët obtinrent cependant des positions honorables en Espagne.

Le comte de Lambilly avait perdu dans cette conjuration plus de 30.000^{tt} de rente : près d'un million de capital ; mais il avait combattu le bon combat pour la protection et la défense des droits de son pays ; et, si sa fortune avait diminué, son honneur avait grandi. Le roi Philippe V, rendant justice aux sérieuses qualités de son intelligence et de son caractère, le nomma gentilhomme de sa chambre en mars 1720 et lui confia d'importantes missions diplomatiques en Espagne, où il mourut exilé en 1731.

Tel fut en Bretagne l'épisode de la « Conspiration » dite « de Cellamare » ; révolte sans bases solides comme sans portée raisonnable, rêve patriotique de cerveaux ardents, dont la répression injuste et brutale ne fit qu'affirmer la faiblesse du pouvoir royal et devint ainsi la première escarmouche de la lutte des États et du Parlement de Bretagne contre la Cour de France, lutte qui allait durer trois quarts de siècle et de laquelle devait sortir la Révolution. La force et la violence avaient triomphé du droit et tranché des têtes bretonnes pour faire taire les voix courageuses qui réclamaient les franchises et les libertés que des serments royaux avaient jurées à la Bretagne. La victoire restait à l'autorité, mais cette victoire était plus fatale qu'une défaite : le gouvernement, en abusant de sa puissance, ne fit que prouver sa faiblesse : l'échafaud du Bouffay fut le précurseur de celui de la place Royale.

Il fallut tout le dévouement des Bretons pour leurs princes pour leur faire pardonner les Dragonnades et l'assassinat des victimes de 1720. Mais nous devons constater, à la gloire de notre pays, que rien ne put vaincre et décourager la fidélité des Bretons à leurs souverains ; et nous retrouverons, sur les tables mortuaires de Quiberon et sur le martyrologe des armées de la chouannerie, les noms des familles des conjurés de 1720, dont les descendants verseront leur sang et donneront leur or, sans compter, à cette royauté française qui, après avoir méconnu et maltraité les pères, ne saura pas davantage comprendre et reconnaître plus tard le dévouement héroïque des enfants.

Comme nous l'avons dit, Pierre-Joseph de Lambilly mourut en Espagne, en 1731. Il avait épousé, à Saint-Malo, le 8 mai 1701, par contrat du 20 avril 1701, *Hélène-Céleste Magon de la Lande*[1], fille de *Jean IV, sgr de la Lande, de la Chipaudière, conseiller du roi*, et *de Lau-*

---

1. * *Magon :* famille noble originaire d'Espagne, dont une branche vint se fixer en Bretagne, dans le pays de Vitré au XVe siècle ; puis, en 1560, dans celui de Saint-Malo, où elle est encore représentée ; elle fut anoblie en France en 1673. Elle a possédé entre autres la Lande, en St-Jouan-des-Guérets ; la Chipaudière, la Gervaisais, la Gicquelais, le Terlays, le Bos, la Balue, la Blinaye, le Parc, la Ville-Huchet, la Vieuxville, Plouër, dans les environs de St-Malo ; le Boisgarin, en Spezet ; les Magon furent titrés marquis de la Gervaisais en 1762, vicomtes du Boschet en 1767, vicomtes d'Apigné et comtes de la Gicquelais en 1775, comtes du Bois de la Roche en 1785. Ils ont produit quatre secrétaires du roi, un connétable de St-Malo, deux lieutenants généraux des armées du roi, un contre-amiral, un trésorier des États de Bretagne ; cinq d'entre eux furent décapités en 1794. Cette famille est encore représentée en Espagne, et, en Bretagne, par les Magon de la Gervaisais, de la Vieuxville, de St-Hélier, de la Balue, du Boisgarin, de la Giclais et de la Villehuchet.

Armes : « D'azur au chevron d'or, accompagné en chef de deux étoiles de même, et en pointe d'un lion aussi d'or couronné d'argent ». Devise : « Tutus Mago »,

rence Eon, d° de Longpré. Elle mourut veuve, à Rennes, en
1739, et fut inhumée dans le chœur de l'église de Toussaint ; son cœur fut apporté à Taupont et déposé le 24 septembre dans l'enfeu de Lambilly, « situé dans le sanctuaire,
près de la porte de la sacristie ».

Le comte et la comtesse de Lambilly avaient eu cinq
enfants :

1° **Pierre-Laurent,** qui suit :

2° **Marie-Jean-Louis-de Lambilly, chevalier, s^{gr} du
Broutay, de Kéraron de la Villevoisin, de Rohallaire,
du Rufflé,** connu sous le nom de « **chevalier du Broutay** », né le 2 janvier 1705, reçu **page du roi,** le 10 juin
1720, puis **lieutenant et sous-aide-major dans le Régiment des Gardes Françaises.** Il vendit avec son frère,
Charles-Hyacinthe, le 20 juin 1737, les seigneuries de la Villevoisin, du Rufflé et de Rohallaire, moyennant 23.000^{lt}, à
François-Philippe de Talhouët-Sévérac, époux de Suzanne de
Caradeuc ; il demeurait alors à Paris, rue Richelieu ; il fut tué
à la bataille de Fontenay, le 11 mai 1745 ;

3° **Jeanne-Céleste de Lambilly, dame du Broutay,**
née à Rennes en 1703, elle ne fut baptisée à Taupont que le
14 octobre 1706 ; elle fut marraine de la grosse cloche de
cette paroisse en 1707 ; elle épousa à Lambilly, le 24 juillet
1725, *Jacques le Pennec*[1], *chevalier, s^{gr} du Boisjollan,
de Lesnerac, d'Escoublac*, originaire de l'évêché de Nantes,
auquel elle porta le Broutay. Elle mourut en 1732, et son
mari mourut à Nantes, le 15 avril 1741. Ils avaient eu trois

---

1. *Le Pennec :* famille d'Anc. Ext. sous l'évêché de Nantes, qui
s'éteignit au XVIIIe siècle fondue en Sesmaisons.

Armes : « De gueules à trois bustes de femmes d'argent, échevelées
d'or ».

Jacques était fils de Charles de Pennec, s^{gr} d'Escoublac, et de
Jeanne Gorge ; et frère de Julie le Pennec, épouse de Charles de Sesmaisons, dont : Claude-François de Sesmaisons, qui hérita d'Escoublac en 1775,

enfants : *1° Claude-Laurent Le Pennec, v^te du Broutay, capitaine de cavalerie*, né à Lambilly, le 19 novembre 1726, mort sans postérité à Quimper-Quezennec, le 6 juin 1748 ; *2° Julie-Céleste-Perrine le Pennec, religieuse bénédictine*, née le 1er octobre 1729, elle entra aux Bénédictines à Angoulême, le 26 septembre 1751 ; *3° Jacques-Alain le Pennec, s^gr de Lesnerac*, d'Escoublac, né en 1731, *Exempt, des Gardes du Corps du roi*, mort à Paris. le 2 février 1755 ; sans postérité.

4° Charles-Joseph-Hyacinthe de Lambilly, écuyer, seigneur de Quistinic, né le 11 janvier 1706, il fut reçu **page du roi** le 20 mai 1721 ; il était **sous-lieutenant au Régiment des Gardes-Françaises,** quand, d'accord avec son frère, Jean-Louis, il vendit Rohallaire, la Villevoisin et le Rufflé aux Talhouët. Il fut tué à la bataille de Dettingen en 1743 ;

5° Hélène-Modeste de Lambilly, baptisée à Saint-Malo, le 27 janvier 1707, qui épousa, en 1723, *Joseph-René de Ruellan[1], baron du Tiercent, conseiller au Parlement de Bretagne*, fils aîné de *Gilles III, baron de Tiercent, marquis de la Ballue,* et de *Renée-Roberte du Louet de Coëljunral.* Il mourut à Rennes, dans son hôtel, place Saint-Pierre, à l'âge de 77 ans, et fut inhumé le 5 avril 1781 dans l'église St-Étienne de cette ville. Il avait eu trois enfants :

1° Marie-Céleste de Ruellan, qui vivait célibataire en 1796 ;

2° Louis-Charles de R., baron du Tiercent, marquis de la Ballue, né au château de la Ballue le 16 juillet 1741,

---

1. *Ruellan :* famille noble d'Ext. sous le ressort de Fougères, dont les membres furent titrés barons du Tiercent en 1610, et marquis de la Ballue, en 1622. Elle s'éteignit en 1809, fondue en Muzillac.

Armes : « D'argent au lion de sable, armé, lampassé et couronné d'or ».

fut capitaine de cavalerie et chevalier de Saint-Louis; il mourut à Essen, en Prusse, le 4 juin 1809, sans postérité de Marie-Joseph de Lavaux; il fut le dernier de son nom;

3° Renée-Laurence de R., qui épousa *Charles de Muzillac*[1], dont elle était déjà veuve lorsqu'elle racheta, le 20 octobre 1796, la baronnie du Tiercent, vendue nationalement à la suite de l'émigration de son frère. Elle demeurait à Paris en 1810, et la comtesse de la Villirouët parle souvent dans ses « Mémoires » et dans ses lettres de sa tante de Muzillac.

XII°
PIERRE - LAURENT
DE LAMBILLY,
Mis DE KERVENO,
Vte DU BROUTAY,
BARON DE KER-
GROIS, époux de
Laurence-Thé-
rèse Magon :
« d'azur au che-
vron d'or acc.
en chef de deux
étoiles et en
pointe d'un lion
d'or. »

XII° Pierre-Laurent de Lambilly, marquis de Baud-Kerveno, vicomte du Broutay, baron de Kergrois, seigneur de Lambilly, de Créménan, de la Ville-de-Nasché, de Quistinic, de Kéraron, dit « le marquis de Lambilly. »

Né à Saint-Malo, le 3 avril 1702, il dut s'exiler avec son père en Espagne en 1720, après la conjuration de Pontcallec, et y devint **page du roi Philippe V**. Revenu en Bretage, après la mort de son père, en 1731, il partagea noblement ses frères et sœurs, par acte du 18 septembre 1731. Il mourut à Kergrois, le 1er mai 1742.

Il avait épousé à Saint-Malo, le 12 janvier 1734, sa cousine, *Laurence-Thérèse Magon de la Balue*[2], née en 1712, fille de *Luc, s[gr] de la Balue, de la Blinaye, de la Tertrais, conseiller du roi*, et de *Hélène-Pélasgie Porée de la Touche*. Elle mourut à Rennes, le 12 septembre 1780, ayant eu deux enfants :

1. *De Muzillac :* famille d'Anc. Ext. chev. de l'évêché de Vannes, dont la généalogie remontait au XII° siècle et qui produisit un croisé en 1248. Armes : « De gueules au léopard lionné d'hermines ».

2. Voir ci-dessus pour Magon.

1° **Pierre-Laurent-Marie**, qui suit ;

2° **Mauricette-Hélène-Anne de L.**, née à Saint-Malo le 2 décembre 1739, baptisé à Taupont, le 31 juillet 1741, morte à Saint-Malo, le 12 mai 1753.

XIII° Pierre-Laurent-Marie de Lambilly, marquis de Baud-Kerveno, baron de Kergrois, vicomte du Broutay, seigneur de Lambilly, de Crémenan, de Kéraron, de la Ville-de-Naché, de Morgan, de la Villebouquais, de Quistinic, du Ménéguen, dit « le marquis de Lambilly. »

XIII°
Pierre - Laurent-Marie de Lambilly, Mis de Lambilly, époux de *Jacquette-Thérèze de la Forest d'Armaillé* : « d'argent au chef de sable. »

Né à Saint-Malo, le 21 novembre 1734, il fut parrain de la cloche de Taupont en 1768 ; il assista aux États de Bretagne de 1764 et 1784, et demeurait alors à son hôtel à Rennes, rue Dauphine, (nunc. : rue Lafayette). Il acheta, vers 1755, la Villebouquais, en Ploërmel, des Bonin.

Il mourut en 1785 et fut inhumé le 15 septembre dans le cimetière de Taupont, près de l'Église.

Il avait épousé à Rennes, le 1er mai 1753, *Jacquette-Françoise-Thérèze de la Forest d'Armaillé*[1], née à Rennes le 2 décembre 1732, fille de *René-Gabriel, comte d'Armaillé, sgr des Montils, de la Garoulais*, et de

1. *De la Forest d'Armaillé :* famille d'anc. Ext., originaire du ressort d'Hennebont, et fixée au XIV° siècle en Anjou, d'où une branche vint en Bretagne vers 1650, et s'y éteignit vers 1846, fondue en de Legge, de Lorgeril et de Palys. La marquise de Lambilly était sœur de Gabriel, comte d'Armaillé, qui eut, de Agathe Champion de Cicé : madame Poullain de Tramain, sans postérté, la comtesse de Legge, dont postérité, et Gabriel-Louis, comte d'Armaillé, président à la cour royale de Rennes, député d'Ile-et-Vilaine, qui eut, de Julie de la Motte : la comtesse de Lorgeril, dont postérité, et la comtesse de Palys, dont postérité.

Les la Forest d'Armaillé s'arment : « d'argent au chef de sable. »

Louise Huart, d° de la Bourbansais[1], qui lui apporta entre autres la terre de la Garoulais, située à un kilomètre à l'ouest de Rennes.

A la mort de son mari, en 1785, pour faciliter le partage des biens entre ses sept enfants, elle fit une démission de ses propriétés personnelles, moyennant une rente viagère de 11.300 fr., que ses enfants devaient lui servir solidairement. Le partage se fit en 1787 : l'aîné des fils reçut les deux tiers de la fortune, et chacun des six autres enfants eut un sixième du dernier tiers, soit un dix-huitième. Survint la Révolution : la nation confisqua les biens des quatre enfants émigrés, sauf la part de la mère, et le partage de 1787 devint tellement confus, qu'à la mort de la marquise de Lambilly, en 1816, il y eut une transaction à l'amiable entre les six représentants ayant droit, (les droits de l'aîné restant sauvegardés), qui reçurent chacun une valeur de 12.000 ₶.

La marquise de Lambilly, née la Forest d'Armaillé, mourut à Rennes, en son hôtel, près de la place du Palais, le 26 juillet 1815.

Elle avait eu quatorze enfants, dont huit seulement avaient avaient survécu à leur père :

1° **Pierre-Gabriel-François**, qui suit ;

2° **Laurence-Thérèze-Gabrielle de Lambilly**, née à Rennes en 1755, elle épousa au château de Kergrois, le 23 avril 1773, *Claude-Augustin-Marie le Valois, chevalier, comte de Séréac*[2], fils de feu *Gabriel-René, s^gr de Séréac*, mort en 1749, et de *Louise-Cécile de la Chevière du Pont-*

---

1. *Huart :* famille d'Ext. sous l'évêché de Rennes, éteinte, fondue en 1731, en la Forest d'Armaillé. — Armes : « d'argent au corbeau de sable, becqué et membré d'azur. »

2. *Le Valois :* famille noble d'Ext., qui posséda depuis le XVI° siècle la seigneurie de Séréac en Muzillac, et s'éteignit fondue en Graslin en 1807. Armes : « d'azur à deux vautours, affrontés d'argent, enchaînés d'or par le cou ».

louël[1], morte en 1760. Elle mourut à Vannes le 23 décembre 1786, ne laissant que deux filles :

1° *Laurence-Thérèze-Perrine le Valois de Séréac*, née à Rennes, le 29 octobre 1774, morte sans alliance;

2° *Marie-Joséphine-Thérèze le Valois de Séréac*, née à Vannes, le 2 mai 1783, qui épousa à Nantes, vers 1807, *Antoine-Louis Graslin de Séréac, officier de dragons*; ils moururent à Nantes, lui le 14 décembre 1853, elle, le 15 novembre 1872, ayant eu : *Thérèze-Joséphine Graslin de Séréac*, née à Nantes, le 20 juillet 1810, qui y épousa, le 22 avril 1833, *Frédéric le Loup de la Biliais, officier de cavalerie démissionnaire;* ils moururent à Nantes, lui, le 20 décembre 1863, elle, le 11 février 1896, ayant eu :

A. *Frédéric le Loup de la Biliais*, né à Nantes le 1er novembre 1838, il y mourut célibataire, le 8 janvier 1891 ;

B. *Mathilde le L. de la B.*, née à Nantes, le 18 février 1834, qui y épousa, le 3 mai 1859, son cousin *Louis le Loup de la Biliais*, mort à la Biliais, en 1898, ayant eu :

a. *Yves le L. de la B.*, né en 1862, qui a épousé, en 1889, à Bourg-sous-la-Roche (Vendée) Blanche de Terdy de Rossy, dont : *Yvonne*, née à la Biliais en Saint-Étienne de Montluc, le 2 février 1892 ;

b. *Louise le L. de la B.*, née en 1860, *religieuse du Sacré-Cœur ;*

c. *Anne-Marie-Thérèse le L. de la B.*, née à Nantes en 1866, elle y épousa, en 1889, *Gaëtan de Blocquel de Croix, baron de Wismes*, dont 3 fils et 2 filles ;

C. *Thérèse-Marie le L. de la B.*, née à Nantes, le 8 novembre 1835, qui y épousa en 1858 *Charles de Vallois*, né à Entrammes (Mayenne), en 1829, dont :

a. *Roger de V.*, né à Vaas (Sarthe) en 1859 ;

---

1. *De la Chevière :* famille noble d'An. Ext. originaire de Martigné-Ferchaud, dont quatre membres furent fusillés à Quiberon en 1795. Armes : « D'argent à trois rencontres de cerf de gueules ».

b. Maurice, né à Vaas en 1860. *P. Jésuite* ;

c. Georges de V., né à Nantes en 1865 ;

d. Jeanne Marie de V., née à Nantes en 1867, y épousa, en 1887, *Joseph Senot de la Lande*, dont : trois filles.

1º Laurent-Xavier-Martin de Lambilly, comte de Lambilly, officier aux Gardes Françaises, chevalier de Saint-Louis.

Né à Rennes, le 11 novembre 1763, il était officier aux Gardes Française lors de la Révolution. Il émigra en 1792. Il épousa, en Angleterre, le 27 novembre 1803, *Marie Filfield*, née à Chichester, en 1782, fille de feu *Arthur Filfield* et de *Marie Weelere*. Après avoir habité Chichester jusqu'en 1820 et quelque temps près de Paris, ils se fixèrent à Redon en 1826. Ce fut là qu'ils moururent, lui, le 26 mars 1836, elle, le 20 février 1855. Ils avaient eu treize enfants, entre autres :

A. Françoise-Marie de Lambilly, née à Chichester, le 16 mai 1805, qui épousa à Redon, le 29 mai 1829, *Louis Dumoustier*, fils de *Elie Dumoustier*[1] et de *Louise Garsol*. Il mourut à Redon, le 21 novembre 1870, et sa veuve mourut à Guémené-sur-Scorff, le 21 novembre 1875. Ils avaient eu sept enfants, dont deux seulement ont survécu :

A. Marie-Louise Dumoustier, née le 2 juillet 1830, restée célibataire ;

B. Caroline-Marie Dumoustier, née à Redon, le 8 octobre 1832, qui a épousé, le 8 janvier 1873, *Victor de Kérouallan*, mort à Bubry en 1888, ayant eu : *Amaury de K.* né a Guémené-sur-Scorff, le 15 mars 1874.

B. Caroline de Lambilly, née à Chichester le 23 février

---

1. *Dumoustier :* famille originaire de Picardie, dont une branche s'établit dans le pays de Redon au début du XVIIIᵉ siècle et produisit Julien D., prêtre mort à Redon en odeur de sainteté en 1781, et plusieurs officiers de l'armée vendéenne et de la chouannerie. Armes : « d'argent au chevron de gueules, acc., en chef, d'un croissant accosté de deux étoiles, et, en pointe, d'une hure de sanglier ».

1807, elle épousa à Rennes, le 17 février 1832, *Jean-Marie-Jacques, comte des Grées du Loù* [1], né en 1762, fils de *Alexandre-Auguste-Jean, comte des Grées du Loù*, et de *Guyonne-Marie Gaudin de la Berillaye*, et veuf en premières noces de Eulalie Fabvre, morte à Vannes en 1828, après avoir eu huit enfants. Le comte et la comtesse des Grées du Loù moururent à Vannes, lui, le 25 mai 1851, elle, le 31 mai 1874. Ils n'avaient eu de ce second mariage qu'un fils :

Henry des Grées du Loù, né à Vannes, le 1er avril 1833, il fit, comme *lieutenant de dragons*, la campagne de 1870 et fut créé *chevalier de la Légion d'Honneur* pour sa belle conduite à la bataille de Reischoffen. Il donna sa démission en 1871 et vint habiter Vannes. Il a épousé : 1° à Vannes, le 1er mars 1859, *Philomène Gobbé* [2] *de la Gaudinaye*, née à Nantes, le 14 février 1836, fille de Gabriel François et de Cécile Robert. Elle mourut à Vannes, le 26 décembre 1869 ; et Henry des Grées épousa, 2°, à Paris, le 25 avril 1873, *Claudine-Marie Guillet de Chastellux* [3], née à Lyon, le 5 avril 1836, fille de Barthélémy-Ernest, comte de Chastellux, et de Jeanne-Valentine de Montherot, et veuve en premières noces de Humbert-Henry, marquis de Lambilly, lieutenant-colonel d'état-major, tué, en 1871, au combat de Ponthieu, laissant deux fils, comme nous le dirons plus loin.

Henry des Grées a de son premier mariage trois enfants, et deux du second. Du 1er lit :

A. *Xavier des Grées du Loù*, né à Vannes, le 13 mars 1860, *capitaine d'infanterie, chevalier de la Légion d'Honneur*, qui a épousé à Vannes, le 9 septembre 1896,

1. *Des Grées :* famille d'anc. ext. chev. de Bretagne qui produisit, entre autres, un Président de la noblesse aux Etats de 1768 et 1773, et qui s'arme : « d'azur à la fasce d'hermines, acc. de trois étoiles d'argent. »

2. *Gobbé :* ancienne famille de l'évêché de Vannes, qui produisit un procureur du roi à Carhaix en 1669, un maire de Rhuys en 1712. Armes : « d'azur à l'aigle d'or ».

3. *De Chastellux :* voir plus loin.

Renée Daudeteau, fille de Louis D., chef de bataillon, chevalier de la Légion d'Honneur, et de d^{lle} Le Pelletier d'Ango-
ville ;

B. *Marie des Grées*, née à Vannes, le 16 septembre 1861,
prieure du Carmel de Saint-Brieuc ;

C. *Emmanuel des Grées du Loû*, né à Vannes, le
28 février 1867, *commissaire de marine, démissionnaire,
avocat, publiciste républicain*, qui a épousé, à Brest, le
17 novembre 1891, Jeanne Hamonno, dont postérité.

Du second lit :

A. *Pierre des Grées du Loû*, né à Vannes le 31 janvier
1874, *officier d'infanterie*, qui a épousé à Orléans le
16 janvier 1901, Madeleine Couret ;

B *Henry des Grées du Loû*, né à Vannes, le 8 août 1875,
officier de cavalerie.

C. Alfred de Lambilly, lieutenant de vaisseau, né à
Chichester, le 12 février 1810, mort sans alliances, le 19 mars
1839 ;

**D. Louis-Georges-Xavier de Lambilly, comte de
Lambilly**, né à Chichester, le 23 avril 1814, il épousa à
Saint-Brieuc, le 6 novembre 1855, *Céline de la Motte-
Rouge*[1], née en 1827, fille de feu *Charles-Louis-Hubert,
comte de la Motte-Rouge* et de *Céline-Marie-Nicole
Rouxel de Lescouët*. Ils moururent à Saint-Servan, lui, le
25 juin 1884, elle, le 20 décembre 1887. Ils n'avaient eu que
deux filles, mortes sans alliances avant leur mère ;

E. Charlotte de Lambilly, religieuse Carmélite, née
à Chichester le 2 septembre 1819, elle entra, en 1874, au
Carmel de St-Brieuc, où elle est morte, le 3 février 1890 ;

**F. Philippe-Auguste de Lambilly, comte de Lam-
billy**, né à Paris-Neuilly, le 26 mai 1825, il épousa à Argen-

---

1. *De la Motte-Rouge :* famille d'Anc. Ext. chev. de Bretagne, issue
des vicomtes de Dinan, et qui est encore représentée. Armes : « Fretté
d'or et de sable de six pièces ».

tan le 4 février 1856, *Augustine-Henriette du Boullay*, née en 1823 et veuve d'Alfred Guérin. Il a fait paraître, à Nantes, en 1867, un ouvrage en deux volumes intitulé « L'Église et les prophètes, ou la vision du Temps, nouveau commentaire de l'Apocalypse ». Il est mort à Vannes, ainsi que sa femme : elle, le 10 janvier 1899, lui, le 10 février 1900. Ils avaient eu quatre enfants qui sont morts avant eux :

a. Charles, né à Argentan en 1856, mort en 1877 ;

b. Marie-Marguerite, née en 1860, morte en 1861 ;

c. Marie-Marguerite, née en 1863, morte en 1864 ;

d. Marguerite-Marie-Josèphe, née en 1865, morte à Pau, en 1886.

G. Charles-Fernand de Lambilly, chef de bataillon aux Zouaves Pontificaux, commandeur de l'Ordre de Saint-Sylvestre, chevalier de Saint-Grégoire-le-Grand, médaillé de Pérouse, de Mentana et de Pie IX (Bene-Merenti). Né à Paris-Neuilly, le 26 mai 1825, frère jumeau du précédent, il entra au service du Saint-Siège, le 1er janvier 1852, comme sous-lieutenant au 2me Etranger. Promu lieutenant en 1854, capitaine en 1856, il prit part au combat de Pérouse, où il fut fait prisonnier. Il passa au régiment des Zouaves Pontificaux, après la bataille de Castelfidardo. Nommé chef de bataillon, le 22 décembre 1866, il commandait l'avant-garde de la colonne pontificale à la bataille de Mentana ; et, lors du siège de Rome, il défendait la brèche de la porte Pia, à la tête du 1er bataillon.

Après la confiscation des États Pontificaux, il vint demeurer, avec sa femme et ses enfants, à Vannes, où il est mort, le 21 octobre 1901, âgé de 76 ans.

Le général de Charette, qui était en Belgique, lors du décès de son ancien camarade, a adressé, à cette occasion, à son régiment, un ordre du jour, où nous lisons : « ... Pauvre cher ami, il portait fièrement un nom qu'on retrouve à chaque page de l'histoire de France et de Bretagne. Il avait

su conserver intacte la légende de sa famille, qui peut se
résumer par le mot : Honneur... Aux carabiniers, aux
zouaves pontificaux, pendant dix-huit ans il fut toujours un
vaillant et brillant officier... Il avait gardé le cœur d'un
jeune officier et la foi d'un vieux zouave du Pape. »

Le commandant Charles de Lambilly avait épousé, à
Vannes, le 1er mars 1859, *Rosalie Gobbé de la Gaudi-
naye* [1], laquelle était sœur de Philomène, épouse d'Henri
Desgrées du Loû.

Il eut quatre enfants, dont deux seulement survivent :

a. Raphaël-Marie, vicomte de Lambilly, né à Pésano
(États Pontificaux), le 12 janvier 1860, qui a épousé à Gand
(Belgique), le 8 mai 1894, *Paule Wergauwen*, fille de
*Octave Wergauwen, secrétaire de légation honoraire
de S. M. le roi des Belges, commandeur de Saint-Gré-
goire, chevalier des Ordres de Pie IX et de S*te*-Anne-de-
Russie, et de Pauline de la Court d'Onzenoort.* Ils ont :
Alain de L., né à Bruxelles, le 24 décembre 1895 ;

b. Charlotte-Marie, née à Lyon, le 27 novembre 1860,
morte à Vannes, le 27 novembre 1880 :

c. Marthe, née à Vannes, le 21 avril 1864 ;

d. Piétrina, née à Vannes, le 21 novembre 1873, morte à
Vannes, le 26 avril 1893.

H. Henry-Adolphe de Lambilly, né à Redon, le
4 novembre 1829, il a épousé, à Saint-Malo, le 14 mai 1862,
D^lle *Brice Michel,* fille de *Brice Michel, armateur,* et de
D^lle *de Rontaunay.* Il est mort à St-Malo, directeur en
retraite des Télégraphes, le 2 décembre 1900, laissant deux
filles :

a. Jeanne-Joséphine, née à Saint-Malo, le 17 mai 1863 ;

b. Joséphine-Dolorès, née à Saint-Malo, le 7 mars 1867.

4° Joachim-Jean-François de Lambilly, né à Ker-

---

1. *Gobbé :* voir ci-dessus p. 321.

groix, baptisé à Remungol, le 18 Novembre 1764, et mort vers 1781 ;

5° **Marie-Victoire de Lambilly,** née à Rennes, baptisée en l'église St-Germain, le 27 avril 1767, qui épousa à Rennes, en l'église Toussaint, le 12 juin 1787, *Jean-Baptiste-Marie-Mathurin Mouësan, comte de la Villirouët, officier au régiment de Condé.* Nous avons raconté la vie et dit la postérité du comte de la Villirouët ; rappelons seulement qu'ils moururent à Lamballe, elle, le 12 juillet 1813, lui, le 12 mars 1845, laissant trois enfants ;

6° **Robert-Guillaume-Joseph de Lambilly,** dit « le vicomte du Broutay » s^gr **du Broutay, de la Rivière-Bréhault ;** né au château de Kergroix, il fut baptisé à Remungol, le 11 juillet 1768. Il émigra en 1792, puis rentra en France en 1797, et vécut à Paris, sous le surnom de « citoyen Laurent », près de sa sœur la comtesse de la Villirouët, qui obtint, en 1800, de le faire rayer de la liste des émigrés et avec laquelle il demeurait à Nantouillet en 1802. Il épousa à Rennes, le 12 mai 1803, *Émilie-Anne-Renée Feudé de la Boëssière*[1], née en 1779, fille d'*Ambroise* et de *Jeanne Drouin*[2]. Il mourut à Rennes, le 28 janvier 1814, ne laissant qu'une fille, Laure, qui suit. Sa veuve épousa, en secondes noces, à Rennes, le 12 décembre 1814, Charles-Louis-Adam, comte de Martel, veuf lui-même, et père de Gustave, vicomte de Martel. Elle mourut à Rennes, à l'hôtel Châteaugiron, rue de Corbin, le 29 août 1870, âgée de 91 ans. Elle n'avait eu d'enfants que du premier lit : **Laure-Julie-Émilie de Lambilly,** née à Rennes, le 22 janvier 1812, elle y épousa : 1° le 25 août 1828, le fils de son beau-

---

1. *Feudé* : famille de l'évêché de Rennes qui s'armait : « d'or à trois flammes de gueules », et produisit un avocat au Parlement en 1696, et un secrétaire du roi en 1727.

2. *Drouin :* famille de l'évêché de Nantes, anoblie en 1777, en la personne de Louis Drouin, armateur à Nantes, armes : « d'argent à une gerbe de blé de gueules accompagnée de trois larmes d'azur ».

père, *Gustave, vicomte de Martel*[1], lequel mourut sans postérité, à Saint-Jean-de-Boiseau (Loire-Inférieure), le 25 août 1842 ; 2°, le 11 septembre 1843, *Alexandre-Élisabeth, marquis de Rosnyvinen de Piré*[2], né à Rennes, le 18 juillet 1809, fils d'Hippolyte-Guillaume, marquis de Piré, comte de l'empire, général de division, mort en 1850, et de Marie-Émilie Hay des Nétumières. Ils vendirent la Rivière-Bréhault, en Taupont, aux Berruyer. Ils moururent à Rennes, sans postérité ; elle, le 10 avril 1868, lui, le 16 février 1885. Il avait été député d'Ille-et-Vilaine, de 1856 à 1870, et était le dernier de son nom.

7° **Auguste-Pierre-François de Lambilly,** dit « **le chevalier de Kerveno** », né le 18 septembre 1769, il était, en 1789, **sous-lieutenant au régiment du Roi-Infanterie,** il émigra et revint s'enrôler dans l'armée royale de Bretagne, où il servit comme **major de la division de Fougères,** sous du Boisguy. Cité à l'ordre du jour pour sa brillante conduite au combat du Bourg-Saint-James, le 21 janvier 1800, il fut tué, le 7 février suivant, au combat des Tombettes, en Mayenne, alors qu'il essayait de sauver un blessé en l'emportant sur ses épaules ;

8° **Marie-Emmanuelle-Euphrosyne de Lambilly :** née le 5 mai 1772, elle demeura chez sa sœur, la comtesse de la Villirouët, à Lamballe, où elle épousa, le 4 mai 1791,

1. *De Martel :* famille noble d'Ext. sous l'évêché de Nantes, qui s'armait : « d'or à trois marteaux de sable ». Elle produisit deux chevaliers de St-Michel en 1569 et 1600, un lieutenant général des armées navales en 1656, un brigadier de cavalerie en 1748.

2. *De Rosnyvinen de Piré :* famille bretonne d'anc. Ext. chev., qui produisit, entre autres, deux maîtres des Eaux et Forêts de France, en 1442 et 1454, deux présidents de l'ordre de la noblesse aux États de Bretagne de 1722 et de 1770, deux maréchaux de camp, en 1743 et et 1780, un général de division en 1813. Elle s'éteignit en 1885, en la personne du marquis de Piré, veuf de Laure de Lambilly. Elle s'armait : « d'or à la hure de sanglier de sable, à la bordure engreslée de gueules ». Devise : « Défens-toi ! ».

Frédéric-César, comte de la Vigne Dampierre[1], *ancien officier au régiment de Soissons-Infanterie ;* elle mourut veuve en la paroisse d'Hénansal, le 19 juin 1827, n'ayant eu qu'une fille : *Thérèse-Marie-Jeanne de la Vigne-Dampierre,* née à Lamballe, le 7 mars 1792, qui épousa. vers 1827, *Jean-Marie du Vergier de Kerhorlay*[2], et eut : *Paul-Antoine du Vergier de Kerhorlay,* né le 5 avril 1829, qui a épousé, le 1er mai 1855, Henriette Boscal de Réals. et est mort, le 20 février 1890, laissant deux fils et huit filles, entre autres :

a. Casimir du V., né le 10 mars 1857, qui a épousé, le 12 juin 1888, Marie de Brunville, dont : *Henry,* né le 1er février 1895 ;

b. Paul du V., né le 30 mai 1860 ;

c. Henriette du V., née le 11 décembre 1858 ;

d. Marie du V., née le 5 novembre 1861 ;

e. Anne-Marie du V., née le 13 juillet 1864 ;

f. Félicie du V., née le 6 mai 1866 ;

g. Jeanne du V., né le 14 juillet 1870, qui a épousé, le 23 novembre 1897, *Félicien de Poulpiquet de Brescanvel* ;

h. Camille, née le 9 février 1772.

XIV⁰ Pierre-Gabriel-François de Lambilly, marquis de Baud-Kerveno, baron de Kergroix, seigneur de Lambilly, de Créménan, de Morgan, de la Villebouquais, de la Ville-de-Nasché ; lieutenant aux Gardes

---

1. *De la Vigne-Dampierre :* famille de l'Orléanais, qui s'armait : « d'azur à trois œufs d'argent, et, en chef, une faulx d'or posée en fasce ».

2. *Du Vergier de Kerhorlay :* famille bretonne d'anc. Ext. chev. de l'évêché de Vannes, où elle vivait dès le XIIIᵉ siècle, et où elle habite encore le château de Kerhorlay en Guidel. Elle s'arme : « De gueules à deux bandes de vair ».

gent au chevron
de sable, acc. de
trois quinte-
feuilles de mê-
me ».

Françaises, chef de bataillon à l'armée catholique et royale de Bretagne, chevalier de Saint-Louis, dit « le marquis de Lambilly ».

Né à Rennes le 5 janvier 1759 il fut nommé lieutenant aux Gardes Française en 1782 ; il fit ses preuves de Cour en 1780 et en 1786. Il émigra avec sa femme, en Belgique, puis en Prusse et en Danemark, lors de la Révolution. Revenu en Bretagne, il commanda, de 1795 à 1797, les paroisses de Taupont et de Josselin, comme chef de bataillon de l'armée royale du Morbihan. Il mourut à Lyon, le 2 avril 1817

Il avait épousé, dans la chapelle du château de Versailles, en présence du Roi et de la cour, le 14 mai 1786, *Anne-Henriette-Françoise de Rosily de Méros*[1], née à Nantes, en 1768, fille de *François-Julien, marquis de Rosily de Méros, comte de Moréac*, et de *Constance-Bonne le Vicomte du Rumain, dᵉ de Coëtanfao*[2]. Elle mourut, veuve, à Lambilly, le 3 juillet 1837, ayant eu cinq enfants :

1° Françoise-Victoire-Henriette-Berthe de Lambilly, dᵉ de la Villebouquais, née à Rennes, le 8 juillet 1787. elle épousa : 1° le 1ᵉʳ septembre 1804, *René-Joseph-Marie, comte de Langle de Kermorran*[3], né à Hennebon, le 29 mai 1770. fils de Louis-Vincent et de Catherine-

---

1. *De Rosily de Méros :* famille d'anc. Ext. originaire de l'évêché de Cornouailles, qui produisit un chevalier de l'ordre en 1646, un inspecteur général des Milices Gardes-Côtes de Bretagne en 1758, un chef d'escadre en 1764, un vice-amiral en 1814. Elle fut admise aux honneurs de la cour en 1786, et s'est éteinte en 1854. Armes : « d'argent au chevron de sable accompagné de trois quintefeuilles de même ».

2. *Le vicomte du Rumain :* de la famille des le Vicomte de la Villegonrio, dont nous avons parlé dans la généalogie Mouësan. Armes : « d'azur au croissant d'or ».

3. *De Langle :* famille d'anc. Ext. chev. de l'évêché de Vannes, qui produisit un Croisé en 1190, et dont les membres furent titrés marquis de Brie et du Plessix de la Couyère. Armes : d'azur au sautoir d'or, accompagné de quatre billettes de même ».

Ursule de Talhouët, et frère du lieutenant de Langle, fusillé à Quiberon en 1795. Il prit part, comme officier d'artillerie, à l'insurrection royaliste de 1815 et fut tué à la bataille d'Auray, le 21 juin 1815; il n'avait pas eu de postérité. Sa veuve épousa en secondes noces, à Taupont, le 14 janvier 1818, *Toussaint, comte de Ferron du Quengo* [1], *ex-officier de l'armée de Condé*, né à Rennes, le 17 avril 1770. Elle mourut sans postérité en 1832, et son mari fit don de la Villebouquais à sa nièce, madame Péan de Pontphily, qui la vendit, en 1860, aux Frères de Ploërmel.

2º Marie-Hermine de Lambilly, née à Nantes, le 5 septembre 1790 ; elle épousa, le 26 octobre 1810, *Jean-Marie Robiou, comte de Troguindy* [2]. Elle mourut le 26 avril 1871, ayant eu entre autres :

1º *Adolphe R., comte de Troguindy, conseiller général des Côtes-du-Nord*, qui a épousé, en 1865, Octavie de Beaucorps-Paransay, dont il n'a pas eu de postérité ;

2º *Louise-Clothilde Robiou de T.*, née en 1822, qui a épousé, en 1845, *Charles, comte de la Monneraye* [3], *ex-sénateur du Morbihan et président du Conseil général, châtelain du Cleyo*, en Caro, né à Rennes, le 3 février 1812 ; ils n'ont eu que des filles, dont une seule s'est mariée, *Jeanne de la M.*, née en 1860, qui a épousé, le 10 janvier 1882, *Charles de l'Espinay de Pancy*, dont trois filles et un fils.

3º Julie-Adelaïde de Lambilly, née à Mons, en Belgique, le 8 février 1792, elle a épousé, le 2 mai 1814, *Alphonse-*

---

1. *De Ferron du Quengo :* famille d'anc. Ext. chev. de l'évêché de Saint-Malo, encore représentée par les branches des marquis et comtes de la Ferronnays et du Quengo. Armes : « d'azur à six (ou sept) billettes d'argent, au chef de gueules, chargé de trois (ou cinq) annelets d'or ».

2. *Robiou de Troguindy :* famille noble de l'évêché de Saint-Brieuc, maintenue en 1726. Armes : « d'argent à trois fasces d'azur ».

3. *De la Monneraye :* famille bretonne noble d'Ext. qui s'arme : « d'or à la bande de gueules, chargée de trois têtes de lion d'argent, accostées de deux serpents volants d'azur ».

Aymar, comte de Roquefeuil[1], fils aîné de *Pierre, comte de Roquefeuil de Montpeyroux, capitaine de vaisseau*, et de *Léocadie de Lagadec*, né au château de Kéroué, le 7 mars 1787. Ils demeurèrent au château du Bilo, en Minihy-Tréguier, où ils moururent, lui, le 17 mai 1857, elle, le 22 octobre 1866. Ils avaient eu, entre autres :

A. *Aymar-Alphonse-Henry, comte de Roquefeuil*. né le 16 avril 1817, qui épousa, à Nostang, le 10 février 1853, sa cousine-germaine, Alix-Henriette-Marie Harscouët de Saint-George, fille de Frédéric, vicomte de Saint-George, et d'Olympe-Marie de Lambilly. Il est mort le 26 janvier 1885, et sa veuve est décédée à Saint-Brieuc, le 28 septembre 1901, laissant :

a. Raymond-Marie, comte de Roquefeuil, né le 19 décembre 1854, qui a épousé : 1° à Nantes, le 19 juin 1889, Agnès de Terves, morte le 10 octobre 1891 ; 2° à Hillion, le 7 mai 1895, Berthe du Foû de Kerdaniel. Il a, du 1er lit : *Raymond*, né à Minihy-Tréguier, le 5 février 1891 ; du 2e lit : *Louis*, né d°, le 11 février 1896, et *Pierre*, né d°, le 24 février 1898 ;

b. Mathilde-Jeanne-Marie de Roquefeuil, née le 8 décembre 1856, qui a épousé, le 30 janvier 1877, *Olivier, comte de Carné*, dont cinq fils et deux filles ;

c. Marguerite-Marie de Roquefeuil, née le 11 octobre 1859, qui a épousé, le 14 octobre 1885, *Eugène le Bel, comte de Penguily*, dont : *Jean*, né en 1894 ;

B. *Victoire de Roquefeuil*, née le 19 juillet 1821, qui a épousé, le 19 février 1855, *le comte de Chasteignier de la Rochepozay, ex-officier de marine ;* ils sont morts au château de Rouillon, près du Mans, elle, le 19 mai 1896, lui, le 10 août 1897, ayant eu :

1. *De Roquefeuil :* famille originaire du Rouergue, ramage des comtes de Nîmes, dont une branche vint s'établir en Bretagne, vers 1741. Elle s'arme : « d'azur à neuf cordelières d'or, 3. 3. 3. ». Devise . « l'honneur me reste ».

*a. Xavier, marquis de Chasteignier de la Rochepozay,
officier de cavalerie,* né à Rouillon, en 1860, qui a épousé,
le 30 janvier 1890, Madeleine d'Espinay Saint-Luc, dont :
Marie, née en 1890, *Geneviève,* née en 1892, et *Germaine,*
née en 1893 ;

b. Louis, comte de Chasteignier, né le 30 novembre
1861 ;

c. Henry, comte de Chasteignier, jumeau du précédent,
qui a épousé, le 21 juillet 1894, Camille Clausse, dont :
Thibault, né le 20 mai 1897 ;

d. Marie de Chasteignier, née en 1858, morte en 1868.

4º **Thomas-Hippolyte,** qui suit ;

5º **Olympe-Marie de Lambilly,** née à Essen (Prusse),
le 1er novembre 1794, elle épousa à Taupont, le 15 mai 1825,
Frédéric-Prosper Harscouët, vicomte de Saint-George,
né au château de Pomorio, en Tréveneuc (Côtes-du-Nord) le
14 septembre 1782, second fils de *Louis-Joseph Harscouët,
comte de Sᵗ-George*[1], et de *Geneviève-Marie-Françoise
Chrestien de Tréveneuc,* et veuf en premières noces de
Marie-Olympe de la Moussaye, dont il n'avait pas eu d'enfants.
Ils moururent au château du Rongouët, en Nostang, lui, le
2 août 1853, elle, le 5 août 1862. Ils avaient eu deux
enfants :

A. Alix-Henriette-Marie Harscouët de Saint-George,
née au Rongouët, le 26 décembre 1828, qui épousa comme
nous l'avons dit plus haut, le 10 janvier 1853, son cousin-
germain, *Aymar, comte de Roquefeuil,* dont postérité ;
elle est morte à Saint-Brieuc, le 28 septembre 1901 ;

B. Henry-Joseph-Gabriel, II., vicomte de Saint-George,
né au Rongouët, le 28 janvier 1833, qui a épousé, le 28 juin

1. *Harscouët :* famille bretonne d'anc. Ext., sous l'évêché de Saint-
Brieuc, où elle vivait dès le XIIIᵉ siècle : elle est encore représentée
par les branches de Saint-George et de Keravel, et s'arme : « d'azur à
trois coquilles d'argent ». Devise : « Honneur et franchise ».

1858, Léontine-Charlotte de Perrien du Crénan, fille d'Adolphe et d Agathe-Thérèse Halna du Fretay. Il est mort au Rongouët, le 10 décembre 1899, ayant eu trois enfants :

a. Henriette H. de St-G., qui a épousé, en 1884, *Ambroise, vicomte de Cheffontaines, capitaine de cavalerie*, dont : *Hervé*, né au Rongouët, le 5 mai 1886 ;

b. Léonce H. de St-George, capitaine d'infanterie, chevalier de la Légion d'honneur, né le 7 mars 1861, qui a épousé, à Paris, le 16 janvier 1889, Anne-Marie Artur de la Villearmois ;

c. Marie H. de St G., née au Rongouët, le 18 janvier 1874, y a épousé, 2 octobre 1894, *Henry, vicomte de Kersauson de Penendref, officier d'infanterie.*

XVe Thomas-Hippolyte de Lambilly, marquis de Lambilly, baron de Kergrois, châtelain de Lambilly et de Kergrois, propriétaire de Morgan, sous-lieutenant de la Garde royale.

Il naquit, pendant l'émigration, à Altona, en Danemarck, le 23 octobre 1796. Revenu en Bretagne, avec ses parents, vers 1802, il prit, en 1815, une part active à l'insurrection royaliste qui eut lieu dans le Morbihan pendant les cent jours et leva, alors, à ses frais, une Compagnie, dite « Compagnie de Taupont », qui fit partie de la légion de Ploërmel, ayant pour colonel M. le Doüarain de Lemo, et du bataillon du Comte de Poulpiquet du Halgouët. Il assista, le 21 juin 1815, au combat livré près d'Auray, où fut tué son beau-frère, le chevalier de Langle, qui était officier à la Compagnie de Taupont, avec MM. de Busnel et Poulain de Sainte-Foix. Lors du licenciement de l'Armée royale, le 22 juillet 1815, le marquis de Lambilly revint habiter Kergrois, puis le roi Louis XVIII le nomma, en 1816, sous-lieutenant au 5e Régiment d'infanterie de sa garde.

Lors de l'insurrection de 1832, il se retrouva prêt à combattre pour la Légitimité avec tous les royalistes fidèles du pays de Ploërmel, entre autres, MM. de la Bouëssière, de Busnel, de Bellevüe, le Doüarain de Lemo, des Grées du Loû, de Saint-George, du Plessis, de Castel, de la Voltais, etc. L'insurrection échoua par le manque d'entente et par l'arrestation de la duchesse de Berry, à Nantes, le 7 novembre 1832 ; mais le marquis de Lambilly resta fidèle toute sa vie au serment qu'il avait prêté à la monarchie légitime et il eut à subir plusieurs visites domiciliaires à Lambilly et à Kergrois.

Il mourut au château de Kergrois. le 28 septembre 1876. âgé de près de 80 ans.

Il avait épousé, à Nantes, le 5 mars 1832, *Alphonsine-Modeste-Paule-Rogatienne de Sesmaisons* [1]. fille de *Rogatien-Claude-Clément-Gabriel, comte de Sesmaisons* et de *Marie-Alexandrine de Savary de Lancosme* [2]. Elle mourut en 1838. ayant eu cinq enfants :

1° **Humbert Henry,** qui suit ;

2° **Jean-Gabriel de Lambilly, comte de Lambilly, châtelain de Lambilly et de Kergrois, propriétaire de Morgan, Officier d'Infanterie, Chevalier de la Légion d'honneur, Grand-Croix de l'Ordre de Pie IX, prési-**

1. *De Sesmaisons :* Famille d'anc. Ext. chev., sous l'évêché de Nantes, qui a produit, entre autres, un croisé en 1248, un Grand Bailli d'Anjou et du Maine en 1293, un compagnon d'armes de Duguesclin en 1368, un abbé de Redon en 1439, un évêque de Soissons en 1761, etc. Elle est encore représentée dans la Loire-Inférieure et s'arme : « de gueules à trois tours de maison d'or. »

2 *De Savary de Lancosme* : Famille très illustre, descendant du roi de France Louis le Gros, par une alliance avec les La Chastre, en 1440. Marie-Alexandrine était fille de Louis-Alphonse, marquis de Lancosme, et de Charlotte-Marie de la Bourdonnaye de Blossac. Armes : « Écartelé d'or et de sable au lambel de gueules. »

dent du **Çomité royaliste et du Conseil général du Morbihan**.

Né à Rennes, dans l'hôtel Pioger, rue Saint-Guillaume, le 31 janvier 1834, il fut admis à Saint-Cyr en 1854 et en sortit comme sous-lieutenant au 18e Chasseurs à pied. Il fit la guerre d'Italie de 1859, puis il donna sa démission en 1863 au moment de son mariage. Il vint alors se fixer au château de Lambilly, où il s'occupa activement de politique et d'agriculture. Lors de la guerre de 1870-1871, il fut **commandant des Mobiles de Ploërmel**. Il est mort au château de Lambilly, le 21 mars 1896, et Monseigneur l'Évêque de Vannes tint à honneur de prononcer l'éloge funèbre de ce fidèle champion de l'autel et du trône.

Il avait épousé, le 18 novembre 1863, à Paris, *Eugénie-Armande Bernard de Montebise*, née au château de Montebise (Seine-et-Marne), en 1840, fille du *marquis Bernard de Montebise*[1] et de *Mademoiselle de Trazignies d'Ittre*, et sœur d'Augustine de Montebise, qui a épousé : 1o Henry Tardieu, comte de Maleyssye ; 2o en 1873, Christophe, comte de Kergariou, châtelain de Bonaban.

La comtesse de Lambilly est morte à Lambilly le 13 février 1889.

Elle avait eu trois fils :

A. **Claude-René de Lambilly, comte de Lambilly, châtelain de Lambilly et de Kergrois, propriétaire de Morgan, Conseiller général du Morbihan,** né au château de Montebise, le 25 août 1865, il servit comme Maréchal-des-Logis au 3e Dragons et fut nommé, en 1890, Officier de réserve. Après la mort de son père, en 1896, il reçut en lot les terres situées dans le Morbihan et fut élu Conseiller général du canton de Locminé. Il a épousé à Pluvigner (Morbihan), le 5 août 1891, avec la bénédiction de Monseigneur

---

1. *De Montebise (Bernard) :* Famille noble, originaire de Picardie, qui s'arme : « d'azur à la licorne d'argent. »

l'Évêque de Vannes, *Marie-Antoinette-Emma Harscouët
de Saint-George*, née au château de Blossac (Ille-et-Vilaine),
le 7 septembre 1870, fille de René-Louis-Marie, comte de
Saint-George, châtelain de Kéronic, en Pluvigner, et de
Jeanne-Marie-Camille de la Bourdonnaye de Blossac.

Le comte et la comtesse René de Lambilly demeurent au
château de Lambilly avec leurs enfants :

a. **Anne,** née à Lambilly, le 7 septembre 1892 ;
b. **Pierre,** né à Lambilly, le 17 juillet 1894 ;
c. **Yvonne,** née à Lambilly, le 20 décembre 1895 ;
d. **Gabriel,** né à Lambilly, le 2 janvier 1897 ;
e. **Marguerite,** née à Lambilly, le 18 juin 1898 ;
f. **Marthe,** née à Lambilly, le 10 juin 1900 ;
g. **Paule,** née à Lambilly, le 15 octobre 1901.

B. **Louis-Gabriel de Lambilly, vicomte de Lambilly,** né le 14 janvier 1875, qui a épousé, dans la Marne, le
29 juin 1899, *Marie du Hamel du Breuil,* dont :

a. **Marie-Thérèze,** née à Paris, le 26 avril 1900 ;
b. **Jean,** né à Paris, le 12 juin 1901 ;

C. **Yves-Marie de Lambilly,** né le 19 juin 1876.

3º **Pierre-Rogatien de Lambilly, vicomte de Lambilly, châtelain de Nay,** né à Lambilly, le 19 mars 1835,
il a épousé, à Nantes, le 28 avril 1863, *Caroline-Henriette-
Marie de Cornulier-Lucinière* [1], née à Orléans, le 18
février 1841, fille unique de Théodore, comte de Cornulier-
Lucinière, châtelain de Nay, en Sucé (Loire-Inférieure), mort
le 17 mai 1879, et de Caroline de Sailly, morte le 5 avril 1865.
Ils habitent le château de Nay et ont pour enfants :

---

1. *De Cornulier :* Famille d'anc. Ext. chev. de l'évêché de Nantes,
qui a produit un grand nombre de personnages illustres dans l'Armée,
l'Église et la Magistrature. Elle est encore noblement représentée et
s'arme : « d'azur au rencontre de cerf d'or, sommé d'une moucheture
d'hermine d'argent. » Devise : « *Firmus ut cornus.* »

A. Jean-Germain-Marie-Rogatien de Lambilly, capitaine breveté d'État-Major, né à Nantes, le 29 février 1864, qui a épousé à Versailles, le 9 juin 1891, *Jeanne de Montagu* [1], fille d'Arthur, marquis de Montagu, et de Claire Varéliaud, dont :

    a. Hervé-Jean, né à Saint-Cyr, le 4 mars 1892 ;

    b. Robert, né à Versailles, le 31 juillet 1897.

B. Germaine-Josèphe-Marie-Rogatienne de Lambilly, née à Nantes, le 30 août 1867 ;

C. Geneviève-Marie-Rogatienne-Thérèze de Lambilly, née à Nantes, le 18 février 1869 ;

D. Marie-Chantal-Madeleine-Rogatienne de Lambilly, née à Nantes, le 9 février 1871 ;

E. Marguerite-Marie-Françoise-Rogatienne de Lambilly, née à Nantes, le 29 juin 1876 ;

F. Rogatienne-Germaine-Josèphe-Marie-Élisabeth de Lambilly, née à Nay (Sucé), le 14 juin 1878 ;

G. Joseph-Félix-Marie-Rogatien de Lambilly, né à Nay, le 10 mars 1880.

4° Geneviève-Rogatienne de Lambilly, religieuse Carmélite, née à Lambilly, le 2 juin 1836, morte au Carmel de Nantes, le 30 janvier 1873 ;

5° Paule-Marie-Thérèze de Lambilly, née à Lambilly, le 6 août 1837, elle a épousé, à Nantes, le 4 juin 1860, *Charles-Joachim-Guillaume-Marie, comte de Kéranflec'h-Kernezne* [2], né à Guingamp, le 18 avril 1827, fils de

---

1. *De Montagu :* Armes : « De sable à trois mains dextres d'argent, 2 et 1. »

2. *De Kéranflec'h :* Famille d'anc. Ext. chev. sous l'évêché de Léon, qui a produit, entre autres, un Chef de division des armées catholiques et royales de Bretagne, sous la chouannerie. Elle s'arme : « d'argent au croissant de gueules, surmonté d'une rose et accompagné de trois coquilles de même. » — Nunc : écartelé de Kernezne : « d'or à trois coquilles de gueules. »

Charles-Marie-Armand, comte de Kéranflec'h, et de Sidonie-Marie-Sainte-Alexandrine de Kernezne, fille unique et dernière représentante de cette antique famille possessionnée des titres de vicomte de Curru, marquis de la Roche-Gaël-Goumarc'h, comte de Gournois, etc. Le comte de Kéranflec'h a été autorisé, en exécution du testament de son aïeule maternelle, par décret impérial du 12 mai 1863, à ajouter à son nom celui de sa mère. Il fut un archéologue des plus érudits et habita au château du Quélénec, en Saint-Gilles-du-Vieux-Marché, où il est mort le 29 août 1899, et où demeure sa veuve. Ils ont eu cinq enfants :

A. Hervé, comte de Kéranflec'h-Kernezne, Officier de cavalerie, démissionnaire en 1901, nommé, la même année, Conseiller général du canton de Mûr ; né à Nantes, le 28 octobre 1861, il a épousé à Paris, le 14 décembre 1893, Simonne de Boisboissel, dont il a : *a. Alain*, né à Tours, en mai 1895 ; *b. Pierre*, né à Angers, le 13 janvier 1897 ;

B. Rogatienne de K., Religieuse Auxiliatrice des Ames du Purgatoire, née à Lambilly, le 1er septembre 1865 ;

C. Yvonne de K., Religieuse Auxiliatrice des Ames du Purgatoire, née à Nantes, le 6 avril 1867 ;

D. Suzanne de K., Religieuse Réparatrice, née à Nantes, en janvier 1872, morte à Paris, le 6 mars 1900 ;

E. Anne-Marie de K., née à Lambilly, le 19 juillet 1876, qui a épousé au château du Quélénec, le 12 juin 1899, *Jules Montjaret de Kerjégu, châtelain de Bienassis*, près d'Erquy, dont : *François*, né à Bienassis, le 26 mai 1900, et *Marie-Thérèze*, née à Bienassis, le 29 octobre 1901.

XVIe Humbert-Henry de Lambilly, comte de Lambilly, lieutenant-colonel d'État-Major, Officier de la Légion d'honneur, né à Rennes, le 17 décembre 1832, il entra à Saint-Cyr en 1851,

XVIe
HUMBERT, COMTE
DE LAMBILLY,
époux de *Marie
de Chastellux* :

et, après une brillante carrière militaire, il fut tué au combat de Ponthieu, près du Mans, le 11 janvier 1871.

Il avait épousé à Paris, le 22 septembre 1857, *Claudine-Marie Guillet de Chastellux* [1], fille de *Barthélemy-Ernest, comte de Chastellux* et de *Jeanne-Valentine de Montherot*. Elle épousa, en secondes noces, à Paris, comme nous l'avons dit plus haut, le 25 avril 1875, Henry des Grées du Loû, dont elle eut deux fils.

Elle avait eu également deux fils du premier lit :

1º **Geoffroy-Jean-Rogatien,** qui suit ;

2º **Robert de Lambilly, comte de Lambilly, capitaine de cavalerie,** né à Nogent (Côte-d'Or), le 29 septembre 1860, qui a épousé, à Meaux, le 14 juin 1892, *Thérèze-Roger de Villers,* dont :

Henry de L.. né à Meaux, le 8 mai 1893.

XVIIe Geoffroy Jean-Rogatien de Lambilly, marquis de Lambilly, capitaine de cavalerie, né à Paris, le 30 mars 1859, il entra à Saint-Cyr en 1878, et fut placé, à sa sortie de l'école, dans la cavalerie, où il est actuellement capitaine.

Il a épousé, à Paris, le 4 mai 1888, *Amélie de Ravinel* [2].

Il a pour enfants :

1º **Odette,** née à Provins, le 7 juin 1889 ;

---

1. *Guillet de Chastellux :* Famille noble du Bourbonnais, qui s'arme : « de gueules au lion d'argent, armé, lampassé et couronné d'or. »

2. *De Ravinel :* Famille noble de Lorraine, qui s'arme : « de gueules à six croissants d'or en pal, surmontés chacun d'une étoile de même et une en pointe. »

2° **Geneviève,** née à Saumur, le 2 juillet 1891 ;

3° **Humbert,** né à Amiens, le 24 août 1893 ;

4° **Christian,** né à Fontainebleau, le 20 octobre 1894 ;

5° **René-Charles,** né à Epernay, le 22 août 1897.

Contrat de Mariage

DU

Comte MOUËSAN de la VILLIROUËT

AVEC

MADEMOISELLE DE LAMBILLY

« 9 *Juin 1787*.

« Pour parvenir au mariage futur et proposé entre :

« Haut et puissant Seigneur Messire Jean-Baptiste-Marie-Mathurin Moaisan, chef de nom et d'armes, chevalier, seigneur, comte de la Villiroyt, Launay-Berthelemair, Beauregard, Maradan, le Guécot, la Ville-Basse et autres lieux, ancien officier au régiment de Condé, fils majeur de feu haut et puissant seigneur Messire Jean-Augustin Moaisan, chef de nom et d'armes, chevalier, seigneur, comte de la Villeroyt, et autres lieux, et de haute et puissante dame Françoise de Fontlebon, dame comtesse de la Villeroyt, ses père et mère, d'une part, et

« Haute et puissante demoiselle Marie-Victoire de Lambilly, fille mineure de feu, haut et puissant seigneur Messire Pierre-Laurent-Marie de Lambilly, chevalier, seigneur, marquis de Lambilly, Kergrois, Kerveno et autres lieux, et de haute et puissante dame Françoise-Thérèze-Jacquette de la Forest, dame marquise de Lambilly, ses père et mère, d'autre part,

« Ont, ce jour neuf juin mil sept cent quatre-vingt-sept, après midi, comparu devant les notaires du Roy, à Rennes, soussignés, le dit seigneur Jean-Baptiste-Marie-Mathurin Moaisan de la Villiroyt, demeurant en son hôtel à Lamballe, rue Basse, paroisse de Notre-Dame et Saint-Jean de Lamballe, et de présent à Rennes, logé à l'hôtel de la Grande-Maison, paroisse Saint-Étienne ; et la dite demoiselle Marie-Victoire de Lambilly, assistée et autorisée de ma dite dame marquise de Lambilly, sa mère, et encore assistée et autorisée de haut et puissant seigneur Messire Pierre-Gabriel-François de Lambilly, chevalier, seigneur, marquis de Lambilly, de Kerveno, du Broutay et autres lieux, son frère aîné et curateur, ayant été émancipée de justice sous son autorité, demeurant ma dite demoiselle de Lambilly, chez ma dite dame, marquise de Lambilly, sa mère, et chez le dit seigneur, marquis de Lambilly, son frère, en leur hôtel à Rennes, rue Baudrairie, paroisse de Toussaints ; la dite dame, marquise de Lambilly, et le dit seigneur, marquis de Lambilly, son fils, cy présent en autorité, et de plus, ma dame de Lambilly en privé nom.

« Entre lesquels parties ont été faits et arrêtés les articles et conventions du dit futur mariage qui suivent, sans lesquels il ne serait effectué ny accompli, sçavoir :

« 1° Il y aura communauté entre les futurs époux, à commencer du jour de la bénédiction nuptiale, dérogeant à cet effet à toute coutume contraire ;

« 2° Les foins, pailles, fumiers, engrais et ensouchements, qui sont sur les métairies des futurs époux, n'entreront point dans la communauté ;

« 3° Madame la marquise de Lambilly a présentement et au vû de nous, compté et payé au dit seigneur, futur époux la somme de deux mille quatre cents livres en argent sonnant et effectif, de laquelle somme qui entrera dans la future communauté le dit seigneur, futur époux, donne quittance à ma dite dame de Lambilly ;

» 4° Le dit seigneur, futur époux, déclare de son côté avoir en meubles et effets mobiliers. une somme de quatre mille huit cents livres qu'il fait tomber dans la communauté ;

« 5° Les futurs époux se prennent avec leurs droits respectifs et la dite dame, marquise de Lambilly, en faveur du dit mariage déclare faire remise à Mademoiselle sa fille de son douaire et de toutes rentes qu'elle serait en droit d'exiger sur sa portion de cadette, laquelle remise la dite dame de Lambilly déclare évaluer annuellement à cinq cent quelques livres et qu'elle fait pour que les futurs époux puissent jouir librement et sans aucune déduction de douaire ou rentes viagères, des biens échus ou qui pourront échoir en partage à la demoiselle. future épouse ; et il a été déclaré par la demoiselle, future épouse, ce qui a été reconnu par le dit seigneur, futur époux, qu'elle a au nombre de ses biens une action sur la Compagnie ancienne des Indes, de la somme de deux mille soixante-douze livres, laquelle, par convention expresse, lui sera et demeurera propre à elle et aux siens comme lui tenant lieu d'immeuble ;

« 6° La dissolution du mariage et de la communauté arrivant, le survivant reprendra et prélèvera hors part toutes les choses à l'usage de sa personne ; savoir : au cas que ce soit le futur époux, ses habits, linges, bijoux, armes, un cheval de maître, pour lui, et aussi un cheval pour un domestique et à son choix ; et si c'est la demoiselle, future épouse, outre ses robes, linges, dentelles, nipes, bijoux, joyaux, toilette, elle aura sa voiture attelée de ses chevaux et équipages ;

« 7° Dans le cas où la demoiselle. future épouse, renoncerait à la communauté, elle aurait, en outre des choses à son usage cy-dessus énoncées, ses habits de deuil pour elle et ses gens, fixés à douze cents livres, et son trousseau, au terme de la coutume ;

« 8° En cas de survie de la demoiselle, future épouse, elle aura deux mille livres de douaire en vives, levées de toutes charges et impositions royales, présentes et à venir, si mieux elle n'aime le douaire coutumier ; comme aussi, dans l'un et l'autre cas, son habitation telle qu'elle est due à veuve noble, suivant la coutume ;

« 9° Au surplus, les futurs conjoints se gouverneront pour tout ce qui concerne leurs droits respectifs, suivant la coutume de Bretagne, en ce qu'il n'y a pas été dérogé par les articles cy-dessus ; et aura la future épouse, pour ses reprises et récompenses, droits matrimoniaux, libération de dettes, et, en général, pour tous ses droits, hypothèque du jour du présent contract ;

« 10° Les parties pour l'exécution du présent déclarent se soumettre à la sénéchaussée et siège présidial de Rennes, avec toute prorogation de jurisdiction ;

« Sous lesquelles conditions et stipulations les futurs époux se sont promis la foy du mariage et y celui d'effectuer en face d'Église, suivant les Saints Canons et ordonnances royaux.

« Tout quoy voulu, consenti et accepté par les dites parties, promis et juré, tenir, partant condamnées d'autorité de nos offices, comme dit est, au présidial de Rennes.

« Fait et passé au dit Rennes, en l'hôtel de ma dite demoiselle, future épouse, sous son seing, celui du dit seigneur, futur époux, ceux des dite dame, marquise de Lambilly et marquis de Lambilly, de plusieurs parents et amis, et les nôtres.

« Après lecture, ainsi signé sur la minutte :

Marie-Victoire de Lambilly,

Jean-Baptiste-Marie-Mathurin Moaisan de la Villiroyt,

De la Forest de Lambilly,
De Fontlebon de Keranroy,
Lambilly,
Rosily de Lambilly.
Marie-Euphrosine de Lambilly,
Laurent-Xavier-Martin, chevalier de Lambilly,
Pantin,
Robert Guillaume de Lambilly,
Chevalier Joseph de Lambilly du Broutay,
De la Forest d'Armaillé, fils,
Marie Grignart de Champsavoy, doyen de la noblesse,
Cornulier de Catuelan,
Du Merdy de Catuelan,
Lambilly du Tiercent,
De Ruellan de Muzuillac,
Céleste de Ruellan du Tiercent,
Magon de Saint-Gilles,
De Saint-Gilles,
Girac de Catuelan,
De Catuelan,
De Cornulier,
Le Président de Catuelan,
Saint-Gilles,
De Lohéac de Trémergat,
De Trémergat,
Loz de Beaucours,
Hay de Pantin.
De Lesquen,
Henriette de Champsavoy,
Champsavoy du Resto,
De Plouays de Chantelou,
De la Celle de Chateaubourg,
De Chateaubourg,
Hay des Nétumières
Le chevalier de Rosnyvinen.

De Rosnyvinen,
De Bonteville, Ol.,
Hay de Bonteville,
Hay des Nétumières,
De Rosnyvinen,
De la Villetchart,
De Trémerreuc,
Du Plessis du Plessis,
Du Plessis,
Saisi de Beaucours.
Armande de la Celle de Châteaubourg.
Marie-Louise de Caradeuc,
Le chevalier de Rosnyvinen,
Le Prestre de Chateaugiron,
De Caradeuc de la Chalotais,
De Fontlebon de Larigan,
De Saint-Pern de Caradeuc de la Chalotais,
Sieur Bonin de la Villebouquais.
M. de Sarsfiel,
Du Breil de Mué,
Le chevalier de Brilhac, Commandeur de Coudrie,
Le chevalier de Fontlebon, lieutenant-colonel d'infanterie
et chevalier de Saint-Louis,
Du Plessis de la Caunelaye,
Charlotte de la Caunelaye.
Leziart du Dezerseul, chevalier de Saint-Louis,
De Massar du Dezerseul,
Geslin de Tremergat,
Tranchant des Tulays,
Ferré de la Villesblanc, l'aînée,
Ferré, la cadette,
Hay de Bonteville, chevalier de Malte et de Saint-Louis,
Marie Frey, veuve du Dezerseul,
Leziard du Dezerseul,
De la Houssaye,

La Rivière de la Houssaye,

Marie-Joseph-Françoise-Louise-Augustine-Hyacinthe de la Houssaye,

Sophie de la Houssaye,

De Bruc de Guéheneuc,

Anne de Guéheneuc,

De Forsanz du Houx, recteur de Saint-Étienne, licencié, syndic du clergé de Rennes,

Magon de la Blinaie ;

« Et nous, notaires de la dite minute, demeurée vers Duclos, controllée à Rennes, le treize juin mil sept cent quatre-vingt-sept, par Herbert, qui a reçu deux cent vingt-cinq livres.

CHEVALIER,   DUCLOS. »

ADDENDA ET ERRATA

Page 19, ligne 23. Lire : 1795.

Page 22, ligne 18. Lire : 1793 et ligne 3, lire : *Maroué.*

Page 26, n° 169. Lire : *Tuffin.*

Page 27, note 1. Lire : épousa en 1782. — Page 36, ligne 5 de la note, lire : *se haïssaient mortellement.*

Page 86, ligne 6. Lire : sa répugnance *au* mensonge.

Page 122, ligne 21. Lire : M. de la Villiroyt, bien *que* plus âgé que moi de douze ans.

Page 134, ligne 24. Lire : qui n'aura sans doute pas *échappé.*

Page 154, ajouter à la note 1 :
Trois jours avant le sacre de l'empereur, c'est-à-dire le 27 avril 1804, le cardinal Fesch, d'après l'ordre formel du Pape, donna à minuit, dans la chapelle des Tuileries, la bénédiction nuptiale à Bonaparte et à Joséphine.

Page 158, ligne 9. Lire : *Lémo.*

Page 158 à page 189. Lire, en tête des pages du chapitre III, au lieu de : Les enfants de la comtesse de la Villirouët ; *Relations de la comtesse de la Villirouët avec l'Impératrice Joséphine et la cour de Napoléon.*

Page 174, note 1. Lire : *Angrie.*

Page 177, ajouter à la note 1 :
Le château de Navarre est entouré et dominé par la forêt d'Evreux, et situé au milieu d'un parc immense et magnifique avec des arbres séculaires et des eaux abondantes. Il avait appartenu, avant la Révolution, aux princes de Bouillon.

Page 180, ligne 4. Lire : de prendre *un remise.*

Page 184, ligne 26. Lire : à penser que *ce* sera vous.

Page 181, ligne 19. Ajouter en note :

La maison de l'impératrice Joséphine, au château de Navarre, se composait de :

Mme d'Arberg, dame d'honneur ;

Mmes de Rémusat, Octave de Ségur, de Colbert, de Makau, de Vieil-Castel, de Walsh-Serrant, de Lastic, de Turenne et d'Audenarde, dames du Palais ;

Mlles Louise et Virginie de Castellane-Morante, demoiselles d'honneur ;

Mme Gazzani, lectrice ;

M. André de Beaumont, chevalier d'honneur ;

Mgr de Barral, archevêque de Tours, aumônier ;

M. Joseph de Monaco, premier écuyer ;

MM. Louis de Montholon, de Turpin, de Lastic, d'Andlau et de Vieil-Castel, chambellans ;

MM. de Pourtalès et Chaumont de Quitry, écuyers.

Page 207, ligne 12. Lire : Lettre adressée... *par...*

Page 267, ligne 3. Ajouter : « Louis de Ricouard d'Hérouville a épousé, en 1899, mademoiselle Desprez de la Morlaye. »

Page 278, ligne 9. Ajouter : « L'abbé de Bellevüe a fait paraître, à Vannes, chez Lafolye, les ouvrages suivants : *La grâce sacramentelle, ou effet propre des divers sacrements,* in-8° de 472 p. — *L'œuvre du Saint-Esprit, ou la sanctification des âmes,* in-8° de 468 p.

TABLE

des noms de personnes et de lieux [1]

---

1. Les noms de lieux sont écrits en caractères italiques.

Bréhault (de), 289, 290.
Breil (du), 346.
Briant, 19.
Brilhac (de), 346.
Broutay (le), 288.
Bruant, 261.
Bruban, 307.
Brue (de), 347.
Brunet du Guilliers, 19, 25, 259.
Brunville (de), 327.

C

Cado, 307.
Cadorel, 19.
Cancoët (de), 292.
Candau (de), 160, 175.
Caradeuc (de), 3, 5, 14, 15, 22, 242, 264, 314, 346.
Caradel, 20.
Carmené (de), 295.
Carné (de), 330.
Carrier, 20.
Carles (des), 302.
Castel (de), 179, 293.
Cathol, 99, 124 et suiv.
Catuelan (de) (voir du Merdy).
Caunelaye (de la), 346.
Cavaignac, 88.
Celle (de la), 197, 257, 260, 345, 346.
Cellières, 176.
Chambord (comte de), 202.
Champagné (de), 256.
Champion de Cicé, 206.
Chanteloup (de), 20.
Chaplain, 52.
Chappedelaine (de), 50, 52, 55.
Chappus (abbé), 194.
Charpentier (le), 20.
Chasteigner (de), 330.
Chastel (du), 25, 249, 262.
Chastellier (du), 198.
Châteaubriand (de), 20.
Châtelet (le), 248, 271.
Châtelier, 20.
Chatton, 20, 25.
Chauchy (du), 20.
Chaudebœuf, 271.
Chauveau-Lagarde, 100, 104.
Chauvigny (de) voir Bouthillier.
Chef du Bois (de), 249.
Cheffontaines (de) 332.
Chenu, 21.
Chesnaye (de la), 53.
Chesnoran (le), 286.
Chevière (de la), 318.
Chevré (le), 253.
Chomart de Kerdavy (de), 281.
Choué (de la), 255.

Chrestien de Tréveneuc, 331.
Clausse, 331.
Cloteau, 37.
Coëtlogon (de), 306.
Cognets (des), 21, 241.
Coiquaud, 161.
Collas, 253.
Collot d'Herbois, 30, 31.
Colomb (capitaine), 124.
Corancez (de), 88.
Corgne (le), 21.
Cormatin (général baron de), 55 et suiv.
Cormaux, 21.
Cornillé (de), 256.
Cornulier (de), 157, 299, 335, 345.
Costière (la), 240.
Cotelle, 100.
Cottes, 258.
Coudray (du), 249, 260.
Couédic (du), 311.
Couëspelle (de), 248.
Courel, 322.
Coutard (général), 102, 103.
Couyer, 297.
Crapon (le), 265.
Crémenan, 286.
Crénières, 194.
Cutoli, 103, 104.

D

Daën, 21, 26.
Dahirel, 201.
Dargaray, 21, 25.
Daudeteau, 321.
Desgrées du Loû, 196, 224, 250, 273, 321, 322, 324, 338.
Despréaux, 21.
Dissez (de), 7.
Doñarain de Lemo (le), 196, 198, 250, 273, 298.
Doudart, 57, 58, 261.
Droguet, 21.
Drouin, 325.
Duboscq, 47, 74.
Duchemin, 21.
Dufour, 107, 108.
Duguesclin, 244, 294.
Dumoustier, 320.
Durand, 21.
Duval, 148.

E

Emery, 22, 37.
Enoch (Mgr), 183.
Eon de Longpré, 314.
Espinay (d'), 331.
Espinay (de l'), 329.
Espivent (d'), 279.

TABLE DES MATIÈRES

CHAPITRE V

APPENDICE

Château de la Touraille, décembre 1901.

Nantes. — Imp. Émile Grimaud.

A LA MÊME LIBRAIRIE :

Prix

A travers la Norvège et Spitzbergen par Maurice Letellier 1 volume in 8°, illustré de 30 phototypies et d'une carte du Spitzbergen.. 12 fr. »

Expédition des Émigrés à Quiberon. — Le comte d'Artois à l'île d'Yeu, d'après les documents français et anglais, par Charles Robert de l'Oratoire de Rennes, avec une préface de M. A. de la Borderie, membre de l'Institut. 1 volume in-8°, avec une vue et deux cartes...................... 5

Souvenirs d'un vieux précepteur, par Étienne Allaire. 1 volume in-12 de 300 pages. Récit vrai, sincère, de la jeunesse du Comte de Paris, du Duc de Chartres et du Duc de Guise, dernier fils du Duc d'Aumale............ 3 50

Un Évêque de l'ancien régime sous la Révolution. — M. de Maillé-la-Tour-Landry, par le vicomte de Broc. 1 volume in 8°.. 5

La légende de Cathelineau, généralissime de la Grande Armée catholique et royale (13 mars-14 juillet 1793) par l'abbé Eugène Bossard, docteur ès-lettres. 1 volume in-8° avec 3 fac-similés................................... 5

La vie et les œuvres de Jean-Jacques Rousseau, par Henri Beaudouin. 2 volumes in-8°. Prix net : 5 fr. 50, franco. 8 50

Le Cardinal Mermillod, sa vie, ses œuvres et son apostolat, par J.-T. de Belloc. 1 volume in-8°, avec portrait, relié toile, tranches dorées....................................

Les Martyrs de Rome, d'après l'histoire et l'archéologie chrétiennes. Tome I. Les Martyrs des Voies Nomentane et Tiburtine, par L.-Em. Le Bourgeois, prêtre du diocèse d'Aix. 1 volume in-8°..................................... 7

Émigration et Chouannerie. Mémoires du général Bernard de la Frégeolière, 1 volume in-8° avec portrait........... 8

Metz. Documents généalogiques. Armée, noblesse, magistrature, haute-bourgeoisie, d'après les registres des paroisses (1561-1792), par l'abbé J.-T Poirier, curé de Peltre, membre de la Société d'histoire et d'archéologie lorraine, 1 volume in-8° raisin, à 2 colonnes, de XI-686 pages.....

Le vrai et le faux sur Pierre l'Hermite. Annalyse critique des témoignages historiques relatifs à ce personnage et des légendes auxquelles il a donné lieu, par Henri Hagenmeyer, traduction de Furcy Raynaud. 1 volume in-8°............ 2

Inauguration de la statue de Henri de La Rochejacquelin, à Saint-Aubin-de-Haubigné (Deux-Sèvres), le 26 septembre 1895 (Discours de Msr de Cabrières, évêque de Montpellier, du général de Charrette, de M. Alfred Biré, sénateur, etc.) 1 volume in-8°, papier de Hollande.....................

Quinze années d'action syndicale, par H. de Gailhard-Bancel, député de l'Ardèche, président de syndicats agricoles, avec préface de M. François Coppée, de l'Académie française. 1 volume in-8°...